国家社会科学基金委托项目

中国电视的新闻宣传与文化传播战略研究

ZHONGGUO DIANSHI DE XINWEN XUANCHUAN YU
WENHUA CHUANBO ZHANLÜE YANJIU

陈俊宏　彭健明　时统宇　程曼丽◎主编

人民出版社

目　录

第一章　电视宣传与中国特色

中国电视事业从 1958 年 5 月 1 日"北京电视台"的创建起步，走过了近 60 年不平凡的发展历程。全国已建成多级电视台、多层面技术传输和覆盖的现代化电视网。中国电视作为强势传媒，在我国的社会主义建设和改革过程中发挥了重要作用，是中国民众知晓党和政府方针政策、了解国际国内信息的重要渠道，也是世界各国人民了解中国的重要窗口。在新闻传媒大发展的今天，中国电视不仅发挥着引导舆论、传递信息、承继文明、教育娱乐的功能，更直接地参与到全球传媒和文化竞争中来，成为我国对内对外宣传的主要载体。

第一节　电视宣传在国家宣传体系中的地位

一、国际传播与电视宣传

大众传媒的宣传和传播功能，对一个国家在国际舞台上的地位和影响力起着重要作用。国际传播能力已成为一个国家综合实力的指标之一。国家的综合实力越强，国际地位越高，就越有条件为其传播事业的发展提供强大的政治和经济支持；同样，国家在国际传播格局中越占据优势，就越有可能依靠其掌握的话语权，在世界经济、政治和文化的对话和竞争中赢得有利地位，进而带动整个国家国际地位的提升。

电视传媒作为以大众传媒（报纸、广播、电视、互联网）为主的国家宣传体系的重要方面军，与其他传媒相比占有明显优势，它形象直观、易于接受、覆盖面广。卫星电视更能够超越国家、地区的界限，因此，卫星电视在国家的对内对外宣传中发挥着更为重要的作用。随着1981年11月15日美国首次播送卫星直播电视节目，国际电视传播领域的竞争也逐渐展开。各个国家和地区不仅在硬件设施如卫星轨道的占有上明争暗斗，也在电视节目的软件建设如内容制作和发行上合作竞争。率先发展卫星电视的发达国家，把亚洲作为覆盖重点，为了打开亚洲电视市场展开了"电波战"。根据《亚太卫星杂志》提供的资料显示，1998年年初，亚洲上空有85颗卫星、1728个转发器，其中相当一部分用于电视的国际传播。到2009年年底，服务中的卫星电视平台的数量达到113个，付费卫星电视平台的订户数总计达到1.31亿户。

面对西方国家的电视宣传，东南亚国家联盟成员国开办了"东盟卫星频道"，各成员国之间相互传播经济、文化节目，并向全世界报道。同时，东盟各国还共同抵制西方电视宣传中渗透的价值观以及色情、暴力等内容的侵蚀。由此可见，电视宣传已成为当代各国努力增强国际传播能力的重要手段。

二、电视宣传在国家对外宣传中的重要地位

20世纪30年代末诞生的电视媒介，以其独特的功能迅速在全球发展起来，甚至改变着人们的生活方式和内容。传播学的奠基人、美国著名学者施拉姆说："看电视被称为是比包括吃饭在内的其他活动次要的事，但电视却占去了全部闲暇时间的整整三分之一，电视成了美国人自由支配的生活中最重要的组成部分。"进入 80 年代，美国率先开始运用卫星直播电视节目。各国的对外宣传由仰赖广播转向广播、电视并重，并随着电视传输技术的发展而日益倚重于电视传播。

"直播卫星"（DBS）的出现，在电视节目的传播史上有着"里程碑"的意义。在此之前，由于受到技术条件的限制，电视节目只能面向国内播出。在对外方面只有寄送和交换节目，能否在别的国家播出，主动权不在自己手中，这自然还不能承担起对外宣传的重任。1980 年 6 月 1 日，最早开展国际卫星电视业务、总部设在美国亚特兰大的特纳广播公司，创办了"有线电视新闻网"（CNN）。1984 年，CNN 把新闻节目通过国际卫星送到欧洲，打开了欧洲的电视市场，这便引发了欧洲国家的商业广播公司和电视台首先在欧洲上空展开"卫星欧洲大战"。竞争的目的是争夺电视市场，从而赢得经济利益和话语权。此后，世界上的其他国家都纷纷开办了直接服务于对外宣传的国际卫星电视节目。90 年代以后，电视新科技发展日新月异，西方国家竞相利用新的电子技术推行自己的全球卫星战略，占领电视市场，以推销本国的产品和价值观念、意识形态。广大发展中国家也纷纷发射卫星或租用卫星转发器播出自己的节目，力图在国际舆论中占据一席之地。

我国的电视对外宣传在海外产生的影响也越来越广泛。1991 年 9 月 1 日，面向全国的 CCTV-1 率先上星，覆盖了东南亚、东欧、中东、南非等国家和港、澳、台地区，收视率逐年上升。1992 年 10 月，中央电视台开通国际频道，即 CCTV-4，以整套节目的形式进入中国台湾、中国香港、新加坡等有线电视台，全天 24 小时播出，其信号覆盖东南亚、东欧、南非以及港、澳、台等 80 多个国家和地区。2000 年 9 月，中央电视台开播英语频道，即 CCTV-9，以世界各国英语听众包括在中国常驻的外国人为收视对象，其信号覆盖亚洲、欧洲、美洲、非洲等全球 98%的陆地和海洋，增强了对西方国家的传播力。

为了打开中国电视节目的海外市场，1986年12月10日，上海广播电视局在上海举办"上海国际友好城市电视节"（第一届上海电视节）。1990年11月举办第三届上海电视节时，进出口电视节目已增加到1673小时。1993年1月，中央电视台成立"中国电视节目外销联合体"（后改名为中国电视节目代理公司）。截至2014年，中国影视节目海外销售逾10000小时，销售到世界上100多个国家和地区，电影海外票房及收入18.7亿元人民币，电视文化产品和服务出口额约12亿美元。

1994年10月，中央电视台在新中国成立45周年之际，成功举办了"中国电视周"宣传活动。多达127个国家和地区的电视台，几乎在同一时间用当地的语言播出了长达20多个小时的中国节目。1995年4月，在第32届法国戛纳电视节上又出现了一股"中国热"。组委会专门组织了《中国专题日》活动，介绍中国电视的发展情况，观摩中国电视节目，当地新闻媒体甚至称"本届戛纳电视节成中国的了"。

我国电视对外宣传走过了几十年的历程，在国际电视市场的激烈竞争中迅速发展并实现了电视节目覆盖全球的战略目标，在世界上的影响正日益扩大。经过多年发展，中央电视台节目已在140个国家和地区实现落地入户，入户数接近2.5亿，卫星传输信号基本实现了全球覆盖。近年来，在重大活动中使用中央电视台直播信号的境外媒体一直保持在300家以上。中央电视台CCTV-4、CCTV-9、CCTV-E（西班牙）和CCTV-F（法语）4个国际频道的节目信号通过37颗卫星传送覆盖全球，并在美、英、法、埃及、印度、墨西哥、智利等140多个国家和地区以及境外部分高档酒店实现了有效落地，整频道入户数超过1亿家庭用户。中央电视台国际频道部分时段落地项目用户近 1.5 亿。2004 年 10 月 1 日，中国电视节目长城（美国）平台通过美国主流卫星电视直播平台艾科斯塔在美播出。目前，长城（美国）平台共有包括中央电视台和地方部分电视台在内的 19 个频道，62679 个用户；2006 年 8 月 28 日，中国电视长城（欧洲）平台的 14 个频道在法国开播，现有 16600 个用户；2007 年 4 月，长城（加拿大）平台 9 个频道进入加拿大最大的有线电视网罗杰斯播出，现有 8691 个用户；长城（拉美）平台于 2008 年 1 月 1 日授权美国精宇卫星公司正式开播，覆盖墨西哥、中美洲、西印度群岛和南美洲等地区。2007 年 7 月和 9 月，中央电视台又有阿拉伯语、俄语频道开播。

从 2015 年 "9·3" 阅兵可以看到中央电视台海外传播通路建设的最新成果：160 个国家和地区的 318 家电视机构转播或部分使用了中央电视台 6 个国际频道的直播节目信号，涉及的国家和地区数量比国庆 60 周年纪念大会增加了 35 个。

从全球分布看，转播 "9·3" 阅兵的各大洲的国家和地区数量分别为：美洲 23 个、欧洲 39 个、亚洲 36 个、非洲 54 个、大洋洲 8 个。在 318 家转播 "9·3" 阅兵的各国电视机构中，有 287 家全部转播，31 家部分转播。

三、中国电视宣传面临的国际形势

由于国际政治、经济力量的不平衡，世界各国的传播能力相差悬殊。国际信息与传播秩序的不平等客观存在，文化帝国主义的 "入侵" 无法回避，处于弱势地位的发展中国家与西方发达国家在话语权上展开的争夺战此起彼伏，中国的对外宣传也面临着前所未有的挑战。另外，我们的自身发展也先天不足。国际传媒大亨控制着世界上主要的传播媒体，例如，时代—华纳控制着美国最大的有线电视网；新闻集团控制着全美22家电视台、全世界132家报纸和25家杂志，其多元化的业务几乎覆盖世界各个角落。对于新兴的互联网而言，多重因素造成信息接近权的剥夺沦丧，使得信息富有者与信息贫困者之间、发达国家与发展中国家之间的"数字鸿沟"越来越大，世界信息传播不平衡状况日趋明显。

作为世界上最大的发展中国家，中国同样面临着以美国为代表的西方大众传媒和文化产品的冲击，特别是随着中国加入WTO，我们的意识形态和价值观念面临着挑战。虽然中美在就中国"入世"达成的协议中，对属于服务类的传媒业基本没有涉及，中国传媒业基本上属于完全不放开领域，加入WTO对中国传媒业不会产生直接的影响。但是，产生的间接和长远的影响却是必然的，而且是富有挑战性的。最大的挑战在于，我们至今尚未建立起足以与对手抗衡的强力媒介实体。

在以前的计划经济体制下，我们忽视了广播电视的经济属性，致使广播电视事业自身的发展受到了限制，而近些年开始的媒体改革又引发了一系列问题，如媒介市场存在一定程度的无序竞争、节目质量不高、重商业炒作轻舆论宣传等，有些地方甚至出现了电视宣传与产业经营难以融合的局面。这不仅危及电视媒体舆论导向功能的有效发挥，而且还直接制约了我国电视媒体健康发展、做大做强的步伐。

第二节　中国电视宣传发展的历程

20世纪，面对世界两大阵营对垒的国际环境和我国集中力量进行国民经济建设的国内局势，中国电视事业从诞生之日就担当起党和政府的新闻宣传重任，在促进社会主义建设、维护世界和平、反对世界霸权、增进中国人民和世界人民尤其是第三世界人民友谊和团结等方面都发挥了应有的作用。

中国电视事业的发展与社会政治、经济和文化发展变化的轨迹同步，电视媒体宣传功能的发挥在不同阶段体现出不同特征。

一、形象化政论宣传阶段（1958—1979）

从中国电视事业的诞生到第十次全国广播工作会议召开以前，是中国电视发展史上典型的"形象化政论"电视新闻宣传时期。电视新闻的来源单一，电视台主要播放中央新闻电影制片厂的纪录片和《新闻简报》，自采新闻的重点仅限于重大政治集会、宣传社会主义建设重大成就和先进人物的事迹等，电视台经常成为模范人物作报告的政治讲坛，电视剧和社会教育节目也是围绕同一主题，娱乐类节目只是附庸。话语一律的"形象化政论"电视宣传模式主要产生于当时国内政治形势的需要，较低的经济水平和落后的技术手段也是重要原因。

这一时期的电视新闻宣传内容，往往与国家发生的一次次政治运动息息相关，重大的政治性宣传总是占首位。在"以阶级斗争为纲"的年代，电视新闻报道面极为狭窄。电子技术手段的落后，也使电视难以像报纸那样独立地完成全面的新闻报道任务，深受苏联电视宣传影响的中国电视，便借用电影纪录片模式，将着眼点放在实效性不强的政治性宣传内容上。[①] 同时，当时的国民经济发展水平低下，电视机对于普通的

---

① 参见陆晔：《电视时代——中国电视新闻传播》，复旦大学出版社 1997 年版，第 8 页。

中国人而言，是可望而不可即的高档奢侈品，除了大机关单位的集体收视方式外，最早的家庭电视固定观众，大都是包括中央领导在内的党和国家高级干部及其家属。基于此，电视媒介代表党和政府发言的宣传功能倍受重视，并随着"左"倾指导思想的影响而愈占上风。

二、形象化传播阶段（1980—1992）

20世纪80年代，发端于经济领域的中国改革开放事业，也带动了新闻传播领域的变革。电视开始突破"形象化政论"的电视新闻宣传模式，电视新闻传播的题材逐渐涉及社会经济、政治、文化、教育的各个层面，电视媒体已经体现出传播信息、引导舆论、政治宣传、教育娱乐、传承文化等多重传播功能；电视新闻宣传也改变沿袭多年的单一宣传模式，随之经历了自身的变革。

——走自己的路。以1980年10月召开的第十次全国广播工作会议为起点，从中央到地方，各级广播电台和电视台开始探索自身改革发展的道路。广播电视宣传重新确立了"走自己的路"的方针，坚持按照自身特点，尽可能靠自己的力量办广播电视，第一次确定了20世纪末广播电视事业的发展目标：建立完整的、自成体系的广播和电视宣传网，把中央和各省（自治区、直辖市）广播电台、电视台分别建成全国和本省（自治区、直辖市）的新闻舆论中心，建成电化教育、科学普及、文艺欣赏和娱乐的重要阵地。

在"走自己的路"方针指导下，我国的广播电视新闻报道逐渐改变单纯依赖报纸、通讯社稿件和照搬报纸进行宣传的方式，自采自编的报道增多，录音和图像报道增多，中央人民广播电台、中央电视台在主要的新闻栏目中扩大地方和国际新闻来源，增加消息条数，提高新闻时效，广播电视"新、快、短、活"的特点开始显现出来；中央电视台和一些地方台相继开办了颇有生气的评论专栏；突破传统节目模式，具有鲜明广播电视特点的主持人节目开始崭露头角；广播电视文艺由复苏走向丰富，产生了大量有广播电视特点的节目；广播剧、电视剧发展迅速，特别是新型的电视剧年产量剧增，它们与新诞生的春节晚会一样，在文化生活还不太丰富的全国城乡赢得了广泛的社会反响。与此同时，广播电视教育节目开始兴旺，广播电视广告作为一个新生事物也开始出现在人们的生活中。这些对当时广播电视宣传面貌的改变起到了很大的推动作用。最重要的是，宣传要改革的观念开始在广播电视工作者的头脑中初步树立起来。①

——扬独家之优势，汇天下之精华。1983 年 3 月 31 日至 4 月 10 日，国家广电部在北京召开第十一次全国广播电视工作会议（在我国大型广播电视会议中首次使用"电视"二字）。会议确定了广播电视事业发展的一系列重大方针政策，强调"宣传工作是一切广播电视机构的中心工作"，在充分肯定广播电视宣传要坚持"走自己的路"方针指导下，进一步提出"扬独家之优势，汇天下之精华"的号召；在全国实行中央、省、有条件的地市和县"四级办广播、四级办电视、四级混合覆盖"的建设方针，大力发展卫星覆盖和调频广播；在管理上明确提出，各级广播电视机构具有新闻宣传和事业管理机关双重性质和职能，中心工作是宣传，并确定实行上级广播电视部门和同级党委政府双重领导，以同级党委政府领导为主的管理体制。1983 年 4 月，国家广电部成立地方宣传局，1984 年 12 月，地方宣传局设立电视宣传处，主要从事地方电视

---

① 参见王锋：《广播电视改革发展历程的五个阶段——广播电视改革发展 20 年》，《中国广播电视学刊》2001 年第 2 期。

台及其引进节目的审核工作。这次会议精神的贯彻实施使全国广播电视系统的宣传面貌和事业建设都发生了巨大的变化。

电视新闻宣传改革的突出成果表现为：一是信息量增多，时效性增强，报道面扩大和深度加强，敢于接触社会热点和难点问题，使电视超过报纸、广播等其他媒体的影响，真正成为新闻信息总汇。仅以权威性的一年一度全国好新闻评选为例，1984 年、1985 年两年，广东电视台以连续报道"广州市民争相献血抢救受伤工人"、"广州市 2 万名学生入学难问题亟待解决"分获特等奖和一等奖，历来在新闻界屈居"老末"的电视新闻从此开始了电视新闻与报纸、广播新闻的"平分秋色"。[①] 二是宣传报道和文艺节目形式努力创新，充分体现电视的特点，电视节目逐步栏目化，突破电视传统编播方式的"板块节目"和主持人节目大量涌现，也产生了大批有特色、有影响的名牌节目和栏目，更加为群众喜闻乐见，电视成了人民群众精神文化生活不可缺少的重要组成部分。随着改革开放中国际交往的扩大，电视新闻开始出现国际化趋势。1986 年 10 月 1 日，上海电视台率先开办英语新闻节目；同年 12 月，在中央电视台第二套节目中面向北京地区开办了包括新闻在内的英语综合节目，次年 2 月 1 日通过卫星对全国播放。以 1986 年 12 月广东珠江经济广播电台创办、1987 年 1 月中央人民广播电台节目的全国调整和 1987 年 6 月上海推出系列台新体制为标志，全国广播电视由具体宣传内容和形式的微观改革进入整体改革阶段，建立了以经济台为重点的系列台，专业台形成热潮。

同时，随着先进科技的引入和应用，中央电视台和地方台陆续兴建

---

① 参见陆晔：《电视时代——中国电视新闻传播》，复旦大学出版社 1997 年版，第 18 页。

广播电视节目中心大楼、发射塔和专用微波工程；卫星和有线技术的运用，使广播电视发展开始进入无线、有线和卫星电视共存共荣的时代。1983年，全国仅有电视台约70座，到1988年年底，全国电视台发展到422座，电视发射台转播台由约6000座急剧增加到近2万座。同时，电视节目套数、播出时数和自制节目时数分别增加3—5倍，电视的人口覆盖率由1983年的近60%提高到75%以上。

——治理整顿，协调发展。1988年召开的中共十三届三中全会决定，在全国开始治理经济环境、整顿经济秩序，广播电视把治理舆论环境和整顿宣传工作秩序作为主要任务。

广播电视积极主动改革宣传方法和宣传艺术，使节目内容和形式力求贴近实际、贴近生活、贴近群众。针对广播电视事业建设方面存在的基础建设薄弱和覆盖率低、难以满足人民群众收看广播电视要求、发达地区和不发达地区之间不平衡以及增办新台和扩大覆盖之间发展不平衡等问题，对建设重点进行调整。克服一些地方片面追求自办节目套数和不顾主客观条件盲目办电视台的倾向，转而以扩大电视覆盖率特别是扩大中央和省级电视节目覆盖为重点，大力加强基础设施建设，尤其是加强农村和"老、少、边、穷"地区广播电视事业建设。20世纪90年代中后期，我国每年电视台的增长数量仅为8%，与前几年每年增长近40%的发展速度相比大大降低；已建的各级电视台把扩大有效覆盖、提高节目制作能力、提高节目质量作为事业发展的中心。与此同时，各级广播电视部门注重加强从业人员的政治思想建设和作风建设，不断提高广播电视工作者的政治素质和业务素质。广播电视的社会效益和经济效益得到明显增强，注意发挥系统整体优势，注重宣传和经济综合效益的协调发展逐渐成为广播电视事业的发展方向。

中国电视经历了改革开放以后的快速发展，在全国范围内基本建立了内宣和外宣并重、中央和地方相结合、城市和农村相结合、无线有线和卫星相结合的多种形式、多层次的广播电视系统。中国电视以其丰富多彩的节目形式在社会政治生活、经济生活、文化生活中发挥越来越广泛的影响，中国的国际影响也借助电视的对外宣传日益扩大。

三、全方位传播阶段（1992年至今）

20世纪90年代，经济全球化的深入发展使得世界传媒业的竞争加剧。我国电视承担舆论导向的同时，更加注重信息的传播，经济、娱乐和体育报道成为电视传播的三大重点；电视频道专业化、电视节目的娱乐化越来越明显。走向国内、国际大市场的电视业逐渐把电视宣传功能与电视的传播信息、教育、娱乐等功能兼顾起来，电视更多地借助于文化的传播进行国家、政府、组织或者企业形象的宣传，这带来了市场条件下电视宣传观念的更新，并衍生了电视宣传与市场机制下的电视文化形态。

——深化改革，搞活经营（1992—1995）。1992年春，邓小平南方谈话之后，社会主义市场经济的培育和发展、思想观念的更新和行业自身强烈的生存危机感，使广播电视业改革创新的进取精神和实践热情空前高涨。以中央电视台为代表的电视媒体新闻改革势头强劲，电视宣传理念和实践都有深刻变化。中央电视台由整点新闻到滚动新闻，再到创办精品新闻栏目、开发新闻评论资源、举行一系列重大现场直播报道，新闻改革连续几年不断创新。"东方时空"、"焦点访谈"、"新闻调查"、"实话实说"等新闻评论栏目不仅引起巨大的社会反响，而且成为各级电视台群起仿效的节目形式，在全国新闻改革中产生了积极的示范效应。作为电视宣传改革的成果，一批思想深刻、艺术精湛、制作精细的电视纪录片、专题节目、文艺节目和电视剧不断出现在电视屏幕上，得到受众的广泛好评；同时，全国电视台的数量和节目套数又有较大发展，连续几年以 12%—15% 的速度增长。全国各地电视兴起"经济台热"，创办系列台和频道专业化成为潮流。需要特别指出的是，有线电视被列入电视发展整体规划，从而与无线电视和卫星电视一起，开始形成共存共荣的局面。

同期，电视宣传的改革主要表现为：一是电视功能的多样化特征日趋明显，强化"喉舌"功能和发挥多种功能并举成为电视宣传改革的主导方向；二是电视宣传以再造新闻优势、创办名牌和精品节目、优化和提高节目质量为主攻方向；[①] 三是以建立和完善与市场经济体制相适应的内部运行和管理机制为目标，引入激励和竞争机制，旨在激活和调动电视工作者舆论宣传的积极性和创造性。

——强化管理，规范发展（1995—2000）。1995 年 6 月，中共中央办公厅、国务院办公厅联合发出通知，要求进一步加强和改进广播电影电视工作，强化管理被列入重要的议事日程，其主要任务是：毫不懈怠地始终坚持正确的舆论导向，为改革、发展和稳定创造有利的舆论环境，提供有力的舆论支持；大力实施精品战略，全面提高节目质量，努力为亿万人民群众提供高水平、高质量的精神食粮。加强宣传管理取得了积极的成果，广播电视的宣传影响空前提高。

这几年对广播电视强化管理的主要进展，突出表现为贯彻依法治国方针，加快法制建设的步伐，通过制定和颁布实施《广播电视管理条

---

① 参见王锋：《广播电视改革发展历程的五个阶段——广播电视改革发展 20 年》，《中国广播电视学刊》2001 年第 2 期。

例》为主的一系列法规和规章，使广播电视管理逐渐纳入科学化、规范化和法制化的轨道，为广播电视的集团化发展奠定了良好的基础。

1999 年 5 月，江苏无锡以原广播电视系统为基础组建广播电视集团。2000 年 12 月底，湖南广播电视集团挂牌成立。按照国家广播电视管理部门的统一部署，有线电视与无线电视播出机构合并、有线电视台网分离、网络实行企业化经营、组建广播电视集团等成为 20 世纪末广播电视界广泛关注的热门话题。面对新世纪市场经济和传媒事业现代化的发展，面对中国加入世界贸易组织后全球经济一体化的影响和国外强势媒体竞争环境的冲击挑战，深化广播电视体制改革，联合起来"造大船"，发展自己，迎接挑战，已成为我国电视事业发展的必由之路。

新闻手段逐步改进的同时，中央的新闻宣传政策也极大地推动了电视新闻宣传的进展。党的十四大以来，中央在改进会议报道以及重大事件报道方面做出了不少决议，特别是党的十六大以来，电视新闻宣传发生了比较明显的变化。首先是倡导会议报道和领导人活动报道的积极变革。长期以来，会议报道一直是困扰新闻界的一大难题。过去的会议报道讲究规格和模式，而不大讲究宣传的艺术，会议报道数量多，被置于重要位置，但其宣传效果并不理想，甚至引起受众的反感。尽管近年来媒体在改进会议报道上做了许多尝试，诸如从会议中抓一两个重点问题报道、捕捉新信息、会议稿件尽量缩短篇幅，或将长篇会议新闻分解成若干短篇板块等，但还是难以逃脱会议报道的平庸寡白。

针对以上情况，2003 年 3 月，中共中央政治局通过了《关于进一步改进会议和领导同志活动新闻报道的意见》，要求会议报道遵循新闻自身规律，依据新闻价值标准报道会议，逐步改变以往会议报道中只重会议级别、重会议形式的报道选择，而代之以会议内容、人民群众对会议的关注程度和角度作为报道与否的标准。同时，会议报道的改革也推动着对领导同志活动报道的积极变化。根据领导人的级别来确立报道与否的选择模式正在发生变化，代之以领导人活动的重要性为选择标准，这反映出对新闻规律的遵循。而与此同时，关于领导人的亲民的报道逐步丰富起来，改变了以往领导同志只在会议上讲话的报道模式，拉近了领导同志与民众之间的距离。

这一时期，国内外重大事件报道也有了重大突破。如关于"非典疫情"的报道、伊拉克战争报道。在"非典"报道中，中央推行了新闻发言人制度，提高了危机报道的透明度和时效性。尤其值得一提的是关于伊拉克战争的报道。中国大陆的各大报纸、电台、电视台、网站等都对伊拉克战争进行了前所未有的广泛深入及时的报道，让受众真正体验到了现代传媒的力量。其中电视凭借其迅速的反应能力、大量实况信息和丰富的报道样式成为这场媒体大战中的赢家。

中央电视台在伊拉克战争报道中表现出的几个特点标志着中国电视对于重大事件报道能力的飞跃式提升。

一是反应速度快，报道规模大。几乎是与听到的炸弹爆炸声同步，中央电视台第四套《中国新闻》就立刻打出"伊拉克战争打响，巴格达发出爆炸声"的字幕，同时播放美国轰炸伊拉克的战争画面和同期声，接着中央电视台第一套中断正常节目，进行《伊拉克战争直播报道》，几分钟后，央视第九套也及时加入，跟进直播战争。中央电视台第一、第四套节目都先于凤凰卫视中文台的直播。

二是报道形式多样。中央电视台在没有自采画面的情况下，直接采用 CNN 电视台画面，并利用同声翻译，让观众获得实时战况；同时滚动字幕报告最新情况，密集高效快速地向观众传递最新信息。自 3 月

20 日伊拉克战争打响以来的十多天里，央视一套、四套、九套节目跟踪战况和各国反响的最新进展，结合演播室，进行现场直播报道；各档新闻栏目滚动报道事态进展；专题节目及时梳理、汇总，非新闻时间则在屏幕下方飞字幕，整个报道相互呼应，全面详尽，准确迅速。

三是直播样式新，表现方式多。直播报道成为中央电视台这场战事报道的主要样式。央视一套和四套都采取多点连线、实时报道的手法，同步联系在世界各地的中国记者，采用卫星传输画面和电话连线的方式，以最快的速度，将中国记者在相关地区的所见所闻传达给观众。此次报道，远程现场及演播室直播相互结合，并调动电视的多种表现形式（画面、声音、字母、图表等）进行报道评论。

四是直播时间长。据统计，中央电视台第一套每天直播总量最多 15 小时，最少 10 小时，分早、午、晚三档。中央电视台第四套，每天直播总量最多 20 小时，最少 16 小时，基本覆盖全天。

五是信息来源丰富多样，报道全面客观。中央电视台的信息来源主要有以下几部分：一是来自美联社、路透社和 CNN 等境外新闻机构的新闻信息；二是中央电视台以及中国国际广播电台、新华社等驻世界各地记者的报道；三是中央电视台派出的专门战地报道组的报道。同时结合演播室专家评论。一方面，真实客观及时全面地报道了有关伊拉克战争的各方面的消息，以观众为本位，充分尊重观众的知情权；另一方面，尊重新闻规律，用事实说话，在全面连续的报道中反映事实真相，形成一种"有机的电视运动"，让观众自行作出判断和思考。与此同时，中央电视台也充分阐明了中国政府的立场，反映了反对非正义战争的态度和对平民的人道主义关怀。

可以说，在伊拉克战争报道中，电视媒体充分利用其优势，圆满完成了报道任务，不仅满足了受众信息需求，挖掘了国际报道领域的潜力，而且显示了一个发展中国家面对重大国际事件的立场和态度。

随着电视事业的改革发展，我国电视节目的产业化形成一定的态势。实际电视业务操作中不再将电视的企业盈利与电视宣传功能简单地对立起来，以体育、经济和娱乐为主要内容的电视娱乐经济作为一种产业日益显示出其活力。各类娱乐性电视节目的出现打破了传统的电视宣传模式，文化娱乐开始渗透电视宣传并进而参与电视传播结构的框架调整，真正实现了电视舆论宣传、传播信息、娱乐教育多重功能的并举。20 世纪 90 年代初期，电视文艺晚会的日常化、普遍化和固定栏目化的发展，成为中国电视节目走向娱乐化的显著标志；《正大综艺》《综艺大观》之类专门化娱乐栏目的出现，引发全国各地电视台娱乐化栏目大量涌现，彻底改变了电视节目长期以来的结构模式。随着中国电视由单一舆论宣传工具向产业化基础上复合传播媒介的转变，电视的宣传内容在拓宽、对内对外的宣传方式和技巧也在发生变化。

四、对外电视宣传的发展变化

对外电视宣传是国际间跨文化、跨语言的传播。中国对外宣传的对象主要是外国人和海外的华人、华侨。对外宣传作为中国与外国之间的传播，自然应以中国的国家利益为基础，在国际上努力维护和增进国家的利益。我国电视事业自诞生之日起，就肩负着树立国家形象、维护国家利益和营造国际舆论环境的重任。

诞生于 20 世纪 50 年代世界电视大发展时期的中国电视，在对外宣传方面，与社会主义阵营国家相互合作，积极参与国际领域内的舆论斗争和电视竞争。当时，世界上社会主义和资本主义两大阵营对峙，电视领域的国际竞争无疑带有浓厚的政治意义。1951 年 12 月，中国参加了以社会主义国家为主体的国际广播组织；苏联于 1956 年 7 月 5 日与中国签订了包括广播电视在内的文化合作协定。中罗、中匈、中波、中德、中捷、中保分别于 1958 年 10 月 10 日、1959 年 4 月 6 日、4 月 15 日、4 月 25 日、4 月 30 日、8 月 6 日签订了广播电视合作协定①。各国之间互换电视节目、互派播音员或者代制各类节目。北京电视台在 1959 年 4 月 21 日，首次向苏联、波兰、捷克、民主德国、罗马尼亚、匈牙利寄送了全国人大第一次会议的电视新闻影片，5 月 6 日又寄出了这次会议和首都庆祝"五一"节游行的电视新闻影片；7 月，向国外寄送了 5 条北京电视台第一批自制的出国新闻片《美国必须撤出南朝鲜》《钢铁巧"裁缝"》《人民公社蔬菜增产》《北京鸭》《中国画家陈半丁》。据统计，当年共寄送出国片 61 个主题，其中自拍 41 个。

1959 年到 1963 年期间，社会主义国家有在新年前互送贺年影片的习惯。1959 年 11 月 30 日，北京电视台邀请知名演员和在京外国留学生联欢，第一次拍摄了向外国电视观众祝贺 1960 年元旦的贺年片，寄送苏联、东欧和古巴等国家。所拍节目有民间舞蹈《茉莉花舞》、舞剧片断《珊瑚舞》、杂耍节目《鸭子拉车》以及著名歌唱家郭兰英和胡松华演唱的歌曲等。1960 年 11 月 7 日，为庆祝十月革命节，北京电视台邀请苏联大使契尔年科在电视台讲话。北京电视台经常邀请外国客人或各国驻华大使发表电视讲话。

1961 年 4 月 23 日，北京电视台连续播出了记者李华对老挝的电视

---

① 参见郭镇之：《中国电视史》，文化艺术出版社 1997 年版，第 8 页。

系列报道，后编辑成《老挝在前进》上、下两辑，分送参加日内瓦 14 国会议的越南代表团、富马亲王和苏发努冯亲王。1963 年 12 月—1964 年 3 月，周恩来总理、陈毅副总理访问亚非 14 国，电视记者李华以《电视通讯》的题目连续报道，北京电视台先后播放 26 次。

1964 年 3 月，在第八次全国广播工作会议上讨论的《宣传业务整改草案》正式提出"立足北京、面对世界"的方针，"北京电视台是既对国内宣传又对国外宣传的。另外，要扩大对国外的宣传，大力做好电视片的输出工作，以反对帝国主义、各国反动派和现代修正主义对我国的造谣污蔑。这就是'立足北京、面对世界'这个方针的用意所在"。

1963 年 4 月 5 日至 12 日，首次全国电视台对外宣传工作会议在广州召开。北京、上海、广州、天津、沈阳、哈尔滨、长春、西安 8 个困难时期硕果仅存的电视台有关负责人参加，讨论了如何加强电视的对外宣传工作和提高出国电视片的质量问题。1965 年 8 月 2 日至 9 日，北京电视台在京再次主持全国电视台对外报道会议。

1963 年至 1965 年，中国三次派出代表团参加阿联第二届至第四届国际电视节。1963 年，中国的参赛节目《金小峰与红铃虫》获科教片二等奖；1964 年，《对虾》获科教片二等奖；1965 年，《水地棉花蹲苗》获科教片一等奖。北京电视台在对外交流的过程中，设法一步步走出半封闭的环境。60 年代初，日本共产党主办的电波新闻社成为中国电视片通向世界的主要门户。6 年内中国收到日本方面新闻片 600—700 条，播用 2/3；中国向日本方面提供了 1000 条；1965 年，电波新闻社为北京电视台送来了第一架黑白录像机。1963 年 10 月 11 日，北京电视台与英联邦国际新闻影片社正式签订交换和购买电视片合同。英联邦国际新闻影片社（也称维司新闻社）新闻片的输入为缺乏生气的北京电视台

《国际新闻》注入了新的活力。1965 年 6 月 19 日，北京电视台播出了越南民主共和国总理范文同 6 月 12 日会见中国电视记者朱景和时应邀发表的电视讲话。

1978 年起，中国开始实施改革开放政策，成为世界关注的焦点。中外媒体的交流和合作增多，世界各国的报刊、电台、电视台和通讯社纷纷向中国派驻记者。但是，由于中西方政治经济制度和文化价值观念的差异，西方新闻机构在向世界展示中国发生的巨大变化的同时，其报道表现出一定程度上的偏见和扭曲。因此，改革开放给中国电视带来的不仅仅是机遇，也使对外宣传工作面临严峻挑战。

1987 年 7 月 18 日，中宣部、中央对外宣传小组、新华社发布了《关于改进新闻报道若干问题的意见》，提出了我国传媒要"同外国新闻机构争雄"的要求：加强新闻报道（特别是对外报道）的时效；主动触及敏感问题和热点问题；提高我国新闻报道的可信性，同时要注重社会效果；全面地向世界介绍中国，增进世界对中国的了解，树立和维护社会主义国家的形象，为我国的改革开放和现代化建设创造良好的国际舆论环境。

江泽民同志在 1999 年的全国对外宣传工作会议上讲话时提出，要力争在 21 世纪初期"让中国的声音传向世界的各地"，使中国在世界舆论格局中占据有利的位置。

"和平共处"五项基本原则是我国的外交政策，也是我国电视对外宣传的重要准则。我们建立中国对外电视平台、加强对外宣传的目的是让世界了解中国，为中国的国家利益服务。20 世纪 90 年代以来，卫星传输和数字技术在电视领域的发展和应用引发了世界电视业的重大变革，全球范围内电视的竞争呈现出技术数字化、传输全球化、功能一体化、市场垄断化、发展多元化、竞争激烈化和频道多样化的特征。为了适应世界电视发展的趋势，参与全球电视市场的竞争，在全世界树立起社会主义中国的良好形象，我国电视必须加大力度向全世界介绍中国改革开放和现代化建设的情况，传播中华优秀文化，及时报道中国对世界重大问题的观点，从而在世界舞台上发出中国声音。

第三节　中国电视宣传的特色

电视深刻地影响着人们的思维方式、价值观念、道德规范和行为准则。中国电视以社会效益为最高准则。我国宪法第 22 条明文规定："国家发展为人民服务、为社会主义服务的文学艺术事业、新闻广播事业。"为人民服务、为社会主义服务是中国电视事业的根本宗旨。中国电视宣传工作秉承这一根本宗旨，在多年的实践中，形成了自己的鲜明特色。

一、坚持党和人民喉舌的性质

中国电视事业的发展历来在政治上、思想上、组织上接受党的领导，充分发挥党、政府和人民的喉舌作用。我国电视从诞生发展到今天，电视宣传的内容打上了明显的时代烙印，而且往往与中国历次政治运动和重大政治事件直接相关。

1958 年到 1979 年期间，我国的电视报道凸显"形象化政论"特征。1958 年 10 月 1 日国庆节，北京电视台首次在天安门广场转播了"首都人民举行盛大阅兵游行"的实况；1959 年 4 月 18 日，转播了周恩来总理在第二届全国人大第一次会议上作政府工作报告的实况。重大政治活动是北京电视台的主要宣传内容。每年"五一"、"十一"的庆祝游行，北京电视台不仅实况转播，还拍摄新闻片和纪录片，以最快的速度与观众见面。但日常播出新闻纪录片的实效性就很差，例如，西瓜旺季过后再报道西瓜上市，夏收才报春种，鱼汛过去才报道捕鱼消息长短，雨过天晴、烈日当空却在报道奋战阴雨，凡此种种，经常是"旧闻新播"。①

1958 年 6 月 15 日，为了配合党中央关于"忆苦思甜"、"节约粮食"的宣传，北京电视台演播了中国第一部电视剧《一口菜饼子》；10 月 25 日，上海电视台首次播出电视剧《红色的火焰》。随后，哈尔滨电视台、广州电视台、长春电视台（现吉林电视台前身）相继播出了自己创作的电视剧。这些电视剧具有"文艺为政治服务"的自觉意识和"文艺配合中心工作"的鲜明传统，人们把这一阶段的电视剧称作"直播电视剧"，以区别于 70 年代以后录像制作的"小电影"式的电视剧。

在中国电视宣传史上，英雄模范人物、先进典型事迹一向是我党新闻宣传的重点。"文化大革命"时期，电视人物宣传一度提升到"电视讲坛"的形式。1966 年 2 月 17 日，北京电视台邀请大庆"铁人"王进喜作电视报告。1966 年 4 月 1 日，王进喜又到长春电视台作了报告，同样引起轰动。友好国家重大纪念日或者重要外国客人来访时例行的外国客人讲话和英雄模范的典型报告，成为当时政治性、教育性节目的重要形式。张秋香、陈永庚、李顺达、申纪兰、王崇伦、倪志福、时传祥、麦贤得、吕玉兰、侯隽、邢燕子等当时的模范人物都曾在北京电视台做过讲话。不过，"文化大革命"时期，电视新闻传播与社会政治生活之间的正常关系被无休止的"大辩论"、"大批判"和自上而下的政

---

① 参见郭镇之：《中国电视史》，文化艺术出版社 1997 年版，第 14 页。

治说教所代替，"电视讲坛"在很大程度上反映了当时电视宣扬典型人物高大完美形象和空洞说教的僵化宣传方式。

70年代中期以前，虽然中国电视曾真切地记录下如尼克松访华，周恩来、朱德和毛泽东追悼会等一系列重大历史事件，但长年统一的宣传计划，除了对党和国家重大政治事件的公开及时报道，中国电视很少产生巨大社会影响并引起海内外强烈震动的新闻报道。

党的十一届三中全会以来，我国的经济、政治、教育、文化各个领域都发生了日新月异的变化。1980年全国第十次广播工作会议决议指出："实现四个现代化的核心是经济建设，广播、电视的新闻、评论应当把四个现代化的宣传作为中心内容，把经济宣传放到头等重要的位置。"电视宣传的内容在增多，电视宣传的范围在拓宽，电视宣传的方式也在悄悄变革。此后，经济新闻在电视新闻报道内容中的比重增大，1981年，中央电视台《新闻联播》共播出国内新闻片4186条，其中经济新闻占一半以上。随着商品经济的发展，电视报道逐渐从生产领域扩展到流通、消费领域，全面反映社会经济生活；经济类栏目逐渐增多，经济报道从指导经济工作为目的，转而扩展到指导与服务并重，直接参与组织与社会经济生活有关的各类活动，普及经济知识，产生了巨大的社会影响。

电视新闻传播逐渐显示出时效性强、形象直观、覆盖面广的传播优势，成为人民群众了解、参与国家重大决策过程的重要途径，同时对促进党和政府逐步实现重大决策的民主化和科学化起到了重要的推动作用。1986年，全国人大常委会关于"企业破产法"讨论电视现场采访录像的剪辑播出，是新中国成立37年以来新闻媒介第一次公开报道国家最高权力机关民主立法的讨论过程。此后，电视摄像机曾一次次进入人民大会堂，及时传播反映国家政治生活的新闻信息。

经历了 1989 年春夏之交的政治风波之后，电视新闻改革的成果仍显示着其生命力。电视作为反映中国社会改革开放最直接、最有力的媒介，对推动中国社会政治生活的健康发展发挥着越来越重要的作用。

1989 年，江泽民同志在全国新闻工作研讨班的讲话中指出，社会主义新闻事业要为人民服务，为社会主义服务，新闻改革必须坚持社会主义方向，必须有利于加强和改善党对新闻工作的领导。此后，在坚持正面宣传为主的方针指引下，电视新闻宣传的内容针对性大大加强，出现了"弹指一挥间"（1989 年）、"看今朝"（1990 年 1 月）、"来自重点工程的报道"（1990 年 3 月）、"祖国在我心中"（1991 年）、"奋斗者足迹"（1991 年）等一大批优秀的系列报道，展示了改革开放的大好形势和经济建设的突出成就，弘扬了主旋律，推动了改革开放事业的进程。

在社会主义市场经济体制初步建立时期，以中央电视台为主的全国电视媒体始终坚持正确的舆论导向，准确、及时、圆满地完成了党的"十四大"、党的"十五大"、党的"十六大"以及"两会"等时政报道，宣传了党的路线方针和重要的政治、经济、文化政策，营造了良好的舆论氛围。同时，全国各主要电视台都积极、主动地进行宣传创新，不断推进频道专业化、栏目个性化和节目精品化，提高宣传水平。这是广播电视业竞争和改革发展的要求，同时也与全球化背景下世界政治、经济、文化的交流传播更加活跃相关。

在党中央和国务院的领导下，中央电视台始终强调电视的"喉舌"职能，集中精力做好党和政府的重要会议、建党 80 周年等重大活动的宣传报道；深入持久进行"三个代表"重要思想的宣传；突出重点，实实在在做好经济成就宣传，《新闻联播》《焦点访谈》《经济半小时》《中国财经报道》等栏目，不断推陈出新，播放了很多有影响的专题和新闻报道；关注热点，进一步加强舆论监督。

从"形象化政论"时期的电视宣传，到经济体制改革时期和社会主义市场经济初步建立时期的电视新闻传播，我国电视始终注重时政报道，强调舆论导向，为我国的改革开放和社会主义现代化建设营造了良好的舆论氛围。

二、坚持团结稳定鼓劲、正面宣传为主的方针

总结新中国成立以来广播电视改革发展的历史经验，党和政府、新闻界形成的共识是：广播电视必须始终坚持党的领导，自觉当好党、政府和人民的"喉舌"；必须始终坚持为人民服务、为社会主义服务的方向；必须始终坚持正确的舆论导向，以社会效益为最高准则，努力贯彻"以正面宣传为主"的方针，弘扬主旋律。同时，广播电视事业建设必须始终坚持经济和社会发展相适应，充分依靠高新科技，努力做到协调发展；必须始终坚持按广播电视自身的规律和特点办事，努力"汇天下之精华，扬独家之优势"。

这些观点曾长期作为广播电视工作的指导思想，无疑也是经得起历史检验的广播电视事业发展的基本经验。党的十一届三中全会以后，新闻界有人认为我国新闻工作者在"文化大革命"时期犯有严重的错误，其教训是坚持党性的结果，新闻工作要有"人民性"，人民性高于党性。新闻界就此展开了一场大讨论。邓小平同志批评了"不讲党性"的言行。1989年春夏之交的风波之后，江泽民同志11月发表讲话指出，我们的新闻工作"必须坚持党性原则"，这是新闻工作的"根本性的问题"，"新闻宣传在政治上必须同党中央保持一致"。1996年，江泽民同

志先后在解放军报社和人民日报社发表讲话，强调坚持党性原则、倾听群众心声，重申了政治家办报的要求。1997年，江泽民同志在党的十五大报告中又一次指出，"新闻宣传必须坚持党性原则，坚持实事求是，把握正确的舆论导向"。

胡锦涛同志关于新闻、宣传的论述，继承了毛泽东、邓小平、江泽民同志基本思想，他指出："宣传思想战线从新的发展阶段的实际出发，深入研究新形势下宣传思想工作的特点和规律，积极探索开展宣传思想工作的新途径、新办法，大力推进新闻出版广播影视业的改革，在新的实践中努力开创宣传思想工作的新局面。"

2016年2月，习近平总书记在主持召开党的新闻舆论工作座谈会上强调，党的新闻舆论工作是党的一项重要工作，是治国理政、定国安邦的大事，要适应国内外形势发展，从党的工作全局出发把握定位，坚持党的领导，坚持正确政治方向，坚持以人民为中心的工作导向，尊重新闻传播规律，创新方法手段，切实提高党的新闻舆论传播力、引导力、影响力、公信力。习近平总书记指出，在新的时代条件下，党的新闻舆论工作的职责和使命是：高举旗帜、引领导向，围绕中心、服务大局，团结人民、鼓舞士气，成风化人、凝心聚力，澄清谬误、明辨是非，联接中外、沟通世界。2016年11月7日，习近平总书记在会见中华全国新闻工作者协会第九届理事会全体代表和中国新闻奖、长江韬奋奖获奖者代表时，对做好新闻舆论工作提出四点希望：坚持正确政治方向，坚持正确舆论导向，坚持正确新闻志向，坚持正确工作取向。

党中央主要领导同志关于坚持党性原则、坚持把握导向的指示精神，已经成为中国电视新闻宣传的基本遵循。

电视宣传在整个国家宣传体系中的社会地位、改革开放30多年的发展及其巨大的社会影响使之长期受到社会广泛关注。在党和政府强调推进改革开放、注重社会稳定、突出舆论导向的总体要求下，各级电视宣传机构都肩负着艰巨的历史责任。正面宣传为主的方针得到了很好的贯彻，电视宣传报道讴歌了社会主义、讴歌了改革开放事业和其中涌现的新人新事；大量正面报道的同时，也客观地进行了批评、揭露性报道，舆论监督在加强，正面报道和舆论监督的关系得到了较好的协调。

三、新闻纪录片、电视评论和深度报道相结合

20 世纪 60 年代，电视新闻通过新闻纪录片的形式进行宣传工作。苏联传统的电影纪录片模式经过大多来自电影厂的第一代中国电视从业者之手，深深地注入中国电视新闻传播中，其"形象化政论"思想贯穿于从电视新闻报道到纪录片创作的过程。当时"电视新闻"的概念即指电视新闻纪录片，以其时间长短和时效高低，又可分为新闻片和纪录片两种。大多数新闻片和纪录片实际上只有长短之分，实质区别不大，而且往往产生于同一题材，从形式到内容，从思想观念到表现手法，都是纪录片式或者新闻简报式的。很多电视纪录片的题材具有新闻意义，甚至与新闻片同时产生，继承了新闻电影端庄、严谨、规范、干净的优点，也传染了纪录影片面面俱到、千篇一律的公式化弊病。为了追求艺术效果，补拍、摆布甚至导演是经常采用的手法。[①] 由于狭隘的宣传思想和宣传内容的束缚，电视新闻从整体上缺乏生气和活力，充斥着太多空洞的说教和大同小异的画面，给人留下呆板、单调的僵化印象。

20 世纪 70 年代末，集报道性、思想性、对象性、知识性和欣赏性

---

① 参见郭镇之：《中国电视史》，中国人民大学出版社 1997 年版，第 12、13 页。

于一体的"专题"节目开始见诸屏幕。"专题"当时被电视界认为"是最具电视属性"的传播形式，与电视新闻和电视文艺共同构成中国电视传播的三大支柱。电视纪录片在经历了 70 年代末 80 年代初的风光片、80 年代中期政论片的火红以后，中央电视台 1989 年播出的电视纪录片全国性栏目《地方台 50 分钟》（1990 年改为《地方台 30 分钟》），标志着纪实类作品作为一个创作群体的崛起"真正走向了艺术成熟的新时代"。它推出一批堪称艺术珍品的电视纪录片：《西藏的诱惑》（青海台，1989）、《格拉丹东女儿》（青海台，1990）、《半个世纪的爱》（北京台，1989）、《湘西，昨天的回想》（湖南台，1989）、《少年启示录》（济南台，1990）等。

1991 年 11 月 18 日，中央电视台晚间黄金时间播出的纪录片《望长城》，在我国纪录片创作史上具有里程碑意义，打破了传统说教模式的桎梏，把镜头视点"投向了祖祖辈辈生活在长城两边的芸芸众生，以这些普通人的命运为纽带，将历史现实、传统与文明凝结、汇集，提炼出一种精神"。① 之后，又相继出现了一大批深受群众喜爱的电视纪录片：《藏北人家》、《沙与海》、《最后的山神》、《远在北京的家》、《德兴坊》、《十字街头》、《中华之门》和《中华之剑》等，它们描绘出一幅幅政治、经济、军事、文化和生活的壮美画卷，使人耳目一新。同时，电视纪录片真实生动地展现了强烈的时代气息，作为一种宣传艺术日益走向成熟。

在新闻纪录片之外，电视评论和深度报道也从无到有，逐渐成熟，成为电视宣传和舆论引导的重要手段。

---

① 朱景和主编：《电视专题论集》，人民出版社 1993 年版，第 427 页。

　　20 世纪 50 年代到 70 年代，我国的电视新闻评论几乎是一片空白。1979 年，中央电视台开始酝酿筹备一个时新性和政策性相结合的评论专栏《观察与思考》，从 7 月 12 日开始，该专栏陆续播出"北京居民为什么吃菜难"、"包产到户之后"、"似梦非梦"等系列电视述评；《新闻联播》也开始增设编前、编后语，有时小评论配合新闻一起播出。80年代中期以后，电视评论逐渐取得舆论引导的优势。在全国电视新闻评选中，中央台和地方台的许多代表性新闻评论获奖。

　　从 80 年代中期开始，电视深度报道也悄然兴起。这种以解释性见长、充分挖掘背景材料、强调事物之间因果关系的电视报道方式，一方面丰富了电视新闻的内涵，另一方面加大了原本就有争议的电视评论的分类归属问题。1993 年 5 月，中央电视台推出综合杂志性电视栏目《东方时空》，其中的《焦点时刻》专栏以热点追踪和分析阐释相结合的深度特点和时事述评吸引了广大受众。1994 年 4 月 1 日，中央电视台在《新闻联播》之后的黄金时段开办了每天 10 分钟的《焦点访谈》。《焦点访谈》成为中国电视评论改革的代表性成果。

四、新闻频道"走基层"报道的典型意义分析

　　2011 年 8 月 9 日，全国新闻战线开展了"走基层、转作风、改文风"活动，中央电视台新闻频道立即派出多路记者，率先推出了"走基层"电视新闻报道，并在《新闻联播》《朝闻天下》《新闻 30 分》等栏目中集中播出。其特点总结为：报道的常态化，采访、播发的规模化和表现手段的纪录片化。并在此基础上，对"走基层"报道可能引发的新闻理念革新进行了分析和预测。

　　"这还是新闻联播吗？20 分钟了，一共就三条，且主角一个都没出

来。"2012 年 1 月 26 日，大年初四晚上 7 点 22 分，中央电视台纪录频道项目运营部主任陈晓卿发了上面这条微博。① 当天的《新闻联播》从头条开始，连着三条都是"新春走基层"报道，平凡人物成为新闻头条，并在节目中占有较大篇幅，这是 2012 年的《新闻联播》与以前的最大不同，也是中国的电视新闻与以前的最大不同。

2011 年 8 月 22 日，中央电视台率先在《新闻联播》、《朝闻天下》、《新闻直播间》等栏目开辟了"走基层"专栏，开始集中播出反映基层群众真实工作和生活的新闻报道。截至 2012 年 1 月 14 日，中央电视台累计播出"走基层"报道 7978 条，其中《新闻联播》、《朝闻天下》、《新闻直播间》、《新闻 30 分》等栏目播出 725 条报道。

（一）"走基层"的几个特点

央视新闻频道的"走基层"报道呈现以下三方面的特点，即报道的常态化，采访、播发的规模化和表现手段的纪录片化。

1. 报道的常态化

"走转改"活动开始以后，记者从基层采制的报道很快成为常态化报道，条数越来越多，内容越来越丰富，涉及的各类基层人物也越来越多。常态化的表现有：(1) 常态化播出。平时叫"走基层"，过年了就叫"新春走基层"，还有"蹲点日记"、"第一手调研"、"第一手调查"、"劳动者"、"劳动者之歌"等，每天以各种不同的形式播出"走基层"报道；(2) 对记者、主持人而言，走基层成为工作的常规内容，特别是主持人。2011 年 8 月 27 日播出的《[走基层] 排水工：城市的"地下工

---

① 参见陈伟、卫毓博、钟磊：《央视新闻频道"走基层"报道的特点及影响分析》，《中国传媒科技》2012 年第 3 期。

作者"》报道中，郎永淳跟随排水工深入地下管网进行跟踪采访，成为中央电视台首个进行"走基层"报道的主持人，在这之后，主持人陆续下到基层进行采访报道。2012年春节期间，当日不值班的主持人几乎都下到了基层，进行"新春走基层"采访报道，到基层进行采访已成为主持人的职责所在。

2.采访、播发的规模化

规模化的表现有：（1）"走基层"报道每天在新闻频道滚动播出、实时跟进报道，重点内容还要在《新闻联播》中播出，甚至连续报道，比如关注西藏病儿进京治疗的报道、老杨讨薪记，等等；（2）央视派驻各地的记者、主持人规模越来越大，另外，在走基层报道中，常常出现记者接力报道，一条新闻，多位记者、摄像辗转多地跟踪拍摄，从片子的时间、空间跨度上可以看出协同作战的力量。

3.表现手段的纪录片化

纪录片是以真实生活为创作素材，以真人真事为表现对象，并对其进行艺术的加工与展现的电影或电视艺术形式，纪录片以展现真实为本质，并用真实引发人们的思考。尽管电视新闻的表现手法由纪录片发展而来，但已自成风格，特别是《新闻联播》的报道，在画面上强调美感、气势、规整，较少出现在民生新闻中广泛使用的跟拍、长镜头等表现方式，而在"走基层"报道中，这样的表现手法几乎成了一种常规化手法。

纪录片化的具体体现有：一是采访手法强调"慢工出细活"，出现了记者蹲点报道，长时间关注一件事、一个人物，在节目里可以看出时间和空间的巨大跨度；二是拍摄时强调细节捕捉、长镜头、纪实镜头的运用。在中央电视台播出的《杨立学讨薪记》里，农民工老杨衣衫简朴，胡子拉碴，边穿裤子边接受采访，身后还躺着一个午睡的工友；帮助讨薪的劳动监察人员头发没洗，支棱八翘的，都以生活中的真实状态出镜，人物的性格、遭遇、生活的场景一目了然，而强调镜头调度的长镜头在跟拍中更比比皆是；三是蹲点报道采用记者自述的表达方式，语调平实，质朴、亲切，尽管记者不出镜，让声音和叙述者有点儿对不上号，但整体依然让人感觉平和、亲近。

（二）"走基层"带来的新变化

1. 由活动式报道变成"大新闻"报道

对于中国的新闻人而言，"走转改"活动的展开既是新闻理念的一次回归，也是一次强调和探索。

未来的中国新闻将走向"大新闻"报道。所谓"大新闻"，是笔者有待继续完善的提法，指的是在"自媒体"时代，一切人和事都可成为新闻，只不过因为影响的深度和广度不同而在传播上会引发不同的效应，这与我们之前所学的新闻理念是有区别的。

"走基层"报道是一项新闻采访活动，是"活动式报道"，这就意味着：新闻采访容易带有主观的烙印，带着主题找内容；既然是"活动"就有结束的一天，而"走转改"显然应该成为新闻工作者的一种工作常态。所以，"走基层"报道可以尝试跳出"活动"，从人物身上入手寻找新闻点，回归新闻采访的本意。

2. 由消息式报道变成人物故事报道

从人物入手，讲故事，这本是新闻采访写作的基本要求，但长期的实践让人物和故事离观众越来越远，甚至出现了"两级跳"的怪现象。一提起人物，不是模范，就是坏蛋；一提起故事，不是民生，就是八卦；要么上不得台面，要么就让人觉得虚假。"走基层"报道在这方面算是一次勇敢的尝试和回归，直接走近采访对象，进入他的世界讲述故事，"点"讲清楚了，再进行"面"的补充，点面结合，有人物、有故事、有背景，还有信息量。而这，必将成为今后新闻采访写作中的常规手法。

3. 由关注小概率事件变成关注大多数人的生活

到底"狗咬人"是新闻，还是"人咬狗"是新闻？其实，二者只是概率上的不同，后者比前者概率更小。小概率的事件就是新闻吗？非也，它只是新闻的一部分，而非主体。但在很多电视新闻中，"小概率事件"往往成为媒体争相报道的重点，街上一百个行人，其中一个人被车撞了，这个人就可能上头条，而另外的九十九人则被媒体"选择性忽略"，显然这样的新闻价值判断还有偏颇之处。而"走基层"报道跳出了"小概率事件"的局限，开始关注"沉默的大多数"，报道里的主人公很多从未上过电视，而且按照原有新闻价值判断可能永远也上不了电视，但现在他们成了媒体关注的对象，这样的新选择将继续影响之后的报道。

五、中央电视台新闻频道改革三阶段

中央电视台新闻频道的创办和发展又一次打开了电视宣传的新局面。央视新闻频道于2003年5月1日试播，7月1日正式播出，谱写了中国电视发展史上的新篇章，标志着中央电视台向世界级大台迈出了坚实一步。

新闻频道开播以来不断创新，以适应媒体的竞争，抢占电视宣传的制高点。截至2015年，新闻频道的发展经历了三个阶段，随之版面也经过了三次大的改版。

1. 第一阶段：2003—2006 年

新闻频道 2003 年 7 月 1 日正式开播即实现了全天 24 小时播出，每逢整点有新闻，全天 24 档，以最快的速度向观众提供第一手的国内国际新闻资讯，实现滚动、递进、更新式报道，观众随时获取电视新闻讯息。新闻频道一经开办即在抗击"非典"、"神舟"五号载人飞行、萨达姆被捕等一系列重大和突发事件报道中第一时间发出声音，时效性强，报道形式和手段更为多样；日常新闻报道利用全天每逢整点的新闻滚动并插入现场直播和随时更新的字幕新闻；《面对面》制作播出的抗击"非典"系列节目、《新闻调查》播出的《艾滋孤儿的家》等精品节目给观众以强烈震撼并获各方好评。

开播之初，新闻频道栏目设置有《新闻会客厅》、《央视论坛》、《法治在线》、《国际观察》、《共同关注》、《每周质量报告》、《声音》、《面对面》、《中国周刊》、《世界周刊》等，这些栏目迅速成为家喻户晓的名牌栏目。其中《新闻联播》、《焦点访谈》、《新闻 30 分》、《晚间新闻》、《新闻早 8 点》与中央电视台第一套节目并机播出。

2. 第二阶段：2006—2009 年

2006 年 6 月 5 日，中央电视台新闻频道以全新的形象与观众见面：多档新栏目被搬上荧屏、部分栏目播出时间得到调整、改造后的频道标识和演播室更加时尚。中央电视台新闻中心改变新闻文风、创新表达方式工作同时启动。改版后的新闻频道更加注重传播的新闻性、有效性和贴近性，力求在舆论引导能力上进一步得到提升。

这次改版，新闻频道新推出的新栏目有《朝闻天下》、《360°》。综合性资讯节目《朝闻天下》每天 6：00—8：30 播出，第一时间关注当天焦点事件，提示当天生活服务；综合新闻节目《360°》周一至周五 20：00—21：00 直播，对当天新闻进行梳理，对最受关注的新闻进行深入报道，对最具贴近性的资讯进行集纳，对突发事件作出快速反应。

对旧有栏目，新闻频道一是要实施有效传播战略，提升现有栏目质量，增加有效信息，二是要在新闻的表达方式上更加尊重新闻规律，践行"三贴近"原则，注重选取"小口径""低视角"，减少公文式报道，三是在节目的内容选取上拓宽报道题材，加强经济、体育、文化、娱乐等领域的报道。另外，新闻频道的拿手好戏直播报道也将得到强化，力争做到能够直播的坚决直播，节目单随直播调整，各类节目为直播让路。不但对各种预知的活动进行直播，重大突发事件也争取第一时间直播。同时加强自主策划，提高打造媒体事件的能力，拓展直播领域。

经过改版，增加频道信息含量、强化频道的新闻特质的目标已经开始实现，通过创办《朝闻天下》《360°》等栏目，频道新闻节目每周增加 12 小时 8 分钟，增长幅度近 30%；同时发挥新闻栏目滚动播出的优势，增加实时更新比重，使新闻真正"动"起来；通过创新表达方式、改变新闻文风，增加有效信息。

改版后，与一套并机的栏目调整为《新闻联播》、《焦点访谈》、《朝闻天下》、《新闻 30 分》、《晚间新闻》。

3. 第三阶段：2009 年至今

2009 年 5 月 27 日，新闻频道传输方式由加密传输改为开路传输，使用卫星接收机的用户可免费收看该频道，之后在香港、澳门和其他海外地区落地。

2009 年 7 月 27 日，新闻频道启动开播以来的第三次大改版，开始朝资讯化的方向发展。2009 年 8 月 17 日，《整点新闻》更名为《新闻直播间》、《环球视线》、《24 小时》全新亮相，同时取消了《晚间新闻》在新闻频道的播出，同时宣传 ID 开始用蓝色地球标志，标志着改版正式开始。《百姓故事》、《高端访问》、《新闻会客厅》、《实话实说》等节目逐渐停播。

新闻频道的第三次大改版在版面上的调整力度相当大，版面设置增强了信息量、凸显了时效性，在每天上午的 9：00—12：00，下午的 13：00—18：00 推出了 8 小时的新闻直播节目《新闻直播间》，实时播出世界各地正在发生的热点新闻。

晚间时段新推出的栏目中，22：30 播出的《环球视线》由水均益主持，这是一档直播的国际新闻评论节目，挑选当天最具影响力的国际新闻事件进行分析、评论，辅以大量翔实资讯和各方观点。每天 23：00 播出的《24 小时》梳理全天国内外重要新闻，并进行短小精悍的点评，在表达方式上讲求播报和讲述的融合。

本着"淡化专题、强化新闻"的原则，一些老牌节目也改头换面：《东方时空》移至 CCTV-新闻每晚 20：00 播出，内容从专题杂志变为新闻汇总，节目时长从 30 分钟增加到 1 小时；《共同关注》从一个公益慈善类的专题栏目也变成了新闻汇总类栏目，自此，CCTV-新闻频道定位更加清晰，新闻更具时效性，实现了早、中、晚、夜不同时段的全部贯通。

在增强信息量与时效性的同时，CCTV-新闻还增加了评论的数量、提高了评论的速度、加强了评论的深度。2008 年 3 月，CCTV-新闻开办了评论类节目《新闻 1+1》，这档节目试图对每天最新、最热、最快的新闻话题进行阐述和评论。2009 年下半年，《新闻 1+1》强化了选题的原创性、时效性，更注意配合新闻热点，同时在评论方面不仅强调观点鲜明，更重视观点的论证过程和论据的获得。除了《新闻1+1》，CCTV-新闻强化了频道的整体评论机制，一支"评论员的国家队"出现在 CCTV-新闻的各档新闻节目当中。目前，评论员紧跟新闻，在线发表短评，新闻＋评论＋背景已成为 CCTV-新闻全天候的常规样态。

2009 年上半年，《新闻联播》也悄悄地发生了变化，会议新闻播出量大大减少，头条新闻之后加入了"本台短评"，国际新闻和民生新闻得到显著加强，新闻的总条数增加了 30% 以上。

从 2012 年下半年开始，《新闻联播》又进行了一系列贴近民生的改革。比如，时政新闻的改革最大亮点是其时间缩短；打破了传统的惯例，选取与广大群众利益相关的新闻或大众关注的特大事件作为头条新闻，同时更加注重头条新闻的时效性；新闻故事化是央视新闻走转改的特点之一，更加注重通过"对话＋场景"的设置来展现出事件中的细节与情节，增加了新闻报道的吸引力和感染力。

中央电视台新闻频道是中国电视新闻宣传的排头兵，在党和国家的重大会议、重大活动、重大主题的宣传报道中，发挥着不可替代的作用。党的十八大以来，特别是对以习近平同志为核心的党中央治国理政的新理念新思想新战略、实现中华民族伟大复兴的"中国梦"、"五位一体"总体布局、"四个全面"战略布局、社会主义核心价值观、历次中央全会、历年全国"两会"、"一带一路"（丝绸之路经济带和 21 世纪海上丝绸之路）战略、"9·3"阅兵、杭州 G20 峰会、"一带一路"国际合作高峰论坛、上海合作组织成员元首理事会会议等的宣传报道，浓墨重彩，大气恢宏，传播了时代主旋律和中国最强音，受到了我国干部群众的充分肯定和国际舆论的广泛好评。

第二章　中国电视宣传的基本路径

对于电视宣传工作来说，传播效果的实现所凭借的基本路径包括传播内容和传播管理两个方面。这两个方面相辅相成，共同构成了电视宣传工作的主体。

第一节　中国电视宣传的内容体系

经过近60年的发展，我国的电视节目已经形成了比较完整的体系。尤其是改革开放以后，不断与国际电视业接轨，产生了一大批符合观众需要、丰富多彩、各式各样的电视节目。在电视宣传工作中，每一种电视节目所承担的职能、发挥的作用、发展的方向都有所不同。对于电视节目的分类来说，无非有内容和形式两种标准。比如按照内容来分有新闻类、服务类、文艺类、电视剧等；按照传播的形式或手段分有专题类、谈话类、专栏节目、现场直播等。

综合电视宣传工作的特点和我国电视节目发展的实际情况，主要以节目内容类型作为分类标准，将我国能够发挥宣传作用的电视节目分为以下几种：

1.新闻类节目：包括消息类电视新闻节目、专题类电视新闻节目、电视新闻现场直播等类型。

2. 服务类节目：包括综合杂志类服务节目、旅游节目、电视气象节目、医疗保健节目、房产家居节目、导视节目等类型。

3. 社教类节目：包括电视教学节目、电视纪录片、公益广告和各种针对青少年人群的科教节目。

4. 文艺类节目：包括综艺晚会、文艺专题和音乐、舞蹈、文学、美术等专题节目。

5. 电视剧：包括电视连续剧、电视短剧、电视电影等。

上述五种电视节目类型都是伴随我国电视事业产生而出现的传统节目类型。20 世纪 90 年代以后，很多新出现的电视节目类型也给我国的电视宣传工作提出了新课题，例如对我国电视市场和文化生活产生重要影响的电视娱乐节目、电视谈话节目等。因此，我们还将对这些新的节目类型加以分析。

需要指出的是，以上各种节目类型在电视宣传工作中所起到的作用是各不相同的。其中新闻类节目由于提供各种新闻信息并加以分析评价，所以对舆论影响较大，是主体性的电视新闻传播形式。而其他各种类型的电视节目的传播职能主要体现在如何提供高质量的公共服务上。

一、新闻类节目

（一）电视新闻类节目的界定及其在电视宣传工作中的地位

1990 年 7 月，由中国广播电视学会电视研究会和中央电视台研究室牵头，组织电视实践工作者和新闻传播学者对电视新闻进行了科学的分类与界定，对电视新闻作了如下的规范定义："电视新闻是以现代电子技术为传播手段，以声音、画面为传播符号，对新近或正在发生、发现的事实的报道。"① 之所以赋予电视新闻节目如此高的地位，原因主要有以下几点：

首先，报道新闻在新闻事业的各项功能中起着支配作用，大众媒介其他各种功能的实现都要依靠新闻事实的传播。引导舆论、调控舆论要凭借对新闻事实的选择、报道和评价来完成；文化知识的传播在很大程度上也是依靠新闻对社会各个领域最新状况的报道来实现的；娱乐、广告等信息也要依附新闻报道才能够实现自身的价值。

其次，新闻节目是大众媒介权威性和吸引力的来源。实践证明，一家媒介机构如果新闻节目的质量不高，其他节目办得再出色，对社会的影响力、在群众中的公信力也不会理想。而办好新闻节目可以使一家媒介机构的美誉度、影响力、公信力和在社会上的话语权得到提高。

最后，引导舆论、传播文化、广告宣传等其他功能的发挥都带有一定的时新性，与新闻报道紧密相关。

正因为电视新闻类节目在电视宣传工作中占有如此重要的地位，所以，我们将新闻类节目放在所有节目类型的第一个进行探讨，并着重对其特性、现状和与宣传工作的关系进行分析。

（二）新闻类节目的特点

电视新闻节目具有电波媒介的技术特点和新闻节目的内容特点，这两方面的特点使得这类节目在宣传工作中的优势非常明显，主要体现在以下几个方面：

---

① 　杨伟光主编：《电视新闻分类与界定》，中国广播电视出版社 1994 年版。

第一，电视新闻具有无与伦比的时效性，可以将各种重要的事实报道、决策信息第一时间传达给广大受众，从而设置议程，影响和引导舆论。在宣传工作中，如何适时、有效地传播和沟通信息是获得好的宣传效果的前提。新闻报道最明显的特点就是强调时新性，加上电波媒介可以实现快速传播甚至实时传播的特点，使得重要宣传信息可以迅速到达受众，从而掌握舆论主动权。

第二，电视新闻报道具有丰富多样的传播符号和传播方式，可以达到较好的传播效果。很多时政新闻和其他宣传信息在对群众传播时遇到的一个重要障碍就是过于枯燥、抽象。而电视新闻报道所具备的形象化的符号系统刚好能够解决这一问题。利用声音、画面中各种可调动的元素可以使电视宣传以群众喜闻乐见的形式传播，从而更加贴近群众。所以，在进行电视宣传工作时，应该注意使电视新闻多符号立体信息传播的优势得以发挥。

第三，电视新闻报道具有强烈的现场感和真实感，对于电视宣传说服力的加强起到重要作用。采访记者的现场视角、摄影记者的纪实性拍摄和现场声音的记录都可以带给观众身临其境的感受。"事实胜于雄辩"，如果能够充分发挥电视新闻现场感、真实感的特点，将使电视宣传工作产生其他媒介宣传工作无法相比的优势。

第四，观众的多层次参与，保证了群众性原则的实现，也保证了电视传播效果落到实处。电视观众在各种大众媒介的受众中是范围最广、人数最多的。大量的观众能否参与电视新闻报道是宣传效果实现的基础。受众参与电视新闻报道的方式多种多样，比如提供线索、接受访谈、参与评论和讨论等。当前我国很多电视新闻节目开始注意利用现代通讯工具调动群众参与节目的热情，其中某些手段是电视媒介特有的方式，值得借鉴和推广。

第五，多种多样的电视新闻报道方式，保证电视宣传工作在多个层面展开。20 世纪 90 年代以来，我国电视节目在借鉴国外先进经验和发扬本土特色的基础上开发了很多新的节目类型和报道方式，比如深度报道、追踪报道、连续报道、系列报道、电视新闻谈话等。这些报道手段的特点各不相同，在展现新闻信息和评价新闻信息时各显神通，从而使得各种新闻传播信息得以立体地展现在观众面前。

（三）消息类电视新闻节目

电视新闻消息是综合利用文字、图像、音响等符号，用相对简短的形式，向公众提供新近或正在发生的，有知晓意义的新闻信息的节目类型。由于电视新闻消息很少单独播出，而是以集纳编排的方式在新闻栏目中播出。因此，我们将以主要播出电视新闻消息的电视节目作为分析对象。

近年来，我国消息类电视新闻节目的快速发展主要体现在两个方面：

一是综合性的新闻栏目逐渐丰富，在数量和质量上都有很大进步。1993 年开始，中央电视台一套节目通过增设整点新闻使新闻播出从每天 4 次增加到每天 12 次，随后的几年中又陆续推出了一些大型的综合性新闻栏目，包括《世界报道》《新闻 30 分》《现在播报》《早新闻》《国际时讯》《晚间新闻》《体育新闻》《午夜新闻》等。2003 年，中央电视台新闻频道正式开播，真正实现了新闻的滚动播出，实效性、快节奏、大信息量开始成为综合性电视新闻栏目追求的目标。与此同时，地方电视台也开始积极探索新闻栏目的改革，除转播中央电视台《新闻联播》和本省的综合新闻外，大都自办了早间、午间和晚间各个时段、风格定位不同的新闻栏目。

二是各种专业新闻栏目开始出现。伴随从中央到地方的频道专业化浪潮，我国电视节目的专业化程度开始提高。随着一系列专业频道的设立，《中国财经报道》《中国房产报道》《体育新闻》《中国电影报道》《农业新闻》《军事报道》等针对专门受众群体的节目开始大量出现。这些节目不仅提供了专业信息，还注重了在节目制作上的风格化、灵活性和个性化。

在各种新闻栏目内容、形式和风格都日渐丰富的新形势下，如何抓住消息类新闻报道的本质特点、完善我国电视宣传工作至关重要。在此，我们就结合新闻消息的各种特点来分析如何利用新闻消息提高我国电视宣传工作的质量。

第一，新闻消息的核心特点是时效性。观众在获取消息时的主要期待是第一时间了解事实的基本要素，因此消息体裁在新闻宣传中的作用主要是快速地通报重要信息。我国的电视新闻栏目基本实现了滚动播出，因此，还可以利用不同时间段的新闻节目，实现重要新闻信息的连续播报。利用消息体裁完成新闻宣传工作要注意其体裁短小、言简意赅、事实要素清晰的特点。

第二，除了重要时政新闻的迅速播报、连续播报外，新闻消息简短的特点还适合于将迎来送往、庆功展览和一些非重要会议的简短报道集纳播出。这样既照顾了节目报道范围的广泛性，也避免了单调新闻占用观众过长时间的问题。

第三，新闻消息报道的内容主要侧重于事实要素的传递。因此，在利用消息体裁时应注意多提供具体事实材料，并利用电视特点多提供活泼、生动、可视性的图像素材。为保证好的宣传效果，应该特别注意避免在新闻消息中出现抽象的概念、大量总结的数字、名词议论和大量"万能画面"。

第四，新闻消息的选取和新闻栏目的编排应该明确新闻的由头，明确新闻的含义，充分考虑新闻消息播出后的舆论和社会影响。要做到这些，关键在于搞好每档节目的前期策划，将一个栏目的整体定位、社会效益、党和人民的利益、党和政府的各项方针政策考虑进去，从而确保每一则新闻消息的内容符合宣传工作的要求。

（四）专题类电视新闻节目

电视新闻专题是"对新闻事实作比较详尽而有深度的报道。专题报道的题材多数是新近发生发现的具有典型意义的人和事。它以较为详细、系统的解释、分析，比较深入完整地反映新闻典型的发生发展过程"。①

从20世纪90年代开始，伴随着《焦点访谈》《新闻调查》等类似节目的出现，电视新闻专题这一新的节目形式开始引起人们注意。巨大的信息容量、深入的调查分析、典型的人物和事件使得新闻专题节目的舆论影响力不断提高。怎样结合专题类新闻节目的特点、利用专题类新闻节目的优势改善舆论环境、加强新闻事业的指导性和群众性，成为电视宣传工作中一项非常重要的课题。

专题类电视新闻节目与消息类电视新闻节目的最大差别在于选题的重要性和报道的深入性两个方面。从选题来看，只有反映和代表社会政治经济文化变化的典型事例、群众普遍关心的热点话题、人们实际生活

---

① 《广播电视简明辞典》编辑委员会：《广播电视简明辞典》，中国广播电视出版社1989年版，第75页。

中迫切需要解决的实际问题才适合成为电视新闻专题的报道对象。从报道的形式来看，能够容纳深入报道、背景资料介绍足够的时长、专门的栏目设置或特别节目的播出形式等构成专题类电视节目的外在特征。结合专题类电视新闻节目的上述特点，在电视宣传工作中应该注意做到以下几点：

第一，电视新闻专题对于时效性的强调虽然比不上新闻消息，但是仍然要注意节目内容的新闻性。新闻专题的报道要适合当前形势需要，配合党和政府的宣传政策，要有新闻由头。要注意新近发生的重大新闻题材，并及时地深入采访、调查，从具体事实上升到思想高度。

第二，电视新闻专题要求多侧面、多角度、多层次地展现新闻事实和各种背景材料。这与电视新闻消息要求言简意赅地介绍事件基本要素有所不同。在进行电视新闻专题节目制作时要注意在多方搜集资料和把握事情来龙去脉的详细发展过程基础上，揭示事件的深刻意义。对于宣传工作来讲，就是找到事件与形势需要和各种政策之间的联系。

第三，电视新闻专题节目的选题标准在新闻价值的取向上更加强调重要性这一原则。在这里重要性不仅指重大的时政题材，还包括与群众生活密切相关的问题，或者在社会上形成舆论热点的各种问题。对这些问题的调查、分析和及时定向是调控舆论、完善宣传工作的重要内容。同时，选题的原则除了新闻价值外，还要考虑宣传价值。一方面，要考虑题材本身与当前形势和政策的贴切程度；另一方面，对舆论的引导要适时，要从对党和人民负责的角度选择报道题材，而不是一味追求轰动效应、追求收视率，而对社会效益置之不理。

第四，从具体的制作过程来看，电视新闻专题还要调动电视媒介的多种表现元素，包括音乐、音响、字母、各种画面和特技等，以此来配合采访和解说，使节目的信息量和感染力提高，从而吸引观众更好地参与节目。

第五，电视新闻专题节目还要注意叙事脉络和结构的设置。在线索、结构清晰的基础上，要适当地设置悬念、恰当地配置情节，使节目整体符合观众的接受习惯，并吸引观众参与思考。这也是专题节目之所以能够达到好的电视宣传效果的重要特长和保证。

（五）新闻现场直播

从 20 世纪 90 年代开始，现场直播就已经成为我国电视新闻报道的重要手段。一方面，直播将潜在的电子媒介传播优势发挥到了极致，使信息传播的空间障碍减少到近乎为零，在技术层面上与电视新闻的发展逻辑一拍即合；另一方面，难以计数的人们在同一时间关注正在发生的事件的进展，也带给新闻业者们对舆论和影响力的无限遐想。因此，从香港回归到三峡截流，从攀登珠峰到抗击非典，从伊战硝烟到神舟系列飞船升天，电视新闻没有错过任何一次用直播展现历史的机会。而每一次重要事件直播的成功不仅体现在影响力和收视率上，更体现在电视现场直播所展现出的无与伦比的舆论力量和宣传优势上。

首先，电视直播同步播出的特点使得新闻的时效性达到了极致。新闻不再仅仅是对新近发生事实的报道，而是可以做到对正在发生的事实进行报道，并且，这种同步报道本身加强了报道对象的重要性和影响力。在宣传工作中，对于一些能够振奋民族精神、激发群众热情、展现党和人民建设国家成就的重大事件的实时报道就起到了非常好的宣传效果。例如对国际体育赛事的直播，对神舟系列飞船升天等重大科技成就的直播，对飞跃黄河、香港回归的直播都是这方面的经典案例。

其次，在一个相当长的时间段内，利用电视的各种符号优势，配合现场摄像机多机位角度的调度变换，可以使受众对新闻事实的各种细节有一个整体性的了解。这种强烈的现场感和真实感也是现场直播形式的重要特征。对于宣传工作来讲，说服力的增强主要依靠的应该是事实本身的呈现。所以，电视现场直播带来的新闻事实本身的细致全面对于增强传播效果将起到明显的作用。

对于新闻宣传工作来说，现场直播的这些优势只是潜在的，要想让直播形式真正发挥好的宣传作用还要依靠在直播前期和后期的认真准备。

首先，现场直播需要投入大量的人力、物力，要求建立有效的管理体制确保采编播各环节以最佳状态投入工作。由于其运作成本非常高，加上现场直播的影响力较大、规格较高，所以，在当前状况下，只有那些符合新闻价值规律和宣传规律的重大活动、重要事件才适合做电视直播。因此，要求在电视现场直播选材上要注意题材的重大和宣传的意义。

其次，由于现场直播的形式是一次性的创作，所以相比一般的新闻节目和录制播出的节目来说对前期的策划和安排提出了更高的要求。为了保证节目安全播出和宣传效果，需要在直播前制订详尽、完善的直播计划，将各种可能出现的情况考虑进来，安排好直播工作人员的岗位分工和各种直播器材，并且确立直播的统一思想和分步骤实现的具体规划。

最后，现场直播给电视工作者提出了在复杂的情况下紧急应变的要求。因此，培养一批高素质的，具备在紧急情况下处理问题的电视工作者队伍，让其在类似工作中多积累经验也是现场直播能否达到预期宣传目的的保证。

二、服务类节目

（一）电视服务类节目的界定和分类

电视服务类节目指的是以实用性内容为主，直接为观众日常生活、学习、工作服务的电视节目。这类节目通过传播信息、解答问题和反映群众呼声、帮助受众解决日常生活、工作和学习中的各种实际问题，为社会提供直接、具体的服务。节目注重实用价值，力求满足现实生活中的各种服务需求。[①]

经过几十年的发展，我国的电视服务类节目已经形成了众多类型，每一种节目类型用不同的节目内容和相应的节目形式满足观众的不同需求，因而在宣传工作中也具有不同的特点。从大的角度看，电视服务类节目可以分成两种类型，即综合类和专业类。

综合类的电视服务节目以杂志性节目为主。这些节目大多以若干小的专业版块构成，主要为普通观众提供衣食住行等全方位的服务。当代我国的杂志性服务节目以其内容的综合性、贴近性和风格的生活化、时尚化成为电视服务类节目中的主流。从发展趋势来看，这类节目越来越注重包装设计的个性化和节奏的紧凑性。很多节目大量运用情景再现等拍摄手段配以平民化的解说和主持评述。典型的综合类电视服务节目有《生活》《为您服务》等。

专业类电视服务节目是广播电视市场化改革的产物。从 20 世纪 90 年代开始，随着传媒业受众市场的细分化，一批服务于群众生活和业余

---

①　参见赵玉明、王福顺主编：《广播电视辞典》，北京广播学院出版社 1999 年版。

爱好各个领域的节目开始出现。从内容上来分，这类节目主要包括以下几种：

1. 介绍旅游信息、播放风光片，融知识性、趣味性和审美性于一体的旅游节目。影响较大的电视旅游节目有中央电视台的《体验中国》《走进香格里拉》《正大综艺》、上海卫视的《假日上海》、江苏台的《勇者胜》、旅游卫视的引进节目《玩转地球》《急速前进》等。目前这类节目中已经出现大量游戏性、益智性和娱乐性的元素，以期更好地吸引和服务观众。

2. 将气象科学与电视手段完美结合，提供全方位气象服务的电视气象节目。比较典型的气象节目有中央电视台的《天气预报》《天气、资讯》《今日气象》、湖南台的《星气象》、南京台的《气象新感觉》等。目前这类节目在服务观众日常生活的基础上呈现出两个发展方向：一是向科普知识的方向发展，如 CCTV-10 的《今日气象》就在向气象科普专题片、纪录片的方向靠拢；二是出现了娱乐化的倾向，《星气象》《气象新感觉》等节目开始在主持人、音乐、图像、动画等方面动脑筋，以期让气象节目在提供服务信息的同时更加吸引观众。

3. 介绍医学常识、提供疾病预防和健康知识的医疗保健类节目。随着我国群众生活水平的提高，其医疗保健意识逐渐增强，对各种医疗保健信息的需求开始增加。在这样的背景下，各级各地电视台都开始尝试开办医疗保健类节目。其中较有代表性的包括中央电视台的《健康之路》《大话养生》《中华医药》、中国教育电视台的《健康新时尚》、北京电视台的《养生堂》、山东电视台的《电视门诊》等。

4. 介绍饮食文化和家庭烹饪知识的美食厨艺节目。这类节目注意实际操作知识和饮食文化、健康知识的介绍，通常会营造温馨、时尚的节目气氛，并且逐渐添加趣味性、娱乐性的元素。典型的美食厨艺节目有中央台的《天天饮食》、北京台的《食全食美》、重庆台的《食在中国》、上海台的《洋厨房》等。

5.介绍置业安居信息，提供房屋装修、装饰指导信息，服务于年轻创业人群的房产家居类节目。这类节目一方面提供各种房地产和置业的信息，另一方面介绍如何布置房屋，以实用性和时尚气息吸引观众，近年来出现的家居节目还逐渐加入了游戏互动的元素。有代表性的房产家居类节目包括天津台的《百姓家居》、云南台的《房市直通车》、福建台的《房产报告》、中央台的《交换空间》等。

6.为农民提供农业科技知识和农村生活各种服务的农民节目也是电视服务类节目中的重要组成部分，并且在我国电视宣传工作中有着重要的战略意义。在广大的农村，农民们接触先进的生产、生活信息相对困难，而电视恰好可以利用电子传播的优势将农民最需要的信息传播过去，其传播的最主要、最有效的形式就是专门的电视服务类节目。服务农村节目的典型代表是中央电视台的《金土地》栏目。各个地方台也都有专门的电视栏目承担这项有意义的工作。

（二）电视服务类节目在电视宣传工作中的地位与作用

当前我国的电视服务类节目已经展现出了实用性、科学性、生活化、平民化和互动性等特征。从内容上看，各种服务节目能够切实贴近群众的生活和工作需要，在生活中寻找节目线索，为广大电视观众提供各种帮助和信息指导，已经成为群众的好帮手和生活中的一部分，这一点体现了我国电视宣传工作贴近群众、贴近生活的特点。从形式上看，各种生活化、平民化风格节目的出现具有时代气息，符合观众接受心理，特别是其中加入的一些趣味性和互动性的元素使得观众在获得实用信息的同时放松身心，达到非常好的传播效果。从服务的对象来看，我国各个阶层、各个领域的群众都有需要、也有权利享受电视带来的各种服务。特别是在媒介市场化环境下，妇女、儿童、老年人、农民等群体能否充分接触有价值的信息，利用公共电视为自己服务成为宣传工作需要加以重视的重要问题。而针对各种不同群体，提供切实有效信息的电视服务节目恰好具备这种功能。

因此，电视服务类节目虽然不像电视新闻那样可以直接提供宣传信息并进行舆论引导，但其贴近群众、贴近生活的特点也体现了社会主义传播事业的先进性，在我国的电视宣传工作中占据重要地位，必须引起重视。

通过对近年来各种电视服务类节目的内容、形态加以分析，我们不难发现这些节目逐渐展现出适应市场发展和受众需要的一些新元素、新品质和新的发展趋势。作为电视宣传工作必不可少的参考信息，我们有必要在这里对这些新变化加以总结。

首先，实用性和贴近生活的程度在近年的电视服务节目中明显加强。实用性的加强主要体现在服务类节目的市场细分上，各种专业的服务节目聚焦不同受众生活和工作需要，提供具有指导性和知识性的操作信息，使得这类电视节目的有效信息量增加、受众的忠诚度提高。另外，当代服务节目的制作群体注意深入生活，发掘生活中的各种细节，并且在电视技术手段上注意营造温馨的家庭氛围，从而使服务类节目更加贴近观众的实际生活。

其次，电视服务节目科学普及的功能得到加强。像气象、医疗健康等内容的节目将抽象复杂的科学知识转变为可以与普通观众沟通、为普通观众提供生活指导的科普信息，搭建了一个知识转化的桥梁。另外，很多综合杂志类的服务节目中也设置了与百姓生活密切相关的科学知识的介绍，并且用生动形象的方式制作和播出，产生了很好的社会效益。

再次，服务类节目出现了整体娱乐化的倾向。作为与百姓实际生活距离最近的节目类型，从某种程度上来讲，轻松生动的节目内容和形态不但无可厚非，而且是值得提倡的、服务和宣传效果更好的方式。但是在轻松生动的同时，很多服务类节目加入了一些低俗化的娱乐元素，给电视荧屏带来了不光彩的一面。与我国电视宣传工作全心全意为群众服务的宗旨相背离。在宣传工作中，处理这类问题不应仅仅在节目内容上把关，还应该着力提高电视工作者的思想文化素质，从而提高电视的公共服务功能。

最后，服务类节目在市场化环境下发展，容易受到商业运作的干扰。一方面，很多电视服务类节目不同程度地带有商业和广告色彩，甚至成为商业利益的代言人，因此在服务群众时容易产生利益、立场上的动摇；另一方面，一旦沾染上商业色彩，电视服务节目也容易偏袒部分受众，而忽视另一部分受众，比如妇女、儿童、残疾人群体、农民等，由于经济能力和购买力有限而渐渐失去利用电视服务节目获取信息的权利。这些情况都与社会主义电视宣传事业的根本宗旨和立场相违背。在电视宣传工作中应该在利用市场搞活电视服务节目的同时，利用党和政府的力量，对各种利益群体平等享受电视的公益服务的权利加以保障，对电视服务节目的过度商业化加以限制，为营造和谐社会的氛围创造条件。

三、社教类节目

(一) 社教类节目的界定和分类

从广义上理解，社教节目是与新闻节目、文艺节目相并列的，是我国电视节目的三大板块之一，它不仅包括各种以科学教育为主要内容的节目，还包括其他与知识普及有关的节目类型，如各种信息服务类节目和益智类、竞猜类节目等。这类节目"熔思想性、知识性、科学性、艺术性、趣味性、时宜性、娱乐性、欣赏性于一炉，是目前电视节目中，栏目较多、每天播出时间较长、比较重大的一个节目群"。①

而这里所讨论的电视社教节目主要是狭义上的社教节目，概括地说，是利用各种电视表现手段向人们提供私人生活以外的各领域科学文化知识，并宣传科学思想、科学价值观的节目类型。

传播科学文化知识是大众媒介重要的功能之一。而电视媒介本身具有丰富的表现能力和高效的传播能力，正是科教知识传播的理想途径。从我国创办电视事业的时代开始，社教节目就一直是电视节目中的重要力量。最初的电视社教节目偏重于科技知识的一般性和概貌性介绍，多以纪录片的形式在电视中播出。20世纪90年代以后，电视社教节目在质与量上都有明显提高。电视台开始注意以贴近观众生活，符合观众认知水平和认知习惯的方式制作和播出各种内容和体裁的社教节目，并在节目中添加各种趣味性元素。如《科技博览》《探索发现》等节目都创造了很好的收视率成绩，且社会美誉度较高。我国社教类节目的真正繁

---

① 杨伟光主编：《中国电视论纲》，中国广播电视出版社1998年版，第173页。

荣与电视频道专业化时代的到来密不可分，从中央到地方各种专业化的科学、社教类频道的出现，中国教育电视台的上星等，给社教类节目的发展带来了广阔的新空间，使得观众们有了固定的通过电视吸收科学文化知识的平台。

社教节目发展到今天主要形成了四种类型：

第一种类型是电视教学节目。这类节目专业性比较强，主要向特定人群提供实用知识和教学、考试辅导等内容。从形式上来看，多数是在小演播室内录制的单人讲课节目，有时也配合课件，或插播与讲课内容有关的短片。近年来，由于传播专业知识的手段不断增多，电视教学节目在社教类节目中的比重呈现出下降趋势。

第二种类型是电视纪录片和专题片。电视纪录片和专题片的题材来源主要有两种：其一是各种科技知识和科技现象，《科技博览》、《探索发现》等节目是这种题材的代表；其二是地理、历史、风土人情等人文知识。从社教类节目的发展来看，第二种题材的纪录片和专题片逐渐成为我国社教节目的主流。另外值得注意的是，近年来我国各级电视机构引进了很多国外优秀的社教纪录片，丰富了我国电视社教节目的内容。

第三种类型是公益广告。这类节目总量虽然不多，但是在电视宣传工作中有着重要地位。构思巧妙、选材合理、短小精悍的公益广告在营造健康向上的社会风气、揭露各种不良社会行为、倡导良好道德风尚、弘扬社会主义核心价值观等方面都扮演着重要角色。

第四种类型是针对儿童和青少年的各种益智和科普节目。为祖国培养身心健康、有理想的下一代是电视宣传工作义不容辞的使命，因此，针对少年儿童的各种社教类节目的质量好坏关系重大。从目前少儿社教节目的发展状况来看，总的形势是乐观的，在电视荧屏上出现了一批符合少年儿童接受心理、贴近少年儿童真实生活、健康向上、丰富多彩的社教节目。

（二）社教类节目在电视宣传工作中的作用

普及科学文化知识本身就是具有公共服务职能的电视机构的一项非常重要的宣传任务。在科教兴国成为我国基本国策的历史条件下，为群众创造一个沟通知识、接近科学教育的平台，更是电视机构责无旁贷的使命。但社教类节目在宣传工作中的作用还不仅仅这么单一，下面我们将这种节目类型的各种宣传功能加以总结：

第一，利用电视媒体图文、声像并茂的传播优势在广大群众中传播科学文化知识，集中体现了我国广播电视公共服务的职能和全心全意为人民服务的宗旨。尤其是在普及学校外的大众、成人教育方面，电视社教节目满足了信息化时代公众对各种知识的渴求。

第二，电视社教类节目可以很好地配合党和政府的各项方针政策，用科学的事实和详细的分析加强方针政策的说服力，降低政策在社会上执行的成本。比如，配合计划生育政策，电视机构曾经制作了大量优生优育题材的社教节目；配合税法的宣传，电视机构也曾经制作过普及经济常识和宣传依法纳税的专题片等。

第三，社教类节目以科学知识为后盾，以科学实证的事实为论据，对于激浊扬清、弘扬社会正气也会起到非常重要的作用。我们以往制作播出社教节目的经验已经能够证明，精心选材、巧妙构思的社教节目对于揭发封建迷信、改良社会风气，与影响社会安定的不良势力作斗争方面能够显示出独特的优势。最有力的例子是在揭发法轮功的过程中，电视以其特有的声像并茂的优势，将法轮功坑害群众的事实搬上荧屏，并用科学常识对法轮功的各种异端邪说加以批判，起到了非常好的宣传效果。

第四，制作精良的社教类节目不但可以向公众传播科学文化知识，还可以带给观众美的享受和对健康生活的感悟。从20世纪90年代开始，我国的电视机构制作了大量堪称精品的优秀社教类专题片、纪录片。比如90年代的《望长城》等一批地理风光片，近些年历史题材的《故宫》《大国的崛起》等都是这类作品中的杰出代表，也是我国电视史上的经典，在观众中享有盛誉。这类社教类专题片的出现，使得电视节目服务观众、引导观众的功能得到加强，各种健康向上的，融思想性、知识性、审美性为一体的优秀作品也大大提高了我国电视节目的整体质量和品位，提高了在群众中的美誉度。

第五，科教兴国是我国的一项重要国策。而科学教育不应该仅仅是科学文化知识的传播，更重要的是要让全民族、全社会接纳科学的精神、科学的思想和科学的价值观。在电视宣传工作中，社教节目可以在传播知识的同时用各种手段感染观众、吸引观众，为社会营造文明、和谐、健康的氛围，对提高群众的综合素质和加强社会主义精神文明建设都将起到重要作用。

四、文艺类节目

（一）电视文艺节目的界定和分类

电视文艺节目是以歌舞、曲艺、文学、美术等各种传统艺术形式为创作素材，运用电视独特的表现手段进行二次创作，并通过电波或数字技术进行传播，带给观众艺术审美享受的电视节目类型。

电视文艺节目的兴起和发展，大大改变了人们艺术审美的接受方式。首先，原本只能在剧场、戏院、展览馆里感受的各种艺术形式被纷纷搬上荧屏。人们审美的环境变成了家庭。这大大降低了艺术审美的成本，也方便了各种艺术形式向更广大的受众传播。其次，电视可以凭借其独特的视听语言，包括各种展示音响和音乐的录音技术和容纳各种景别变换、角度变换、光线变换等的摄像技术，将现场的文艺演出以更适合欣赏、包含更多细节的方式展现给电视机前的观众。比如转播音乐节目时，观众可以通过近景镜头和特写镜头感受演奏家精湛的技艺，转播舞蹈节目时，舞蹈家的身体各个部分的肢体语言也可以被放大和强化，加上现场的光线和色彩，使观众得到剧场里无法体会的审美享受。

虽然电视文艺节目的制作目的和制作手段都大致相同，但还是在漫长的发展过程中形成了内容、形态、风格各异的节目类型。我们从节目制作和播出的形态上对电视文艺节目进行划分，大致可以分成综合文艺晚会和专题类电视文艺节目两个大的类别。

综合文艺晚会指的是在文艺演出现场用电视直播或录播的各种技术手段，以主持人串联的形式，制作融各种艺术门类为一体，艺术性、娱乐性兼备的电视文艺节目。按照各种综艺晚会的主题特点，我们可以将综艺晚会分成节庆、纪念日晚会，专题文艺晚会和电视综艺栏目三种。节庆、纪念日的晚会节目除了营造和谐、欢快的节日气氛以外，一般没有特定的主题。在"五一"、"十一"、中秋、元旦、春节等重要节假日期间，观众需要一种举家团圆、欢快祥和的节日氛围，在迎合这种需要的同时，电视综艺晚会类节目同时还带给观众较高的艺术享受。专题文艺晚会则多是围绕特定的主题，以专业信息与文艺节目相结合的方式制作播出，如"3·15消费者权益日晚会"、"环保日晚会"等。电视综艺栏目主要在播出形式上不同于前面两种晚会，这些栏目通常采用定期播出的方式，以期与观众建立"约会意识"。在每期节目的内容和形式上，综艺栏目与节庆纪念日晚会基本相同。

专题类电视文艺节目主要指以专题片或纪录片的形式，围绕特定的主题，制作和播出与某一艺术门类相关的电视文艺节目，其播出的方式通常是固定的电视栏目和一些小型专题片。例如，将文学与电视画面、音乐、音响结合起来的电视文学节目；《梨园群英》、《跟我学》、《百花戏苑》等融戏曲艺术和电视艺术为一体的电视戏曲栏目；以视觉符号表现音乐美的音乐电视作品和音乐电视栏目；融合了舞蹈艺术、舞美设计与电视技术的电视舞蹈节目等。

（二）电视文艺节目在电视宣传工作中的地位和作用

电视文艺节目是一种充分体现了电视媒介优势和社会影响力的节目类型。通过电视的传播，原本"居庙堂之高"才可以获得的艺术审美享受开始进入广大人民群众的生活之中；同时，电视独有的视听语言和以各种先进技术为后盾的二次创作又使各种文艺形式以更精彩、更鲜活和更多细节的方式与观众见面。电视文艺节目的这些优势使得其在电视宣传工作中，特别是公共服务领域内占据着重要的位置。概括来说，电视文艺节目的宣传作用主要有以下三个方面：

首先，优秀的电视文艺节目为各种门类的艺术形式提供了更加广阔、更有影响力的舞台，从而促进了我国文艺事业的繁荣发展，对于建设精神文明、构建和谐社会有着重要意义。任何一种传播方式都由符号系统、传输系统和接收系统三个体系构成，对于电视文艺节目的传播来说，相比于以往的文艺演出和展览，在以上三个方面都有无与伦比的特点和优势：在符号系统方面，通过景别、角度、光线、色彩的变化，电视文艺节目可以使艺术的美感得到超越性的发挥；在传输系统方面，电视文艺节目通过电波和数字方式传送，覆盖的面积更大，影响的范围更广，从而使各种艺术形式在更广大的群体中获得生命力，各种传统曲艺节目在电视文艺出现以后逐渐深入到全国各地人民的生活中就是电视传播力量的体现；在接收系统方面，文艺节目在电视中播放，意味着人们可以在家中随意地选择和观看，这大大降低了获得审美享受的成本。实践证明，正是这三个方面的优势，使各种优秀的文艺形式和文艺节目在电视这个平台上焕发出新的活力，并产生以往不可想象的巨大影响力。但是同时我们也要指出，发挥电视媒介的优势还要扬长避短，在开发文艺节目优秀元素的同时，应尊重和保留传统艺术样式的原生态特征。

其次，电视文艺节目对提高国民文化素质和文化品位、促进传统文化的传播有着重要意义。从电视宣传和公共服务的意义上来看，电视文艺的制播有着双重目的：一方面是为了满足广大人民群众业余文化生活中休闲和娱乐的需求；另一方面，也是更为重要的，是通过文艺节目的播出带给人们更多高品质的、健康向上的审美享受，从而提高全民族的文化修养、文化品位。这方面的工作对于加强精神文明建设和构建和谐社会主义社会的宏伟目标来说都具有极其重要的意义。特别是在市场化的环境中，如何克服低俗化的趋势，改善文化环境，宣扬高尚的思想道德情操，对公民特别是青少年加强正面的、健康的美育教育都成为党和政府在文化宣传工作中需要面对的重要课题。更多地制作和播出优秀的、高品质的电视文艺节目正是解决这些问题的有效手段之一。

最后，电视文艺节目可以用广大群众喜闻乐见的形式进行爱国主义教育、宣传党和国家的方针政策，甚至进行舆论调控。按照唯物主义的观点，各种艺术形式是上层建筑中意识形态领域的一个重要组成部分，各种艺术门类的表现内容和表现形式都会受到一定社会生产力发展水平和生产关系、阶级状况的制约，同时各种文艺作品也具有相对的独立性，并且会对经济基础产生重要的反作用。从这个角度来看，注意利用文艺节目做好宣传工作，在电视文艺节目中渗透反映社会主流价值观念和广大人民群众的思想感情的元素，注意发挥电视文艺节目的教育和引导功能，都是电视宣传工作中不容忽视的工作。

总之，在广播电视商业化、市场化，人民群众信息接收渠道多样化，广大电视观众群体市场细分化的环境中，如何抓住时代脉搏、开发适合观众口味同时又具有宣传价值、公共服务价值的优秀电视文艺作品将是未来我国电视事业发展的一个重要课题。

五、电视剧

"电视剧是融合了文字、戏剧、电影的诸多表现手法，运用电子传播的技术手段，以家庭传播为其主要特征的一种崭新的综合艺术样式。"[1]

经过几十年的发展，当前我国电视剧无论从题材上还是从形式上都已经形成了比较完备的类型。如从电视剧的制播形式上来看，我国的电视剧已经形成了电视短剧、电视单本剧和电视连续剧三种类型。着眼于电视宣传工作的特点，我们在这里主要采用题材这一标准对电视剧进行分类。当前我国电视剧的热播题材主要包括以下几种：

---

[1]　赵玉明、王福顺主编：《中外广播电视百科全书》，中国广播电视出版社 1995 年版，第 158 页。

1.主旋律题材电视剧。主要包括歌颂先进人物和事迹的电视剧（如《任长霞》《生命烈火》《西部警察》《突出重围》等）；军旅题材的电视剧（如《和平年代》《红十字方队》等）；红色经典历史剧（如《林海雪原》《红色娘子军》《长征》《八路军》《延安颂》和《亮剑》等）。在电视宣传工作中，这种题材的电视剧具有直接的教育和舆论引导作用，但在制作这类电视剧时要注意克服模式化的缺陷，探索各种多样化的剧情和表达方式，使作品更加贴近群众生活，传达真情实感。

2.涉案题材电视剧。近年来，随着我国市场化水平不断提高，社会上的各种丑恶现象、道德问题越来越引人关注。各种刑侦、反黑、反腐、监狱题材的电视剧越来越受到观众喜爱。值得指出的是，站在电视宣传工作的立场上，结合传播学的研究成果，此类电视剧的总量应该受到严格控制，而且各种违背法律常识、违背社会主义道德观念和过分渲染暴力的涉案剧应该被严格限制播出。

3.青春偶像剧。受到日韩影视作品的影响，针对年轻人群的青春偶像剧也在努力开拓电视剧市场。从目前这类电视剧的制播情况来看，主要存在两个问题：其一是制作水平非常有限，基本停留在简单模仿日剧、韩剧的水平上，而且在观众中受欢迎的程度较低，很少有精品出现；其二是有些青春偶像剧中的部分内容与社会主义传统价值观念发生冲突，容易对年轻一代世界观的形成产生负面影响，需要引起注意。例如一些青春剧中宣扬奢侈的生活方式，画面中充斥名车、豪宅，而且多数青春偶像剧抛弃了原先针对年轻群体电视剧内容中健康向上的内容，简单地围绕俊男靓女设计象牙塔式的爱情故事等，这些内容不仅脱离我国年轻群体的生活现实，而且容易对其生活方式和价值观产生误导。

4.家庭伦理剧。从《渴望》开始，以讲述小人物、小事件和家庭亲情、爱情关系为主要内容的家庭伦理剧就开始成为观众最喜爱的电视剧类型之一。2000 年以后，《空镜子》《至爱亲朋》《婆婆》等电视剧的播出又使这类电视剧成为收视的热点。从电视宣传的角度来看，这类电视剧虽然讲述的是家长里短的小故事，聚焦的是普普通通的小人物，但是其中无不渗透了各种时代背景的元素和伦理道德观念，既有时代的印迹也有社会和家庭观念的探讨，在协调社会关系、塑造价值观方面有着独特的作用。

5.古装电视剧。包括各种历史剧、武侠剧和古代文学作品的改编剧等。对于历史剧来说，其主要宣传作用应该是传播历史知识，以古喻今，塑造科学历史观，以及进行爱国主义教育。然而，当前我国的一些历史题材电视剧却出现了过度娱乐化和任意篡改历史的倾向，抛开具体的史实和有价值的事件，专门挖掘权力纷争、宫廷内斗和风流韵事等情节，使得历史剧的艺术性和现实意义都大打折扣。武侠剧在近些年来一直是电视的收视热门节目。这类电视剧为原本就想象力丰富的武侠文学添上了电视高科技制作的翅膀。更值得注意的是，武侠剧中所渗透的有关人性善恶、正义邪恶的情节对观众道德理念会产生一些潜移默化的影响。同时，我们也应该注意防止武侠剧过度渲染暴力。古代文学作品的改编剧一直是我国电视剧精品频出的重要领域。这类电视剧作品可以发掘民族优秀的传统文化宝藏，赋予其健康的现实意义，用电视制作的高科技手段进行演绎，是电视宣传工作应该重点扶持的电视剧题材。

六、电视传播中的各种新类型、新手段

以上我们介绍的电视新闻节目、电视服务节目、电视社教节目、电视文艺节目和电视剧等几种电视节目的类型都是伴随我国电视事业诞生而出现的传统节目类型。经过几十年的发展，这些节目类型的制作越来越成熟，内容越来越丰富，仍然是我国电视宣传工作中的重点领域。但是，随着电视逐渐成为广大人民群众获取信息最重要的渠道，随着媒介市场化的发展和受众细分的出现，越来越多新的节目类型开始出现，这些新的节目类型有些是从传统节目类型中分化出来的，有的则是电视工作者适应市场发展而作出的创新。下面我们就对这些新的节目类型在电视宣传中的作用和问题加以总结。

（一）电视娱乐节目

20 世纪 80 年代中期到 90 年代中期，一些电视综艺节目中开始添加知识趣味性元素、竞赛元素和游戏元素，并注重观众参与性，例如《金银场》《场院游戏》《午夜娱乐城》《正大综艺》等。这些节目有的昙花一现，有的获得了成功。但总的来说这一时期的各种综艺节目只能算作娱乐节目的雏形，其节目制作的方式基本上还是沿着文艺节目的传统制作思路，注重寓教于乐，审美性、知识性和游戏性并重。

1997 年，湖南卫视推出了《快乐大本营》，节目内容以劲歌热舞、滑稽搞笑和火爆的游戏为主。这一节目在当时的中国电视市场上取得了巨大成功，开播不到一年就成为在全国产生重要影响力的栏目。之后，全国各地的电视台纷纷效仿《快乐大本营》的节目模式，短短几年内就出现了 40 多个类似的娱乐栏目，像北京电视台的《欢乐总动员》、天津电视台的《卫视娱乐城》、山东电视台的《快乐星期天》、安徽电视台的《超级大赢家》等，这些节目的开办和热播迅速掀起了一个电视娱乐节目的热潮，中国电视开始进入一个新的娱乐时代。随着娱乐节目大受欢迎，这一节目类型也开始超越以往单纯的歌舞、游戏的形式，开始出现娱乐资讯节目（如《娱乐现场》）、益智类节目（如《幸运 52》《开心辞典》《最强大脑》）和真人选秀节目（如《超级女声》《星光大道》《好男儿》《中国好声音》）等新的娱乐节目形式。

探讨娱乐节目与电视宣传工作的关系，我们首先要通过比较它与传统文艺节目的不同，借此发现其特点。总的来说，20 世纪 90 年代后期出现的娱乐节目与以往的电视综艺节目有两个方面的差异：一是在节目形态的稳定程度上，电视文艺节目主要是对传统的艺术形式进行适合播出的二次创作，并基本上尊重和保持了艺术形式原来的特点；而电视娱乐节目所使用的元素则完全根据观众的口味变化而变化，基本不考虑艺术形式的区分和特点，其追求新奇刺激的诉求使这类节目的内容和形态处于长期的变动和调整当中。二是这两种节目的传播目的明显不同。早期的文艺节目虽然也承担了带给观众休闲娱乐的功能，但是更多的是起到了审美和教育的作用；而 90 年代后期出现的娱乐节目则单纯地追求精神上的愉悦、刺激，围绕着市场和收视率变化来制作节目。

结合电视娱乐节目的特点及其在我国当前电视市场中的发展状况，电视宣传工作应该着重注意以下几个问题：

首先，在信息化和市场化的环境下，适应新的社会文化需求和观众的生活习惯，电视娱乐节目有其存在和繁荣的理由。在高强度、快节奏的生活状态下，人们需要通过娱乐节目获得放松，调整身心状态。电视凭借其独特的表现手段和家庭收看的传播方式，正是满足新时代人们娱乐需求的最佳选择。因此，从电视宣传中公共服务的角度考虑，在适度范围内应该给电视娱乐节目一定的生存空间，满足人们的精神文化需要。

其次，电视娱乐节目是电视市场化的产物，它与以往文艺节目的一个重要区别是一味迎合观众口味，收视率至上。因此，在娱乐节目中容易出现各种低俗的元素，可能对社会的文化水准和审美水准造成负面影响，特别是对娱乐节目主要受众群体的青少年来说，过多地接触这些信息将在一定程度上影响其世界观、人生观的形成。所以，对于电视宣传工作来说，一方面应该对娱乐节目的总量进行相对控制，使健康向上，有较高文化品位的电视节目成为主流，另一方面要对娱乐节目中出现的低俗和丑陋现象加以坚决限制。

再次，当前我国电视娱乐节目的一个明显问题是原创性不足，多数电视节目存在照抄照搬国外和港台地区娱乐节目的问题。因此，很多娱乐节目的元素与我国国情和群众的实际生活状况不相符合。在电视宣传工作中应该多鼓励创办适合我国国情，与观众生活状态符合的原创娱乐节目。

最后，娱乐节目的热潮不仅仅是一种新的节目形式的出现，其创作理念、运作方式也深深影响到其他传统类型的电视节目。当前我国的电视节目已经出现了整体娱乐化的倾向，整体娱乐化在某种程度上意味着整体商业化，意味着消费文化的泛化。这对于建设丰富多彩、富有健康向上的生命力的社会主义精神文明非常不利。在宣传工作中，应该避免市场在电视节目运营中发挥太大的作用，注意多投入力量在公共服务建设和节目多样化建设上，从而达到各种文化内容的平衡。

（二）电视谈话节目

谈话节目不同于我们前面讨论的按照内容和题材划分的节目类别。这类节目可以广泛地运用在各种领域，比如娱乐谈话节目、新闻谈话节目、人物专访、以民生话题为主的脱口秀节目等。这其中尤以主持人、嘉宾、观众三种要素齐备的脱口秀节目最具谈话节目特色。从谈话的形式上看，我们还可以将谈话节目分为讨论类谈话节目、辩论类谈话节目、聊天类谈话节目和访谈类谈话节目等。各种谈话形式的组织方式、运用的元素、选择的话题都有所不同。

我国的电视谈话节目在 20 世纪 90 年代以后开始出现。1992 年，上海东方电视台推出了国内第一个谈话节目——《东方直播室》。随后，全国各地的电视台相继推出了一批影响较大的谈话节目。其中，尤以中央电视台在 1996 年开播的《实话实说》影响最大。《实话实说》以贴近民生的话题，朴实幽默的主持和嘉宾、观众充分参与交流成为中国电视谈话节目的一个里程碑，奠定了日后各种民生脱口秀节目的发展方向。接下来的几年里，央视又先后开办了《文化视点》《五环夜话》《读书时间》《对话》等电视谈话节目，内容涵盖文化教育、体育、新闻、财经等各个领域。电视谈话节目逐渐成为电视节目诸类型中的重要一员。

电视谈话节目在电视传播工作中的重要意义主要体现在以下几个方面：

首先，对于电视宣传工作来讲，在新的社会文化和信息环境下，我们必须认清家庭收看电视是为了休闲、放松。从电视谈话节目的形式特征来看，布置得温馨舒适的演播室内，主持人与嘉宾侃侃而谈，现场观众热情参与，这种图景本身已经构成了家庭客厅的延伸，为观众接触各种信息创造了一种轻松、舒适的氛围。因此，电视谈话节目满足了我们在宣传工作中贴近群众、贴近生活的要求。

其次，电视谈话节目以平易近人的方式、渐渐深入地探讨问题有助于观众通过电视媒介更好地了解和体会各种思想，更深入地认识各种社会问题。在电视宣传工作中，有些抽象、复杂的话题，我们通过单纯的信息发布很难在群众中产生令人满意的影响力。在这种情况下，用电视谈话的方式，将话题充分展开，细致分析，加上现场观众与主持人、嘉宾的互动能够起到更好的宣传效果。

再次，多数电视谈话节目设计了现场观众提问或参与讨论的环节，这一新元素的加入为观众参与电视节目、参与社会问题的讨论提供了一个理想的平台。在制播现场的观众对某些问题的意见、看法在一定程度上代表了群众的观点和疑问，现场观众作为电视机前观众的替身参与到各种话题的讨论中，这种形式提高了我国电视节目的公共服务职能的实现程度。当然，这一优势实现的前提是恰当选择现场观众，注意其在社会中的代表性。

最后，不同题材领域的谈话节目在电视宣传中也发挥着各自不同的作用。例如，新闻类谈话节目和民生类谈话节目可以跟踪一个时期内新闻报道和社会关心的热点问题做深入地分析和探讨，给观众提供更多的参考和判断的信息；各种人物专访节目可以在传播知识的同时展现被访者的典型事迹和积极健康的人生观、世界观；各种综艺、娱乐类的访谈节目可以更好地发挥电视的娱乐功能，为群众提供轻松愉快的休闲信息等。

（三）电视法制节目

电视法制节目是以电视媒介为传播手段，采用各种电视报道手段，以人民群众日常生活中遇到的各种法律问题和各种法律案件为报道对象的节目类型。随着我国政治民主化、公开化的进程不断提高，立法、司法、执法体系的逐步健全和人民群众法律意识的不断提高，以电视各种丰富表现手段再现和分析各种法律事件、法律问题的节目开始在全国各地的电视台热播，并广受欢迎。

早在 20 世纪 80 年代，法制节目就开始在我国的电视荧屏上与观众见面。《观察与思考》《法律与道德》《社会瞭望》《社会经纬》等节目都在这个时代播出。但法制节目真正成为主流的电视节目类型是开始于90 年代中后期。随着电视深度报道、追踪报道等新的报道手段的出现和群众法律意识的提高，以中央电视台《今日说法》《天网》，北京电视台《法制进行时》，山东电视台《道德与法制》，重庆电视台《拍案说法》等栏目为代表的优秀法制节目陆续与观众见面并获得好评，电视法制节目开始走向全面繁荣。

从宣传工作的角度来看，对于电视法制节目，我们应该着重注意以下几个问题：

首先，电视法制节目对于促进我国的法制建设有着重要意义。通过电视多样化的表现手段见证和参与法律的建设进程，代表公众对立法、司法、执法过程进行监督，利用新闻媒介强大的舆论力量对法制观念进行正面引导等都体现了电视媒体在法制建设中的重要作用。但这些职能的发挥程度还要依靠电视工作者自身对法治精神的把握和法律意识的提高，以保证法制节目制作的规范化，保证法制宣传的效果。

其次，利用法制节目向公众提供法律服务和法律援助体现了我国电视宣传的公共服务特色，并满足了人民群众日益增长的法律信息需求。为了加强这方面的工作，电视工作者还要对各种社会关系的变迁，对受众的各方面的法律需求、对我国法制建设和法律法规的内涵加深调研和理解。

再次，法制节目对于调整各种社会关系、促进社会文明水平提高有着重要作用。通过法律信息的服务和各种舆论监督报道，扩大法制节目在社会上的影响力，法制节目可以调整社会成员的行为规范，调整社会各个利益团体的关系，调整社会心理和价值观，为构建和谐社会作出贡献。

最后，当代的电视法制节目，受到市场化和商业化的影响，在制作上还存在一些问题。例如对犯罪过程过度地展现和表现，过多使用设置悬念和情景再现等手段渲染案件的曲折情节；缺乏对媒介伦理常识和社会伦理道德的认识；滥用媒介权力干扰司法程序等现象仍然普遍存在。为此，需要在宣传管理中尽快制定和宣传相关新闻采制的规范、加强对电视工作者法制观念的教育和新闻伦理的教育。

随着我国电视事业的不断发展，各种新的节目创意、新的技术手段都将不断被运用到电视节目制作中。因此，电视传播的内容也将不断丰富。对于电视宣传工作来说，我们必须注意这些新变化，及时作出战略调整，确保我国的电视传播走上符合社会效益、完善公共服务职能、配合宣传工作的良性轨道。

第二节　中国电视宣传的管理体系

随着我国社会政治生活的民主化、法制化以及经济市场化程度的提高，电视事业早已突破了原来简单的传达政令和宣传教化的业务范围，而是逐渐覆盖了新闻信息传播、社会知识文化教育和休闲娱乐等各个领域，而且影响力不断扩大。在这样一种新的信息传播环境下，如何使我国的电视传播事业走上正轨，完善对电视节目内容和电视机构、人员的管理，让电视事业更好地服务于广大人民群众，服务于社会主义现代化建设和精神文明建设，就成为一项有着重要意义的课题。因此，电视传播的管理工作成为电视传播工作中越来越重要，也越来越复杂的一个组成部分。

对电视传播管理的工作可以从宏观和微观两个角度加以理解。在宏观的管理领域，电视宣传管理涉及对电视传播各项制度的调整，对电视传播机构的管理和电视传播的整体宣传策略等问题。从微观的角度来看，电视宣传管理"是相对于技术管理、行政后勤管理和广告经营管理而言的，泛指与电视节目生产过程有关的所有管理活动，包括节目的计划、制作、编排、播出及信息反馈管理，还包括与之相关的人事管理和财务管理（即为激励节目制作人员而采取的一系列管理措施和规章制度），是对电视传播内容的宏观控制和微观协调的统一"[①]。可见，电视传播管理是电视管理中的核心部分，是在宏观和微观两个层面上，对电视传播内容，以及与传播内容有关的机构、人员和激励机制等的管理和协调。如果将上一节当中我们分析的电视宣传内容体系中的各种节目看作电视宣传的手段，那么宣传管理就是如何更好地发挥这些手段的方式和途径。

在我国，各级各类的电视台都是国有的媒介机构，是党的宣传部门。党和政府代表人民管理电视事业，最主要的目的是发挥电视传播的各种优势，制作出品质优良、健康向上、符合人民群众精神文化需求的电视节目，这就决定了在电视事业的各项管理当中，宣传管理是居于核心地位的工作，是电视管理的龙头。研究如何完善宣传管理工作在整个电视宣传工作中居于重要的战略地位。

---

① 叶家铮:《电视传播理论研究》，北京师范大学出版社 2000 年版，第 277 页。

一、中国电视宣传管理的方针与原则

电视传播事业是我国社会主义大众传播事业的重要组成部分，因而具有社会主义传播事业的本质和特征。首先，人民群众是电视事业的主人，党和政府代表人民实行对电视事业的管理，电视事业的宗旨是全心全意为人民服务；其次，马克思列宁主义、毛泽东思想、邓小平理论、"三个代表"重要思想、科学发展观是我国电视事业发展的指导思想，在市场化环境下，改变的只是电视事业的运行机制，坚持社会主义传播事业指导思想始终不变是一个根本原则问题；再次，在市场化环境下，有中国特色的社会主义的电视事业要做到社会效益和经济效益的统一，始终把社会效益放在第一位，因而不能实行完全的商业化运作；最后，在社会主义市场经济环境下，各级各地电视机构的市场竞争是良性竞争，电视机构具有一致的奋斗目标和宗旨，而不是根本的利害冲突。

我国电视事业的这些本质和特征决定了进行电视宣传管理时必须坚持的原则，主要包括以下几个方面：

首先，电视宣传管理的一个重要目标是按照和配合党和政府的方针政策进行宣传。在充分满足人民群众精神文化需求的同时，使电视宣传工作与党中央的政治步调保持一致。同时，各级党委和政府，特别是负责宣传工作的部门要把帮助、关心和支持电视事业为党的事业服务作为自身日常工作的重要组成部分。

在电视宣传管理工作中，这一原则的具体要求是：

1.电视机构的工作人员必须坚持民主集中制原则，严格遵守党的宣传纪律，自觉接受党的领导和监督。做好重大题材电视节目和报道的事前请示、事后汇报工作。在市场竞争环境下，防止经济利益驱动破坏宣传纪律和公共服务职能的实现。

2.电视宣传的各类节目要积极主动地配合党和政府的路线、方针、政策，使其迅速而有效地传播给广大人民群众。在配合政策宣传时，注意传播内容的准确、全面，注意联系群众的生活实际，提高宣传效果，以便群众快速地接受、理解和把握党和政府的各项方针政策。

3.无论在电视节目的整体设计上还是微观操作上，都坚持用科学的世界观、健康向上的人生观和价值观来指导电视传播实践。

其次，电视宣传管理应该确保电视传播的各种内容和形式符合指导性和服务性相统一的原则。一方面电视内容要符合贴近实际、贴近生活、贴近群众的原则，多向观众提供各种信息服务和文化娱乐享受；另一方面还要加强电视节目的指导和教育功能，做到以科学的理论武装人，以正确的舆论引导人，以高尚的精神塑造人，以优秀的作品鼓舞人。

最后，电视宣传管理还要把群众性原则作为电视宣传的一项基本要求。一要保证电视宣传具备群众性的内容，尊重和保护人民群众的知情权，通过舆论监督等形式反映人民群众的愿望和要求；二要使电视节目的形式和风格更加贴近群众，更加多样化，更加生动活泼；三要建立各种观众参与的机制，包括建立观众参与电视节目、观众参与宣传内容的反馈和观众监督电视机构及其工作人员的各种渠道。

二、公共服务与电视宣传管理

从所有制结构上来看，我国的电视事业属于典型的国有体制。虽然近年来随着媒介资本化的发展，媒介的非意识形态业务开始有条件地吸纳非国有资本。但媒介的核心业务仍然是公有产权。这样一种制度安排决定了广大人民群众是电视机构的实际所有者，党和政府代表人民来管理电视事业，因此，毫无疑问，电视传播的一个重要的宗旨应该是为人民群众提供他们所需要的公共性的信息服务。

我们至少可以从三个方面来理解电视公共服务的内涵：

首先是平等意义上的公共。全体公民平等共享应该是电视公共服务的题中之义。在国有体制下，政府作为公民的代理人承担对广播电视的管理责任，就有义务保障公民平等地享受广播电视服务。

其次是公益性和社会责任意义上的公共。公益性和社会责任主要与电视节目内容相关。在媒介研究领域，公共电视是与高格调、非商业、重视文化教育和信息服务等节目内容特征联系在一起的。

最后是电视传播主体的公共意识和公共文化。在探讨媒介公共服务的含义时，不应该忽略传播主体的思想、态度和行为，特别是不应忽视其公共服务意识的构建，这些要素是有公共意识的媒介文化得以形成的基础。

可以看到，以上列举的电视公共服务所涉及的四个方面无一不与电视宣传的宏观管理工作相关。为了使电视宣传工作更加符合公共服务的原则，电视宣传管理的决策者们必须考虑如何设计和执行一定的制度安排来保证人民群众平等享受电视公共服务，保证电视节目的公益性和社会效益，以及提高电视工作者和受众的公共意识。

在此，我们具体分析当前我国电视公共服务职能发挥时所遇到的各种问题，并分析如何通过宣传管理的手段加以解决。

首先，从我国目前的现实情况来看，达到平等意义上的公共电视服务主要存在两个方面的困难：一方面，电视市场化的发展在某种程度上将作为电视观众的、具有完整权利的公民变为消费者，由此带来一系列基于人口统计学的所谓"受众细分"方式，在这一过程中公共服务的体系被逐渐地消解，取而代之的是平等的公众享受不平等的公共服务。另一方面，计划经济和工业化建设时代为解决交易费用过高而形成的地方财政分权制度使得广播电视系统的财权和事权过度下放，市场化到来后，这种制度安排带来了地区间广播电视事业发展的严重失衡，富裕地区和贫困地区的公民同等享用公共信息服务的权利得不到保障。

其次，前文在分析电视内容体系时已经提出了我国当前电视节目出现的整体娱乐化、商业化，甚至低俗化的倾向。很多电视节目内容与社会主义精神文明建设的方向背道而驰，引起了群众的不满。

最后，当前，在我国部分电视工作者的队伍中，出现了个别的，置群众精神文化需求、信息需求和知情权、参与权于不顾，或者滥用媒介权力谋取私利的现象。这些行为虽然数量不多，但是产生了非常恶劣的社会影响，对我国电视宣传机构的公信力和电视宣传的公共服务工作都造成了很大破坏。类似问题已经引起了政府有关部门的高度重视。

为解决这些问题，需要在电视宣传的宏观管理上做好以下方面的工作：第一，要加强电视宣传管理的法律法规建设，特别是涉及电视制作的各种行业规范、伦理道德规范等；第二，广播电视的管理机构要加强各种题材、各种类型的电视节目内容的审看工作；第三，做好对广大电视工作者的教育工作，加强理论和政策法规学习；第四，加强中央对公共服务内容的电视节目的投入，加大优质电视节目的产量，防止电视内容过度商业化；第五，加强对人民群众的媒介素养指导，提高人民群众对各类电视节目的观赏识别能力；第六，对基层广播电视机构和偏远地区的电视工作加强指导，并给以必要的物质和文化支持。

需要指出的是，这些年来我们在广播电视工作中提出了"村村通""数字化""全面覆盖"等概念，对于解决偏远地区居民的基本收视问题作出了很大的贡献。但是，更重要的是利用这些技术平台我们给当地群众提供的是什么样的节目内容，是否适合当地人的生活，是否有利于基层宣传工作开展和群众对媒介的参与，是否有利于促进群众有序参与民主政治建设等，都是需要很好考虑和解决的。

三、电视对外传播的管理

对外宣传是宣传工作不可分割的重要组成部分。随着信息技术的快速发展和经济全球化的发展，国际间信息交流的频繁程度日益增加。在我国经济实力不断增强、各领域对外交往活动不断增加的新形势下，对外宣传已经突破了原来主要以政治和文化为宣传重点的局限，开始与经济建设、招商引资、开发旅游资源等新的传播目的相结合，从而使我国的对外宣传工作呈现出从未有过的繁荣局面。一方面，在中央，作为增强国家软实力的重要手段，外宣工作受到党和政府越来越多的重视；另一方面，各地方政府和利益团体为了向海外宣传自己，为经济繁荣创造好的国际舆论环境也开始加大对外宣工作的投入。对于电视媒介来说，图文、声像并茂的丰富表现方式和快速传播的特点使其成为外宣工作的理想手段。而且，随着卫星电视和数字电视的发展，电视跨境传播的效率和质量都有了更好的保证。这些社会经济、文化领域和技术领域的发展变化既给我国电视事业的对外宣传工作创造了更好的条件和更广阔的空间，也为电视宣传管理工作提出了很多亟待解决的课题。

我国电视外宣工作的开展经历了一个漫长的历程，从最初制作一些电视宣传片以邮寄的方式传播到国外的简单形式，发展到推出一系列专题的外宣电视栏目，再到今天实现专门的外宣电视频道在海外落地，并广泛开展与境外媒介机构的合作。可以说，几十年电视外宣工作的发展取得了巨大的进步。但同时，我们也必须看到，当今我国的电视外宣工作还存在一些明显问题，制约着更好的对外宣传效果的实现。

首先，当前多数的电视外宣节目还仅仅停留在向国外介绍中国这个单一的题材领域。《中国文艺》等众多对外宣传的栏目内容有互相重叠的现象，而且传播的重点也比较单调，缺乏更实用的中国社会、政治、经济发展的信息。

其次，电视宣传的"主动仗"打得不够多。对外电视节目中启蒙式和解释性的内容占据主导地位，对国外观众的收视习惯和信息需求把握不足，电视外宣工作缺乏全局性的统一策划。

再次，在外宣节目中，对新闻节目的重视还不够。涉及中国社会方方面面的电视新闻节目因其快速、及时、现场感和真实感成为国外观众了解中国的重要窗口。近几年，随着《中国新闻》等节目的不断丰富和调整，对外新闻节目的质量得到了提高，但是仍然没有成为电视对外宣传的主体节目类型。

最后，电视机构有时对外宣的重大活动跟进不够，使很多好题材与国外观众失之交臂。近年来，我国政府与国外政府和机构开展了很多大型的文化交流活动，如中法文化年、中俄文化年等，这些大型活动由一系列展览、演出和各种访问活动组成，对传播中华文化、促进中外相互了解有着重要意义。但是从电视机构的报道来看，在议程上对这方面信息有所忽略，使这些大型活动没有起到应有的宣传效果。

着眼于外宣工作中的这些问题，在电视宣传管理中，我们应该着重把握以下一些问题：

第一，要加强对宣传对象的研究。对包括海外华人在内的国外观众的收视习惯、信息需求等信息进行科学的调查和分析。特别是要排除顾忌，对当前我国电视外宣节目的收视情况和传播效果做认真的研究，使外宣工作不仅仅停留在政治任务的这个层面上做表面文章，而是真正落在实处，产生好的外宣效果。

第二，结合受众研究的各项成果，制定完善、系统的对外宣传策略。一方面，在日常的宣传工作中确定以什么内容、什么形式的节目为宣传重点，其他何种节目作为辅助和配合；另一方面，注意各种重要选题的开发，多做有分量的深度报道，提高电视机构的公信力。特别是要把对外宣传的新闻节目的质量提高。我国的新闻制作已经达到相当高的水准，要多注意利用对内新闻传播的人力、物力和经验为电视外宣工作服务。此外，还要注意外宣节目与国家外交活动和对外交流的配合。

第三，注意将各地方和各利益团体的涉外传播活动纳入电视宣传管理的范围，加强对其正面引导和内容监督、审查。确保外宣工作整体的高效率，确保电视对外宣传工作的安全。

四、电视机构的内部管理

相比宣传策略、公共服务和对外宣传等方面的电视宣传宏观管理来说，电视机构的内部宣传管理与电视宣传的日常业务距离更近，是直接面向电视宣传工作者一线队伍和电视节目内容管理的领域。在广播电视市场化不断深入发展的时代背景下，电视台的内部管理遇到了很多新问题。例如，电视节目逐渐实行栏目化制作和播出的方式，在电视节目生产方式上出现了由完全自制到联合制作和部分外包的发展历程，电视节目的交易市场逐渐形成，电视制作队伍出现了正式员工之外的临时聘用人员，有些电视机构开始采用全员聘用制等。为了确保电视宣传管理各项方针和电视公共服务职能的实现，电视机构内部宣传管理工作必须适应这些新的变化并作出调整。我们将结合这些新的问题，分析电视宣传日常工作中对节目内容和制作人员的管理。

（一）内部管理的对象与任务

电视机构的内部宣传管理是与电视节目生产过程有关的所有管理活动，包括节目的计划、制作、编排、播出及信息反馈管理，还包括与之相关的人事管理和财务管理等。在这些众多的管理任务中，居于核心位置的是对电视节目内容的管理，即对宣传信息的管理，以及对电视制作机构和人员的管理，即承担具体宣传任务的人事的管理。

对于宣传信息的管理，主要涉及节目制作前期的策划及安排工作、节目制作过程中的协调工作和节目制作后的审查工作。对于前期的策划工作而言，关键是确定宣传重点、安排宣传进度、分配宣传任务等。在策划过程中，要将电视台、频道的整体风格、主要任务作为方针贯彻到各个具体承担宣传任务的部门和栏目组。在节目制作的过程中，宣传管理工作的重点是负责电视台各个部门的协调工作，其中包括节目采编部门与财务部门、技术部门、后勤部门的协调，也包括某些大型节目中，不同的节目采编部门之间的协调。这部分工作的关键是确保节目制作的高效运行和节目的高质量产出。在节目制作工作完成后和正式播出之前，还要做好节目的审查工作。特别是近年来联合制作和外包节目的数量逐渐增加，对宣传内容的选题、立场、角度、品位等都要加以考虑，一方面要确保宣传工作的安全和正确的舆论导向，另一方面也要着眼于完善和提高电视宣传的公共服务职能。

对于节目制作机构和人员的管理主要涉及建立合理的宣传管理组织机构、建立合理的用人制度、完善各项竞争和激励机制等工作。从组织机构的组成来看，我国电视机构一般实行台党委领导下的台长、总编辑负责制。由台长和副台长组成的领导班子是电视台宣传管理的指挥和领导核心。编委会是全台宣传的决策机构，负责电视宣传的全面规划，并对各个采编部门的日常工作进行指导和监督。作为编委会执行机构的总编室要按照编委会的部署安排各部门的具体工作，并向编委会汇报工作。根据各个电视机构的规模和特点不同，栏目管理的具体方式也会存在差异，如有的实行频道负责制，有的实行中心和部门负责制等。各个电视机构应该结合自身情况合理安排宣传管理的组织结构。从用人制度的角度来看，主要涉及人员聘用的方式，制作人员队伍的组成等问题，这些问题的变化都会直接影响到电视宣传管理的工作效率。从激励机制的角度来看，关键是确定栏目优胜劣汰的竞争标准，安排好各项奖励和惩罚制度等。这些问题我们在后文中将具体介绍。

（二）电视栏目化与电视宣传管理

在我国，电视栏目化设置作为电视制作和播出的基本形态确定下来是在 20 世纪 90 年代初期。电视栏目的设置符合电视传播的规律和受众接受的规律。首先，电视栏目化与频道专业化在电视事业的发展中是共生的，不同内容、形态和风格的电视栏目可以更好地体现电视频道和电视台的特色，是实现整体宣传方针的载体；其次，电视栏目化意味着相对固定的制作单位和制作群体，可以使栏目组的成员配合更加默契，培养专家型的电视采编人员，从而提高节目质量；再次，电视栏目相对固定的内容、形态和播出时间可以方便地与观众建立"约会意识"，便于观众根据自身情况进行选择，并且可以给观众提供其所需要的多样化节目。由此可见，电视栏目化是我国电视事业发展必然经历的阶段，在总体上有利于发挥电视的宣传优势。

但是，电视栏目化也改变了原来简单的电视宣传管理模式，给电视宣传管理提出了不少新课题：例如在实行电视栏目化之后，出现了栏目内容设置相互重叠，不同栏目的记者在同一题材和新闻线索上"撞车"，甚至对同一新闻事件，一家电视机构所属的几个栏目报道和评价的口径出现分歧等管理混乱的情况。这些问题在一定程度上浪费了电视机构的宝贵资源，限制了电视事业公共服务职能更好的发挥。因此，在继续推进电视栏目化发展的同时，我们必须尽快建立与栏目化相配套的电视宣传管理体系，以解决这些问题。

首先，电视栏目化要求加强电视频道和电视台整体内容设置的统筹规划。具体到操作层面就是要发挥好总编室在电视宣传管理中的职能。总编室应该与编委会一同为全台制订详细的宣传计划，确定电视宣传的方针和各个阶段电视宣传的重点，并将这些内容固定下来作为各个栏目参照的规范。同时，总编室还应该对节目编排和播出的全过程进行设计和监控，确保各栏目能够按照既定方针运行，必要时还要协调各个栏目之间的关系，促进沟通，以便在电视栏目管理的情况下更好地发挥电视宣传的整体效应。

其次，在加强统筹规划的基础上建立合理的资源共享机制。从整个电视台的角度重新认识各个栏目组掌握的节目资源。建立全台的信息沟通平台和节目资料库。发挥范围经济的优势，防止资源的重复开发。

最后，加强电视栏目的质量管理，设计合理的优胜劣汰机制。质量管理的前提是建立一套可以量化操作的栏目质量考评体系。管理者通过一定的评分标准对栏目的选题、角度和各种制作技术指标进行考核，在此基础上实行严格的优胜劣汰机制。栏目的质量管理一方面可以保证电视宣传内容的水准，另一方面也可以给电视栏目组施加必要的竞争压力，促进其不断完善内部管理。

（三）建立合理的用人制度，完善竞争激励机制

从电视台的用人制度上来看，近年来的一个明显趋势就是节目制作人员的多层次化。电视台节目制作的骨干人员虽然仍然是在岗的正式职工，但是为了适应电视制作规模的扩大，越来越多的聘用制员工和临时工进入了电视制作队伍中。由于这些聘用人员多数是经过考核上岗的，因此具备一定的竞争力，一方面给电视制作带来了新的思路、新的气息，另一方面也给在岗人员带来了竞争的压力和进取的动力。

但是与此同时，制作人员的多层次化也给电视宣传的管理工作带来了很多新的问题。由于各层次工作人员的政治素养、工作责任心的不同，使得内部的人员管理复杂化。而且，不同层次的员工互相攀比，加上短时间内工资制度得不到合理改革，使得部分制作人员的工作积极性被破坏，也可能影响整个制作团队的工作气氛。另外，制作人员的多层次，也带来了人员流动性的增加，对统筹安排电视节目的宣传工作，和持续稳定地展开电视宣传工作非常不利。在这种情况下，电视宣传管理工作需要着重解决以下问题：首先，如果保留现有用人制度多层次化的局面不变，应该引入公平竞争的考核机制，将所有电视制作者的责、权、利明确规定下来，防止管理的随意性，确保节目制作和播出安全的责任落实到具体的岗位。其次，尽快改革工资制度和用人制度，由岗位终身制、聘用制、临时用工等多种用人制度的混合体向全员聘用制过

渡，以便电视宣传的人事管理进一步规范化。

电视事业是一种需要创造性和主动投入的行业。因此，电视宣传管理工作的一个重要方面是开发电视制作人员的潜能，让其积极投入工作，而有效的激励机制对于电视宣传方针的贯彻和生产高质量的电视节目来说都具有非常重要的作用。一个完善的激励机制至少包括三个方面的内容：一是公平竞争的制度环境；二是奋发向上的工作氛围；三是公正执行的奖惩制度。为了达到"人尽其才"的目标，在电视宣传的管理工作中，我们应该着重做好以下工作：首先，尽快改革工资制度和用人制度，为电视制作人员创造公平的竞争环境，使每一个员工都能够安心地投入工作，开发最大潜能；其次，利用各种机会塑造团队精神和企业形象，促进员工之间的沟通和交流，给制作队伍带来团队合作、奋发向上的积极工作氛围。对于电视工作这样一种群体性非常强的行业，这一点尤为重要；最后，通过奖励和惩罚制度，明确宣传纪律，提示宣传方针和重点，并鼓励有突出贡献的电视工作者，从而增强电视机构内部的良性竞争。

五、广播电视宣传管理要把握主动权

坚持正确舆论导向，加强社会主义核心价值体系建设，是广播电视媒体的重要职责。党的"十八大"报告中指出，要"牢牢掌握意识形态工作领导权和主动权，坚持正确导向，提高引领能力，壮大主流思想舆论"。对于广大新闻工作者来说，从社会主义本质出发，牢牢把握舆论导向，关注民生，服务民众，改善民生，既是自身的工作目标，也是新闻媒体重要的价值体现。

（一）强化管理，彰显舆论引导功用

广播电视作为现代社会重要的新闻媒体，其特殊的定位和传播方式决定了其功用上的多重性。第一，是党和政府的宣传工具；第二，是服务社会、服务民众的大众性传媒；第三，是重要的广播电视产业经营实体；第四，是公共文化传播的平台。需强调的是，广播电视首先是党和政府的喉舌，这是由广播电视传媒的根本属性决定的。尤其在当今金钱至上等不正常思潮泛滥情况下，这一点我们必须清楚。

基于这种认识，广播电视要确保其导向正确、壮大实力、扩大影响，就必须要将管理特别是宣传管理放在第一位。各广播电视媒体一方面要根据中宣部、国家新闻出版广电总局等部门制定的规定性措施，加强规范管理；另一方面，也要在现有宣传管理经验的基础上，深化改革，不断创新，进一步强化宣传的宏观调控，积极探索新的宣传管理方式，建立动态管理模式，努力增强节目的吸引力和感染力，努力使节目的采编紧密贴近百姓生活实际，注意以平民的视角反映百姓的生活，进而多提供真实性、时效性、权威性相统一的新闻信息，多播出思想性、艺术性、观赏性俱佳的节目，只有这样，我们的宣传才能走进百姓的内心世界。在日常工作运行中，我们在向管理要经济效益的同时，更要向管理要社会效益；在节目设置的主体上，要确保媒体的政治属性，切实提高节目质量和舆论引导能力。实践证明，宣传管理做得好，不但会促进媒体自身实力发展，也会提高自身的社会影响力。反之，宣传管理做得不好，也会制约其经济发展及舆论引导力的发挥。因此，我们要坚持"导向是媒体的生命线，以节目质量为核心，把社会效益放在首位"的准则，坚持制度建设和制度创新并重，从完善宣传管理、整合资源配置、实施品牌战略、提升节目质量入手，努力寻求突破和创新，进一步彰显新形势下广播电视媒体的生机与活力，进而牢牢把握住社会主义舆论宣传的主动权。

（二）创新理念，努力适应社会形势

在事业改革推进不断加快、媒体竞争日趋激烈的新形势下，广播电视能否把握住自己的主阵地，把握住自己宣传的主动权，关键看其对传统管理体制、运行机制的改进和创新。为适应新的变化趋势，各广播电视传媒单位勇于实践，探索出了符合自身实际的宣传管理模式。

正确把握基本准则与多重并举的管理模式，是强化广播电视传媒宣传主阵地的必要基础。所谓基本准则，就是坚持广播电视传媒为党和政府服务、为人民大众文化需求服务；所谓多重并举，就是坚持经济、社会效益双丰收，多种发展思路并存。这是由现代广播电视传媒的经济属性及社会属性决定的。因地制宜地处理好"把握重点"与"多重并举"的关系，是既保证广播电视媒体自身发展，又能使宣传管理工作落到实处的关键。没有事业的整体性发展，没有必要的经济支撑，也就不能保证正确的舆论引导力。相反，没有媒体的社会责任意识，不能坚持为党和社会服务的方针，广播电视也就失去了政治依托。

机构设置的科学化，是强化广播电视传媒宣传主阵地的必要保证。随着广播电视事业的发展，目前各广播电视媒体内部机构设置日趋复杂，有台、中心、频率频道、部、室、组，级别多重，层次不清，管理混乱，甚至各自为政，党的宣传思想、各项方针政策难以贯彻。为此必须简化管理，减少层级，提高效率，保证政令畅通，只有这样才能保证坚持正确舆论导向这一基本生命线。

合理设置频率频道，是强化广播电视传媒宣传主阵地的必要条件。为了适应日趋激烈的市场竞争，各广播电视传媒机构根据市场经济、文化、社会特点以及观众的收听收视需求，大都对频率频道资源进行了专业化分工，有的台甚至拥有十几个专业频率频道。自办栏目数量，全天播出时间也在不断增加，有的单位还开办了数十套数字视频点播节目和移动电视节目。频率频道细分，节目细化，大都是从经济市场的角度考虑到而设定的。如何保证舆论宣传的整体布局，如何根据受众的文化层次、思想品位、欣赏习惯等特点，合理设置频率频道和栏目，实现正确舆论宣传上的全覆盖，还需要广大电视工作者深思和努力。

管理制度化，是强化广播电视传媒宣传主阵地的必要依托。为加强、深化宣传管理，我们必须根据形势和广播电视发展的需要，对各类规章制度进行重新规范，健全完善系统的宣传管理制度。同时，必须对上级部门下发的制度、提出的要求，不折不扣地坚决贯彻执行，做到令行禁止。从评判标准、考核办法和机制制度等方面入手，进一步完善节目的选题申报制度、播出管理制度、监督审查制度和责任追究制度等各项宣传管理制度建设。加强管理制度的执行力，对宣传管理的执行情况实施督办、督查制，让管理制度和管理措施覆盖日常节目的每一个环节，责任到人，层层落实，层层把关，使广播电视宣传工作有章可循，宣传管理日趋科学、规范。

（三）坚持"三贴近"，强化广播电视宣传主体作用

"贴近实际，贴近生活，贴近群众"是广播电视新闻媒体必须把握的基本原则，是我们工作的出发点和落脚点，也是广播电视把握宣传主动权、提高舆论引导力的前提保证。

一是加强阵地建设，强化新闻节目的主导地位，充分发挥新闻宣传的主渠道作用。目前，广播电视在人们生活中的地位仍然很重要。随着社会信息化程度的不断提高和人们对政府各项方针、政策及各种文化需求的不断增加，广播电视已经成为百姓获取各种信息的重要渠道，并对广大受众产生着非常大的影响。所以，我们必须清醒地认识到，广播电视在社会发展伟大进程中所承担的社会责任和历史使命，认识到广播电视人的职责和所肩负的任务。因此，对频率频道的布局和栏目设置要根据形势和百姓需求不断进行调整，坚持"三贴近"原则，加强节目建设，不断创新宣传内容、形式和手段，不断提高舆论引导能力，为推动社会经济发展提供有力的舆论支持，为建设和谐社会环境营造浓厚的舆论氛围。

二是狠抓节目质量，多制作生活气息浓厚、生动鲜活的节目。节目质量是收视率保证的生命线，我们必须从百姓需求出发，以寓教于乐为准则，集中优势兵力，打造强势节目和栏目，优化结构与品质，不断提高节目质量，全力打造有影响力、深受广大受众欢迎的名牌栏目，强化广播电视主阵地和营销主平台的主导地位。不断提高节目的文化品位，丰富频道栏目的精神内涵，牢牢抓住大众收视群体。

三是探索创新，不断提升品牌意识。广播电视的影响力乃至生存发展，品牌是关键。为牢牢抓住广播电视这个舆论宣传的主阵地，我们必须根据党和政府对广播电视的要求做成品牌，围绕优势做强品牌，围绕创新做活品牌，围绕整体做实品牌，围绕市场做大品牌，不断提升品牌价值，让节目的贴近性更强，让栏目更加彰显贴近时代、感动受众的人文关怀。在投入产出上，既要实现节目社会效益的最大化，又要兼顾经济效益。在根据民生、民意和社会发展狠抓品牌的同时，我们还应做到多频率频道、多栏目综合管理，发挥各自优势，在舆论宣传、表达民情方面形成优势互补、相互支撑、共同做大的良好氛围。

四是加大节目的信息量，突出节目的贴近性。强化广播电视节目信息的携带量，是对广大受众知情权的尊重。在内容上，必须要做到言之有物、言之有味，要把镜头和话筒对准群众、对准现实生活，多联系群众身边的事例，多用观众喜闻乐见的形式进行宣传。

因此，广播电视节目应根据不同时段和不同收视人群的多种需求，进一步拓宽报道视角，提高报道时效，拓展报道领域，突出栏目的贴近性，强化栏目的个性，使节目真正贴近观众。

（四）从多层次入手，不断提高广播电视宣传水平

广播电视的宣传水平直接影响着其宣传效果，广播电视能否为广大受众所认可，能否为广大受众所接受，其宣传水平的高低、宣传手段的鲜活是一个重要前提，是衡量其自身主阵地职能发挥的重要尺度。因此，提高广播电视的宣传水平，也是把握宣传主动权的关键。毋庸置疑，广播电视以其特有的传播方式和节目构成，在传达信息、沟通民意、稳定社会等方面相对于其他媒体具有非常大的时效优势和直观优势。因此，我们要充分发挥广播电视传播直观、形象、快速和普及的优势，不断改进，努力创新宣传的形式，做好广播电视宣传工作。

一是以建设和谐环境、提供良好的舆论氛围为基点，不断提升广播电视舆论宣传水平。广播电视媒体是党和政府宣传的主阵地，是党和政府的喉舌，因此，我们必须以推动社会发展为己任，以建设和谐环境、提供良好的舆论氛围为基点，认真宣传党和政府在领导人民实现伟大民族复兴的历史发展进程中所实施的伟大战略，宣传党和政府所实施的惠

及广大民众的各项民生工程极其深远的意义，激发广大干部群众建设和谐中国的热情和创新能力。我们要统筹规划，以积极向上的格调、清新鲜活的表现手段、不断提高的节目质量，从思想性、艺术性等方面为推动我国改革开放和社会主义现代化建设提供强大的支持。

二是从化解各种社会矛盾的角度发挥广播电视的舆论监督作用，进而提高广播电视节目在受众中的关注度。发挥舆论引导和监督作用，是新闻媒体重要的社会责任，正确反映百姓诉求，是维护社会健康发展的需要，同时，也是广播电视在受众中提高关注度的重要手段。近几年来，这方面工作得到了一定强化，但也存在一些问题。如某些新闻媒体为增强收视效果，过度夸张矛盾，负面报道过多等，严重影响了社会的和谐稳定，从某种角度上讲，激化了社会矛盾，偏离了广播电视的职责和社会功用。为此，我们要着力改进舆论监督工作，对重大突发性事件的新闻报道，要形成统一指挥，做到先入为主、先声夺人，要从大局出发，从推动问题解决的角度出发，加强正面引导，要在保证党和政府的声音及时发布和有效传达的基础上反映民意和实施舆论监督。

三是不断强化个性，推进广播电视宣传改革。广播电视个性宣传历来为广大从业者所重视，鲜明的个性不仅是品牌栏目建设的基础，是各类宣传报道形成较好宣传效果，形成广泛影响力的重要前提，也是广播电视舆论宣传节目质量的重要标志。

因此，我们要进一步改进和优化宣传形式，在模式和形态上下工夫，要把最具正面效应和受众最为关心的内容提炼出来，体现现场感和个性化；要重点改进突发事件的宣传报道，提高宣传的针对性、实效性和可听性、可视性。

第三章 中国电视宣传的历史经验与实施战略

中国电视宣传过程中各个阶段所积累的经验为未来我国电视宣传提供了正确的前进方向。

第一节 中国电视宣传的历史经验

一、中国电视事业的成长及出现的问题

改革开放30多年来，我国的广播电视事业突飞猛进，日新月异。全国广播电台从1978年的93座发展到2005年的273座，增长了3倍；全国电视台从1978年的32座发展到2005年的1032座，增长了29倍；自1978年湖北沙市建起全国第一个有线电视台以来，到2013年全国广播电视台已达2207座，公共电视节目达3250套。

表3-1 2013年全国广播影视发展概况

指标	单位	2013	2012	增幅
一、宣传情况				
广播电台	座	153	169	-9.47
电视台	座	166	183	-9.29

（续表）

指标	单位	2013	2012	增幅
广播电视台	座	2207	2185	10.07
公共广播节目套数	套	2637	2627	0.38
公共电视节目套数	套	3250	3273	−0.70
全年播出公共广播节目时间	万小时	1379.55	1338.37	3.08
全年播出公共电视节目时间	万小时	1705.72	1698.53	0.42
全年制作广播节目时间	万小时	739.12	718.82	2.82
全年制作电视节目时间	万小时	339.78	343.63	−1.12
二、覆盖情况				
广播综合人口覆盖率	%	97.79	97.51	0.29
电视综合人口覆盖率	%	98.42	98.20	0.22
有线广播电视用户数	万户	22893.80	21508.97	6.44
数字电视用户数	万户	17159.69	14303.07	19.97
三、电视产业情况				
电视剧播出数	部／集	24.10/661.42	24.23/662.20	4.50
电视剧制作数	部／集	441/15783	506/17703	1.18
动画电视播出数	万分钟	1758.90	1829.40	−3.85
动画电视制作数	万分钟	19.91	22.28	−10.64
电视纪录片播出数	万小时	23.58	20.37	15.76
电视纪录片制作数	万小时	5.51	4.64	18.61
四、电影情况				
国有电影制片厂	个	38	38	—
其中：电影故事片厂	个	31	31	—

（续表）

指标	单位	2013	2012	增幅
生产故事影片	部	638	745	-14.37
生产动画影片	部	29	33	-12.13
生产科教影片	部	121	74	63.52
生产纪录影片	部	18	15	20.00
生产特种影片	部	18	26	-30.77
电影院线条数	条	42	40	5.00
银幕块数	块	18195	13118	38.71
五、广播电视从业人员				
从业人员数	万人	114.43	112.04	2.14
广播电视	万人	84.43	82.04	2.92
电影	万人	30	30	—

资料来源：《2013 年全国广播影视发展概况》，国家广播电影电视总局网站 http://www.sarft.gov.cn 。

　　尽管从统计数字看我国的电视事业取得了长足的进步，但是客观而言，我国电视事业的发展现在仍然处于粗放经营的阶段。具体来讲，增长主要是靠不断扩大行业内各实体的规模，以高消耗求得发展。当然，电视业在前期通过扩大办台数量来获得整个事业所必需的规模也是符合事物发展必然规律的，但是就任何一个经济体，或者更具体地说，就我国电视业的整体容量来看，毫无节制地办电视台必然造成重复建设规模膨胀，造成系统内部的各种比例失调、结构失衡，最终导致我国电视事业混乱的局面。这种局面的造成从根本上讲有其历史的原因。

　　我国电视事业在新中国成立之后，始终是在政府的直接管理下有计划地按行政级别和行政区划开办电视台。1978 年 12 月，中共中央召开了具有历史意义的十一届三中全会，在会上，"两个凡是"的错误路线得到了坚决的批判，邓小平同志的"解放思想，开动脑筋，实事求是，团结一致向前看"的方针得到了大家一致拥护并被确立为全党工作的指导方针。在此大背景条件下，1980年10月7日至18日，召开了第十次全国广播工作会议。会议对新中国成立以来我国的广播电视宣传工作做了精当的总结，总体看来与会代表就以下四点取得了共识：第一，正确认识广播电视的性质，正确地宣传党的方针政策，密切联系群众，才能发挥广播电视的巨大宣传作用；第二，坚持正确的思想路线是搞好广播电视宣传的关键；第三，充分掌握广播电视的特点，扬长避短，才能提高各种节目的质量，满足人民群众的需要；第四，中央广播与地方广播，无线广播与有线广播，有分有合，互为补充，构成宣传整体，以充分发挥广播电视这个现代化宣传工具的作用。随着对这些原则的落实，我国的电视宣传出现了很多新的特点。

首先，新闻的时效性明显增强，信息量大幅度增加。这主要反映在《新闻联播》节目的变化上。从1981年7月1日开始，《新闻联播》的新闻呈现出新闻条数增多和单条时间缩短的特点。与此同时，随着国家在加强中央和地方之间沟通精神的落实，各省境内上午发生的重大事件，下午就可以传送到北京，当天的《新闻联播》就可以播放。另外，中央电视台也开始播发英国维斯社和美国合众国际社的国际新闻。央视还增加了国内口播新闻，与录像新闻之间进行混合编排，大大丰富了新闻的样式和内容。这些变化的产生可以归结到关于电视事业理念的变化，作为现代大众传媒的重要形式，电视以其快速、准确、权威的报道开始为新闻业注入新的活力。

第二，电视评论开始出现在荧屏上。从业务上看，电视评论主要包括两种：一种是在新闻条目前后加上一句话左右的简短评语，另外就是专门的评论栏目。在这一阶段两种形式的评论都开始浮出水面。其中《观察与思考》是央视第一个评论专栏，它通过对当时重大事件的评论和引导，恰当地发挥了公共话题召集人的角色，对引导舆论起到了很好的作用，体现出我国电视节目发展的新局面。

第三，电视宣传中开始出现主持人节目。主持人节目的最大好处在于可以通过具有鲜明特色的主持人来打造一个节目的特色。中央电视台第一个主持人节目是由沈力主持的《为您服务》，这一节目样式推出后大大提高了节目以及主持人的知名度，并且在 1983 年成为有固定主持人的栏目。

第四，电视剧开始复苏和发展。作为体现"双百方针"的重要形式之一，电视剧在以优秀的精神食粮教育人方面起着至关重要的作用，在当时的中国尤其如此。1978 年央视共播出 8 部电视剧，但是这远远无法满足广大人民群众对优秀文艺作品的需求。有鉴于此，1979 年召开了第一次全国电视节目会议，会上，各地方电视台被鼓励大力发展和录制电视剧。自此以后，电视剧作为我国荧屏节目形式的重要内容开始得到巨大发展。1980 年，我国还开始举办每年一次的全国优秀电视剧评选，并设立了"飞天奖"和"大众电视金鹰奖"。奖励机制的设立，很好地促进了更多优秀电视剧的涌现，为我国的电视事业的发展起到了巨大作用。与此同时，我国还开始从国外引进优秀的电视剧和影片，并专门设立译制部门进行译制。

第五，对外电视宣传开始起步。除了前面提到的央视和英、美的新闻社之间建立了新闻互购关系之外，这两家新闻社在香港收录了中国的《新闻联播》，并选择发行，中国的新闻开始走向世界，此后，中央电视台进一步扩大了对外宣传的力度，先后同多家美国传播公司和加拿大的中文电视台建立供片合同。除了在业务上积极探索之外，广电部在 1983 年召开第一次全国对外电视宣传工作会议，会议确定了要将改革开放以来的中国面貌向世人传递。紧接着 1984 年第二次全国对海外电视宣传工作会议在宁夏召开，这次会议上建立了对对外节目的评审机制，有 50 多个栏目被评为国际交流的优秀栏目。在这两次会议的促进下，全国的电视宣传工作有了长足进展。一是各级政府更加关心和重视对外宣传，从软件和硬件方面都给予大力倾斜，其中最值得一提的是 1984 年中央电视台将国际部改为对外部，明确了向外宣传中国的使命，并于 1986 年创办了《英语新闻》。二是在中央电视台的带动下，许多省级电视台也开始打开思路，积极和国外电视台展开横向交流，其中山东电视台对外报道节目形成了自己的体系，向外赠送了许多介绍山东建设成就的专题片。

　　但是这一时期，我国的电视宣传也出现了一些不好的苗头，其中主要是在从计划经济向市场经济转变的过程中，人们的经济观念和精神世界都经历了非常深刻的变化，而这些变化反映在新闻传播领域里，就会导致机制标准的混乱和道德行为的失范，新闻队伍的职业道德会遇到较大挑战。电视传媒作为大众传媒事业中影响力巨大的媒介，使得一些从业者开始利用这种巨大的影响进行权力寻租，出现了有偿新闻的现象，有些电视业的工作者以金钱作为中介买卖新闻。1993 年 5 月出版的《新闻学大辞典》这样解释有偿新闻："有偿新闻是新闻机构向要求刊播新闻者收取一定费用的新闻。一些新闻机构为解决经费不足或赚钱，以及其他目的，按占用版面大小（报纸）、播出时间长短和录制费用（广播、电视）向要求刊播新闻者收费。"有专家对有偿新闻的表现形式进行了归纳，指出总共有八种有偿新闻形式：一是公开征稿型，二是主动出击型，三是发函催促型，四是电话征询型，五是吃拿卡要型，六是发行捆绑型，七是回扣刺激型，八是上级陪同型。

从理论上分析这些有偿新闻出现的根源，我们会发现有三大原因：

首先是因为在转型时期，部分新闻从业人员的价值观念倾斜了。在传统的计划经济体制向市场经济体制过渡的过程中，新的新闻价值理念开始应运而生，对于什么是新闻价值、什么是合理竞争等理念开始有了多元化的解释，在这种大背景下，部分从业者的价值追求开始出现多元化的取向，一部分人就开始走上了有偿新闻的道路。

其次，有偿新闻的出现也在一定程度上反映出道德行为的失范。价值观念出现倒错以后，直接影响的就是道德行为的偏离。一些新闻从业人员因为把市场经济理解为以个人为本位的利己主义经济，所以他们也开始追求金钱和享乐，而他们手中的媒介资源就自然成为了他们向社会寻租的便利工具。

最后，有偿新闻实际上也反映了社会责任的淡薄。个人行为失范除了与当时大的社会形势，比如制度的不健全、管理跟不上相关，另外也是因为政治思想和职业道德教育不力所引起。

有鉴于这种情形，1983年的全国广播电视干部工作座谈会要求全面加强广播电视队伍的建设。1990年1月6日，广播电影电视部颁发了《对举办赞助活动加强管理的暂行规定》，对举办赞助活动作出了10条具体规定。同年8月23日，国务院召开全国电话会议，提出纠正行业不正之风。1991年1月19日，中华全国新闻工作者协会第四届理事会第一次全体会议通过《中国新闻工作者职业道德准则》，全面而完整地概括了中国社会主义新闻职业道德规范。同年12月24日，中央电视台发文《关于纠正行业不正之风的规定》，该规定明文指出：严禁利用职权牟私利，不准利用约稿、采访、拍片、制作、审片、播出等工作条件，向对方索要财物，用党的宣传工具做交易，损害新闻单位的形象。不得搞有偿新闻。省、市、自治区送的电视节目，坚持由省、市、自治区电视台总编室把关，新闻节目由部领导把关，杜绝送节目收钱、收物等。从上述各级部门对新闻伦理道德的重视来看，新闻职业道德建设在新闻事业发展中起着举足轻重的作用，而这一问题涉及整个社会的利益，具有全局的影响。①

另外在这一阶段，还出现了反对资产阶级自由化的斗争。1986年前后，当时的中国出现了资产阶级自由化在一定程度上泛滥的局面，广播电影电视部当时严格按照中央的部署，对当时的情况进行了报道，使全社会认识到当时的政治局势，为维护国家的安定团结发挥了积极作用。

到1989年政治风波的时候，电视作为最及时有效而且影响面大、权威程度高的媒体，充分发挥了其主导作用。当时中央电视台的《新闻联播》由半个小时延长至一个小时，及时把权威的消息发布给社会，并把中央的指示精神迅速传播到人民群众当中。除此之外，各地方电视台也严格与中央保持一致，发挥了正确的舆论引导作用，对维护局势的稳定和社会的团结起到了非常重要的作用。后来，有关方面总结这一时期的报道时说，"回顾近两个月的广播电视宣传，从总体上看，广播电视传播了党和政府的声音，特别是平息政治风波期间，宣传党和政府的政策，发布党、政府和戒严部队的命令，揭露事实真相，团结和动员广大人民群众迅速平息政治风波等方面，广播电视都发挥了自己的特长，起

① 参见刘习良主编：《中国电视史》，中国广播电视出版社2007年版，第276—278页。

了积极的作用"。

在这之后，广播电视部门和机构认真总结经验和教训，坚持贯彻团结稳定鼓劲、正面宣传为主的方针，在实践中获得了良好的效果。成绩主要表现在以下几个方面：

突出重点，以庆祝国庆 40 周年为重点，大力弘扬社会主义主旋律。在此期间，中央各台除了突出报道当时的重大时政活动以外，还积极探索新的报道方式，专栏节目《弹指一挥间》反响热烈。

集中力量，很好地完成了对在北京举办的十一届亚运会的报道。亚运会是北京举办的第一次重大的洲际体育盛会，央视经过充分准备，在这次直播过程中，充分调动省级电视台以及首都高校的力量，圆满完成了报道任务，在中国体育电视转播史上留下了一段佳话。

搞好治理整顿、深化改革以及接下来的"八五计划"和"十年规划"。随着中国开始进入第八个五年计划和十年规划阶段，电视宣传和经济建设之间的紧密关系进一步深化。在电视宣传过程中，各级电视台紧紧围绕治理整顿、深化改革开展了多种形式的报道；在宣传前一个五年计划取得巨大成就的基础上，深入报道了即将到来的另一个五年计划期间中国需要注意的事项、要解决的问题，为治理整顿任务的完成创造了良好的舆论环境。

在这一阶段，除了在报道方针上大胆革新，锐意进取，探索有中国特色的电视报道模式之外，中国的电视界在管理体制上也作出了有益的尝试。在 1983 年召开的第十一次全国广播电视工作会议上，由中央、省、地（市）、县（市）"四级办电视、四级混合覆盖"的事业建设方针取代了原来的两级办电视的格局，中国电视事业由此进入了发展的快车道。经过这次的政策调整，有条件的省辖市也开始办电视台，一方面转播中央及省级电视台的节目，尽量覆盖更大的地域范围，另一方面也开始播出自办的节目。电视台的数量由 1978 年改革开放时的 32 座增加到 1991 年年底的 543 座，电视发射台由 256 个增加到 28479 个。当时四级办电视后形成的电视事业结构具有如下特点：

电视台与各级政府建设紧密相连，有利于发挥电视事业作为党的喉舌作用，能够与地方政府协同完成宣传任务。

当时全国范围内形成了分层次建设、按区域分工的统一的事业体系，形成了后来所谓的"条块化结构"。

在当时的电视体系中，各种技术媒介，包括卫星、微波、地下电缆、有线电视和无线电视互相配合而形成的有机整体。[①]

二、中国电视事业飞速发展后出现的新问题

用辩证唯物主义和历史唯物主义的观点看待历史问题，应当说四级办电视的体制是当时社会的体制条件和技术条件的必然结果，为我国电视事业的基础建设以及为各级地方政府的经济建设提供了有力的支持。但是，随着科技飞速发展、民众素质提高、市场逐步发育、政府简政放权，整个社会发生了全面而深刻的变化。因此，那个时候的四级办电视体制已远远不能适应传播需求和事业发展的新形势，弊端越来越突出。

第一是电视台本身规模太小，而且从全国的形势来看，其分布过于分散，不利于资源的统筹安排。按照四级办电视台的体制条件，中国的电视台谁也大不了，谁也没有办法提高它的生产力水平。在整体市场规模有限的情况下，各级电视台实际上是在瓜分一个并不大的蛋糕。从效

---

① 参见刘习良主编：《中国电视史》，中国广播电视出版社 2007 年版，第 288 页。

益上看，省级电视台和中央电视台的日子好过一些，沿海发达地区的个别地（市）级电视台日子好过一些，而大量的地、县电视台甚至西部的部分省级电视台基本上没法正常维持生存。在这种条块化体制之下，各地相互封闭与市场割据，大多数的电视台只能处于一种自给自不足的状态，自制节目几乎没有，连购买节目和制作高质量节目的资金也极度匮乏，所以个别电视台廉价购进的播出带比大街上录像厅播的带子质量还要差，盗版现象也屡禁不止。按照当时的统计数字，一个电视台的整体预算只有几万或者几十万元，而在当时的行政编制下又有重重机构设置，这些过于臃肿的机构消耗着有限的投入。而当时，按照规定，一个电视台应该设立各种节目形式。在这种情形下，有限的资金被摊薄，无法集中起来，很难创作出高质量的电视节目。

在当时的管理体制下，电视剧是唯一不需要自制的节目类型，而其他的新闻类、谈话类和娱乐类节目基本上都需要各电视台自制。按中等经济水平电视台的价位测算，一分钟电视剧的成本约 5000 元，一分钟新闻的成本约 1000 元。如果自己生产节目仅自己播，电视剧每集 45 分钟，成本约 20 万元，每 20 分钟一档新闻成本 2 万元，按这些地区黄金时段广告价的 7 折计算，应分别带广告 14 分钟和 3 分钟，若加上税收、上缴和管理费用约占广告总收入的 40%，则需带广告 22 分钟和 5 分钟才能回收成本，若这些节目在非黄金时段播出，则需带广告 70 分钟和 15 分钟，因为电视台不能只是黄金时段才制作和播出节目，有限的频道时间资源在这种情况下只能疲于应付。

按照如上的核算，各级电视台应该亏损严重，但是，当时的电视台都能够维持下去，有的电视台甚至非常红火，尤其是其员工，在一般的城市中都属于高薪阶层。其中的原因有两个：一是电视台没有真正意义上的成本核算，没有投入、产出的概念，没有成本核算就看不出自己的亏损，而只有赤字。这样的管理状态，加上政事合一（区县）、事企合一（省级）的体制，能有一些收入自然先满足非生产性开支。二是垄断性资源占有的收入掩盖了节目制作的亏损。拥有政府特配的频道资源，只要电视台所在地有消费市场。只播广告也会有收入，如果严格要求节目的制作与播出质量，并实行严格意义上的成本核算，全国 3000 来家电视台有利润的将达不到 10%。

第二是资源浪费。按照四级办电视的格局，在省会城市，至少有四家（多的达到 10 多家）以上的电视台在竞争，形成了复杂而拥挤的格局。电视台为了表现自己作为综合电视台的身份，所有的节目都要做，所有的节目都要播，都用抢夺同一资源维持虚假的繁荣。因此出现了许多奇怪的现象：一是综合频道居多。各家电视台的整体设计千篇一律，一个台里什么样的节目都生产，电视台成了一个大作坊，高度自给自足，生产的各个阶段几乎没有任何分工。按照经济学原理，一个产业内分工的水平决定着这个行业的生产力水平，在这种极度自给自足条件下，我国电视行业的生产水平和管理水平根本就是只能在低水平的状态下进行重复建设。二是内容高度重复。由于同一个地方的电视台过多，而当地的新闻资源有限，所以经常出现的一种状况是一个没有什么实际意义的会议或者活动会吸引当地多家电视台的目光，而资金的匮乏又使得电视台无力派出人员去采编中央级的新闻稿件，加上地方保护主义的影响，各地新闻节目中对其他省份的报道几乎没有，省际间的横向交流被大大地限制，这反过来又进一步强化了地方保护主义的影响。三是晚会大量泛滥。由于多级行政力量的干预，每年春节各地都要办自己的晚会，投入了大量的金钱后，收效甚少，晚会经济成了浪费经济，其中的原因很简单，在缺乏规模效应的情况下，这种四级办广电的体制制约了地方间的横向合作，没有一家电视台具有足够的号召力，充当资源整合者的角色。四是电视台纷纷攀比。大量的投资被用于非生产性的设施，各级都建广电中心，省级的耗资几个亿，地级的几千万，县级的几百万，多数都是豪华气派的办公楼，生产性的设施几乎没有。这实际是一种恶劣的攀比风。而凤凰卫视的情况则是100多人挤在一层楼房，两套节目照样做，收视率照样高。国外的许多大电视台的办公条件都很一般，但是他们把主要的投资放在强化节目生产的硬件和软件建设上。如果从购买设施的角度来看，有钱的台大量重复购置，使用率却极低，无钱的台设备却严重缺乏，节目制作始终上不了档次。电视行业设备的沉淀资本巨大，在利用率较低的情况下，其高昂的折旧费就是一种巨大的浪费。①

第三是低效混乱的管理。在当时的管理模式下，各部门按照行政编制配备各部门的员工，很少真正按照专业进行有效分工，生产资源配备极度不合理，专业制作水平在低水平上徘徊，专业人才更是少得可怜。同时，在没有成本核算的情况下，对于电视的市场化运作机制几乎没有认识，因此大量的投资被浪费。而产品质量的评估也没有引进现代机制，收视率数据缺乏，在进行绩效评估的时候，更多的是依靠人情，依靠个人化的判断。从分配机制上看，因为没有现代绩效管理体制，所以仍然沿用计划经济时期的分配制度，具体到人头，仍是事实上的大锅饭，至于内部的相对差距，基本上仍然是靠相对的资历或资源优势（制作重点节目和黄金时段节目）形成的。或许可以片面地说：电视行业是

---

① 参见尧风：《迎接中国电视体制的伟大变革》，http://academic.mediachina.net/academic_xsqk_view.jsp?id=25042007-05-01。

全国各行业中管理相对落后和混乱的。

第四是同一地区的各台之间恶性竞争。由于僧多粥少，市场小，生产和播出的单位太多，对有限资源的恶性竞争就表现得十分突出。比如广告客户对广告的投放，在一个区域内的投放量是固定的，同一地区的电视台无法得到更多的广告量来支撑起发展，因此纷纷杀低广告价格。还有众台争抢电视剧，国产电视剧数量不少，但精品不多，在允许引入海外电视剧之后，各台之间为了抢到第一轮播映权，纷纷展开恶意提价，一部电视剧的价格往往被炒到离谱的地步，国有资产在这种畸形的市场竞争中被大量的消耗。换句话说，电视业的"公地"悲剧依然存在。所谓"公地"悲剧，原指中古时期发生在英国的生态悲剧。根据当时的土地制度，封建主在自己的领地中划出一块尚未耕种的土地，无偿地提供给当地的牧民，作为公有牧场。结果由于无偿放牧，每一个牧民都想尽可能地增加自己的牛羊数量，但牧场的承载能力是有一定限度的，随着牛羊数量的增长，最终所有的公有牧场都荒废了。类似的情况也在电视业竞争中发生。

随着电视业市场化的进程加快，电视广告收入不断上升，电视台的数量也在迅速增长，但是平均到每一个电视台，则广告收入少得可怜，连一个电视台的正常运营都要受到影响，在这种情况下，2003 年 12 月，在全国广播影视集团化建设座谈会之后，国家广电总局正式颁布实施了《关于促进广播影视产业发展的意见》，对广播影视体制改革及产业发展提出了明确的政策措施。具体包括以下几个层面：

1. 除新闻宣传以外的社会服务类、大众娱乐类节目以及影视剧的制作经营，从现有体制中分离出来组建公司，自主经营、自负盈亏、依法纳税。

2．体育、交通、影视、综艺、音乐、生活、财经、科教等频道频率，经批准可以组建公司，进行频道频率的企业化经营。

3．电台、电视台和广电集团（总台）内部重组或转制为企业的单位，在确保控股的前提下，可吸收国内社会资本进行股份制改造。条件成熟的广播电视节目（包括电视剧）生产营销企业经批准可以上市融资。

三、中国电视事业发展现状分析

经过改革后的电视业得到了巨大发展，各种关系理顺以后电视台的专业化程度有了很大提高，电视节目的质量也有了很大改善，但是仍然存在很多问题。

（一）存在的问题

1.节目品位低俗化现象严重

北京师范大学 2003 年进行的《北京大学生收视状况调查》显示：56％的受访者认为现在的电视娱乐节目流于庸俗，过于泛滥；42％的受访者认为其品位不高，低估了观众的智商和审美标准。[①] 如今的娱乐节目"思想淡出对话，内容淡出形式，感性驱逐理性，夸张取代真实，搞笑胜过幽默，表象打败内涵，形而上的关怀让位于形而下的自娱自乐"，娱乐传播"繁华"的背后是思想和艺术的"贫乏"。"目前的所谓'电视文艺娱乐节目'，已经是艺术之树上的一个病枝，享乐的麻醉剂，刺激收视以谋取金钱的商品。"

---

① 参见 http://www.cetv.edu.cn/program/d0004/contentcs.php?dnumber=171&did=10027002007-05-02。

2. 节目同质化现象愈演愈烈

当前电视节目可以说是五花八门，花样繁多，让人在视觉和听觉上都是一种愉悦与消遣。但是节目看多了，电视观众的品位和欣赏水平也就越来越高了，所以有的时候不难发现，现在电视节目多而不精，许多雷同的东西层出不穷。另外，电视节目克隆现象非常严重，湖南卫视的《快乐大本营》播出收到较好的市场反馈以后，类似节目大量涌现，一时间，荧屏充斥着各类"快乐"型节目，导致观众产生审美疲劳，一个节目类型自此走向山穷水尽的境地。

3. 节目评估唯收视率马首是瞻

片面追求收视率等短期经济利益而忽视社会效益是电视娱乐节目招人诟病的又一原因。电视产业化和市场化之后，收视率的高低与广告收入的高低成正比，这直接关系着电视台的经济效益。为此，很多电视台实行末位淘汰制，很多节目不得不为收视率而使出浑身解数，甚至降格以求迎合观众口味，娱乐节目的品格下降，节目制作人员的敬业精神、社会责任感、传媒的道德水准整体下降，电视行业弥漫着一种浮躁之气，这种现象的产生主要在于没有认识到我国电视业的特殊属性。与西方大多数国家电视体制不同的是，我国的电视台并非一个单一的企业属性，它还必须承担为广大的人民群众提供高尚有益的精神食粮这一使命。因此，收视率等市场化评估机制不应当引入到这些栏目中，电视行业应当为这一部分的节目类型制定自身独有的评估机制，以提高其节目质量，更好地为我国电视业服务。现在，可以用大数据来调查收视率，使其数据更加客观真实。

4. 电视节目过于夸张

为了追求收视率，很多电视节目极尽夸张，哗众取宠。在电视节目普遍娱乐化的今天，我们在电视上随处可见各类表情夸张，尽显"个性"的主持人。为了达到吸引眼球而不是真正提高节目的水平，在许多节目策划人的安排下，许多奇装异服和说话怪腔怪调的主持人成了所谓的大牌，在青少年中有巨大市场，这种不好的榜样引发了一种畸形的时尚，对青少年的成长极为不利，其中的原因是许多制片商并没有把心思花在电视节目质量上，而是用在了如何扩大个人知名度上。

5. 大量虚假节目涌现

在电视传播的过程中，过度娱乐化的制造者简单追求娱乐效果，而将某些虚假的信息传递给大众。如在某些电视谈话节目中，许多谈话现场踊跃发言的人都是事先安排好的"话托儿"。而许多电视晚会为了保证不出岔子，就事先将演员的节目录好，唱歌的只用在台上拿着麦克风对口型，而有难度的节目则通过现场镜头的切换造出一种现场的感觉，实际上播放的也是事先录制好的录像。这是欺骗观众，损害媒体公信力的焚林而猎的做法。与此同时，在现代娱乐业商业化操作的大背景下，很多明星为了炒作自己，和一些媒体共谋，利用绯闻来扩大自己的影响力，这样的节目对青少年的教育导向会带来巨大的负面作用。虚假节目的盛行带来的直接后果就是观众对媒体产生怀疑，而要重拾这种信任媒体必须要付出更大的努力。

6. 节目内容关注"性"趣

目前很多节目抄袭我国港台地区某些主持人，在主持语言中大量加入带有性挑逗意味的语言，以这种打擦边球从而吸引观众的注意力，同时避免相关机构的节目审查，还有一些主持人自己也以性感面貌出现，借此来吸引眼球，提高节目的收视率。这种为了提高收视率不惜污染荧屏的倾向很可能对观众的观赏趣味带来不良影响。

（二）有益的探索

近年来，中国电视面临的政治环境更加特殊，面临的经济环境更加严峻，面临的社会环境更加复杂，面临的文化环境更加浮躁，新媒体发展虎视眈眈，咄咄逼人。尽管如此，中国电视媒体依旧孜孜不倦，锐意进取，在各大电视节目类型上都作出了创新探索，出现了不少社会效益和经济效益双丰收的好节目，形成了中国电视热点。

1. 电视新闻："走转改"中找回公信力

当前，以手机、网络等新媒体手段，以博客、播客、微博、微信为代表的新媒体形式正以前所未有的力度深刻地改变着中国的新闻传播形式、方式、内容甚至是媒体格局。我们正在进入一个"人人都是信息源、人人都有麦克风"的自媒体时代。这个时代的优势在于信息多元快捷，劣势在于各种信息鱼龙混杂导致受众不知所云，莫辨真假，可信度缺乏，而公信力、权威性恰恰是电视媒体的最大优势。

但是，随着假新闻、编新闻、造新闻等恶性事件的发生，电视新闻的公信力正在严重受损，电视新闻媒体亟须在公众面前证实自我，找回公信力、权威性和美誉度，而全国新闻战线深入开展"走基层、转作风、改文风"活动，对于电视新闻媒体来讲是一次难得的机会。实践证明，此次"走转改"活动确实效果明显。

以中央电视台为例，从 2011 年 8 月中旬开始，中央电视台派出报道团队 400 多路、记者 1000 多人次，足迹踏遍全国 31 个省市区的上百个县市乡村。所属综合频道、新闻频道、财经频道、中文国际频道、英语新闻频道共播发"走基层"报道几千条，涌现出《新疆塔县皮里村蹲点日记》《达茂旗：土豆大丰收销路遇难题》《桥通拉马底》《北京同仁医院、儿童医院蹲点日记》《边疆行》《百县行》《小微企业调研行》《春暖2012》《黄河善谷》等一批接地气、有底气、聚人气的新闻作品，同时重点打造的《百姓心声》《第一手调查》《蹲点日记》《劳动者》《最美的中国人》《我在基层当干部》等系列报道和栏目，受到中央领导同志充分肯定和电视观众广泛好评。中央电视台几个月的"走基层"活动开展得扎实深入，产生了一批精品佳作，涌现了一批优秀记者，关键让我们看到了真实的中国、鲜活的中国，这才是新闻媒体的职责所在，也是新闻媒体树立媒体公信力的必然之路。

总结2011年的中国电视新闻节目，"走转改"绝对是一个重要举措，甚至在整个中国电视新闻史上都有里程碑的意义，它不仅是一个机遇，更是中国电视新闻发展到一定阶段的必然选择。它既是电视媒体社会责任意识凸显的体现，也是电视新闻面临发展困境所寻求的自我强大的抓手。

2.纪录片：平台更加强大、品种更加丰富

最近几年，中国纪录片的最大热点无疑是播出平台的建设取得巨大成就，不仅有国家级专业频道央视纪录频道的开播，也有专业频道、知名栏目、网络新媒体等多元渠道的多方发力；与此同时，中国纪录片创作也是成果颇丰，类型丰富，个性鲜明，涌现出了很多有代表性的优秀作品。

（1）平台建设：重拳出击，多元开拓

2011年，在纪录片播出平台的创建上取得了丰硕的成果，首先是国家纪录频道的开播，其次是专业纪录频道又添"新兵"，再次是纪录片专栏的品牌影响力日渐加深，最后是网络新媒体的补强扩充。频道自开播以来，每天的观众收看人数持续大幅增长，已由2700万人激增到

6000 多万人，观众忠诚度和满意度也进一步提升。收视份额已从开播初期的 0.193%，上升到年底单周收视最高突破 0.6%，单日最高收视已达 0.77%。央视纪录频道以"全球视野、世界眼光、中国价值、国际表达"为高端定位，目标受众直指具有"高学历、高职业、高收入"的高端收视群体，同时在激烈的卫视收视竞争市场中主推"大气、从容、冷静、理性"的频道气质。它的开播对于中国纪录片发展以及中国电视发展具有多方面的意义：不仅有利于培育纪录片市场，推动纪录片产业大发展，对于整个中国电视传媒生态格局的良性建构也具有重要的历史意义，有评论甚至认为它标志着中国电视纪录片发展迈入了一个新的历史阶段，是又一个春天的开始。除此之外，北京电视台纪实高清频道正式开播，它以秉承"引领文化、传承文明"的理念，重视境外优秀高清纪录片在北京首播，推动国内优秀纪录片展播。中国教育电视台文献纪录频道，以"空中课堂"为目标，以教育、文献纪录为频道定位，重点打造晚间"黄金 3 小时"。

栏目层面。北京卫视的《档案》以全新的观念把节目的内容和独特风格的演播现场结合起来，注重节目的舞台气质的现场感，在收视上取得了较大成功。云南卫视的《自然密码》以国外引进的纪录片素材为基本架构，以反映野生动植物的生存方式、生活状态以及动植物与人类的关系等为节目主要内容，探索自然现象、动植物门类的神秘性，倡导人与自然的和谐共生。除此之外，传统的纪录片品牌栏目如中央电视台的《探索发现》《第十放映室》等依然保持着自己的品牌影响力，在业界、学界以及观众中都有很好的口碑和美誉度。

新媒体层面。新媒体向纪录片领域大举进发，创建全新的纪录片播出平台，这将为纪录片的播出提供更加便利的舞台，也为吸引更多的纪录片受众创造了条件。例如，搜狐网推出《大视野》和奇艺网的纪录片播映专栏。

据不完全统计，到 2012 年，全国省级以上的电视台已经开办播出的专门播放纪录片的专业频道有 9 个。全国各级电视台参加的栏目大约有八九十个，国产纪录片的总时长近 3000 个小时。再加上网络平台的创建与壮大，中国纪录片播出平台建设已经进入了多层次、立体式、多元化的形势格局，这为整个纪录片产业发展奠定了良好的基础。但是，我们也要清醒地认识到，有国际竞争力的专业纪录频道还不多，具有全国知名品牌的纪录片专栏还不足，因此，纪录片播出平台的建设还需要更多的投入。

（2）纪录片创作：类型丰富，特点鲜明

2011 年以来，中国纪录片创作成果丰富多彩，内容涉及文献类、历史类、人文类、自然类、社会纪实类等多方面内容，献礼类《旗帜》《理想照耀中国》《辛亥革命》《天下为公》《百年辛亥》《辛亥》等；历史类《我的抗战 II》《断刀》《四人帮覆灭记》《青春作伴》《公元一六四四》《外滩》和《东方主战场》等；人文类《舌尖上的中国》《客从何处来》《当卢浮宫遇见紫禁城》《南海 I 号》和《玄奘之路》等；自然类《美丽中国》《野性的呼唤》《水生世界》《长白山》《一湖清水》《同饮一江水》《天赐》《大漠长河》；社会纪实类《四十多花花》《民工博客》《非洲十年》《苹果树下》《瑶山神使》《男人四十》等。这些作品在艺术表现与制作水准上都代表了较高成就，有主题，有个性，构成了中国影视独特的视听景观。这些纪录片视角不同、内容不同，表现方式也各异，但是它们都艺术地、真实地聚焦于一个主题，传达一种思想，表达一种态度，共同为中国观众奉献了精彩内容。

总结近年来纪录片的发展，我们发现，播出平台的搭建，节目创作的丰富，纪录片市场的繁荣，正在催促纪录片产业的发展，反过来产业的发展繁荣又为整个纪录片创作环境、播出环境和市场环境带来空间和机遇。

3. 电视剧：题材丰富，发展快速

电视剧题材多样、内容丰富，快速发展，依旧是中国电视观众的"主菜"，成为中国电视荧屏的主角，概括来看，这些电视剧在内容生产上有以下几个特点。

（1）红色剧：抒发青春激情

主旋律题材电视剧无疑是重头戏，《恰同学少年》《开国元勋朱德》《历史转折中的邓小平》《开天辟地》《中国1921》《红槐花》《党的女儿》，红色剧一部接着一部亮相荧屏。近年来的红色剧不同于以往的革命历史题材，不再是硝烟弥漫、枪林弹雨的革命战场，也不再是为国捐躯、英勇就义的志士仁人，不管是讲述领袖的故事，还是歌颂英雄的事迹，红色剧的视角和内容重点都转移到了他们的青年时期，即他们如何怀揣着青春理想，燃烧着青春激情，追逐着青春步伐，不畏艰难，矢志不渝，走向伟大的革命道路。红色剧之所以焕发出如此浓的青春味有以下原因：首先，这符合电视剧的传播策略，走青春路线更容易吸引年轻受众；其次，从社会大环境讲，现在的年轻人缺乏对革命历史的了解和认知已经不是个别现象，人生观、价值观模糊甚至是扭曲也不是个别现象，通过讲述革命英雄人物的先进事迹可以为年轻人树立人生榜样，有助于他们树立正确的人生观、价值观。从以上角度分析，红色剧的青春化，将视角、人物、故事瞄准年轻人，这不仅符合电视内容生产的传播策略，也是电视媒体自觉宣传社会主

流价值观的责任体现。

但从实际效果看，还有一些年轻人对此并非绝对的"买账"。因此，如何更深入地研究年轻受众的收视习惯、收视心理和审美需求并将这些因素考虑到电视剧的创作中，还需要进一步努力。

（2）古装剧：玩穿越玩时尚

古装剧向来都是中国电视荧屏上不可或缺的。2011 年的古装剧也不少，但更加流行的特点是玩穿越。穿越剧这种天马行空、自由驰骋、漫无边际的想象和故事情节在一定程度上很好地迎合了年轻人追逐新奇、好玩、刺激、娱乐的心理，因此，在年轻观众中很受欢迎。穿越这种艺术表现手法或者是形式，本身对于丰富电视剧创作形式和内容有重要的启发意义，但是将电视剧穿越模式化、唯一化，似乎无古装不穿越、不穿越不时尚，这就很可怕了。例如，几部热播的穿越剧，《宫》《步步惊心》《美人心计》《武则天秘史》《倾世皇妃》等几乎无一例外地选择穿越古代宫廷。如此难免出现一些问题：故事雷同、形象雷人，戏说历史、戏说经典，情节散乱、结构凌乱，滥情悲情、粗制滥造。

（3）现实剧：透视现实生活焦虑

2011 年，现实题材电视剧有很多部，但有一个共同点，主人公无论是青年还是中年，无论是男人还是女人，故事无论是发生在农村还是都市，都离不了我们现实生活中的家长里短、亲情伦理、爱情婚姻，都或多或少面临不同的困惑，概括起来大致有以下几种焦虑状态：一是青年爱情婚姻生活的无奈，代表性作品有《裸婚时代》《双城生活》。二是中年婚姻生活的徘徊与犹豫，代表作品有《男人帮》《人到四十》。三是婆媳关系的纠葛，代表作品有《当婆婆遇上妈》《婆婆来了》《青春期撞上更年期》等。老百姓的现实生活是电视剧创作取之不尽用之不竭的源泉，创作者能够沉下心来，到人民群众的生活中去寻找创作的灵感，汲取丰富的创作营养，是电视剧创作出精品力作的正确路径。现实生活是复杂的、多面的，在当前复杂的社会环境中，每个人、每个家庭都有自己难念的经，这是我们现实题材电视剧必须坦然客观面对的，但是生活也有其美好的一面，因此，我们的电视剧创作者在反映现实生活困境的同时也注意寻求生活中的美好。例如在对待"80后"这个问题上，青年生活压力过大是客观事实，但是相对于前辈的艰难岁月而言，这些也许不算是艰苦。

再如婆媳矛盾重重，但多数家庭还是能够和睦相处的。作为现实题材作品，在面对现实问题、处理现实矛盾的时候，一定要注意度的把握和权衡，一味地宣扬焦虑、苦闷、彷徨、无助这些消极的价值观，有失偏颇。

（4）翻拍剧：狗尾续貂难有新意

近年来，翻拍剧纷纷推出，如《新亮剑》、《新水浒传》、《新西游记》（网络播出）、《新还珠格格》、《新玉观音》、《新拯救》、《新大唐双龙传》等。这些电视剧乏善可陈，除了制作团队和演员阵容的变化，观众看不到任何新意，或者将新意用在了歪点子上，引起观众骂声一片。如《新还珠格格》，对比1998年的经典版《还珠格格》，在造型上，给小燕子增加了媒婆痣和招风耳，试图颠覆观众心目中原有小燕子的美好形象；角色上，增加了个外国人，将爱情线弄得更加复杂，让原本是古文频频闹笑话的小燕子在讲英文上也出彩；剧情上，各种现代道具穿越清宫。这些为了适应新时代观众作出的雷人之举，受到观众批评。翻拍剧几乎每年都有，翻拍的效果不尽理想，引起舆论哗然。翻拍尽管在宣传上、传播上占据先机，可以借助先前作品的知名度、影响力来赢得收视，但电视剧毕竟是以内容为王，观众消费的是故事、情节、人物。如果没有拍出真正的新意，而且是质量上乘的新意，那么，很显然就是不进则退，难以避免受观众诟病。也就是说，电视剧翻拍有风险，行动需谨慎，电视剧创作最应该鼓励的还是原创，只有这样才能创造并维持真正的发展繁荣局面，依靠炒冷饭，或者是雕虫小技，很有可能适得其反。

4. 电视综艺：服务、公益、励志

中国电视综艺节目在激烈的竞争环境中不断求变求新，在保持一贯娱乐的同时出现了三种好的动向，即三个方面的强化，这就是娱乐中强化了服务意识、强化了公益特性、强化了青春励志。

（1）娱乐中凸显服务

尽管依旧坚持娱乐内容，但是在泛娱乐、过度娱乐、娱乐化的路上有了理性的回归。在娱乐的同时强调了服务意识，增加了服务内容，例如情感服务、职场服务、生活服务和健康服务。

一是情感服务。近年来，最火爆的电视综艺节目当数江苏卫视的《非诚勿扰》，以它为代表的婚恋交友类节目在相当长一段时间里成为中国电视观众的首选，成为家喻户晓的电视话题。婚恋交友节目的流行有其深刻的社会背景、文化背景以及受众基础。爱情婚姻这个话题具有永恒性，而且随着当前社会剩男剩女的增多，这个话题更有说不完的故事，而大量青年受众的欣赏需求使其存在有其合理性和必然性。但满荧屏都是电视相亲，简单地换个形式、换个名字、换个主持人、换几个嘉宾就又开设一档新的婚恋交友栏目等同于相互拆台、自相残杀。婚恋交友节目除了要根除同质化之外，还需要在泛娱乐化的道路上踩急刹车。值得一提的是，经过相关部门的勒令整改之后，不少婚恋交友节目改掉原先的辛辣风格，调整了泛娱乐化路线，由娱乐开始走向服务——情感婚恋服务。以《非诚勿扰》为例，目前它以情感服务为理念，在嘉宾选择、身份确认、讨论话题选择、录制过程、审查等方面采取了一系列措施，理性探讨当代年轻人情感婚恋和家庭生活价值观，传递健康婚恋交友价值观，同时非常注意社会主流价值观的引导和彰显。

二是职场服务。以天津卫视的《非你莫属》和江苏卫视的《职来职往》等为代表的职场真人秀节目，同样引起了广大观众的关注。《非你莫属》每期12名企业高管组成波士团现场招聘，具有不凡身世背景及奋斗经历的他们，对应聘者进行最犀利地评判和最严格地挑选。每期三至四位应聘者来自全国各地，他们敢于挑战，敢于展示，拥有特长，希望能从事自己喜欢的工作。节目还有两名国内资深职场人士及心理专家，用专业知识给应聘者真实的就业指导意见、心理把握和职场忠告。这类节目有很强的娱乐特性，但是值得肯定的是节目在娱乐的同时没有偏离职场服务的功能，主要内容还是聚焦在就业难、求职难这些当前社会热点问题，并积极寻找解决问题的路径，为应聘者的求职带来真实宝贵的、丰富实用的经验、技巧。电视媒体面对现实社会存在的难题，这无疑会吸引到广大受众的关心，同时这也是媒体责任意识的表现，但必须提醒的是，一定要警惕一些节目为了提高收视率，吸引观众眼球，借用一些语言、话题来炒作。

三是健康服务。健康服务类栏目如《中华医药》《养生堂》等再次被广大观众，尤其是中老年观众关注。以《养生堂》为例，它以"传播养生之道、传授养生之术"为宗旨，秉承传统医学理论，遵照中国传统养生学"天人合一"的指导思想，按照二十四节气来安排节目内容，每期节目既系统介绍中国传统养生文化，又有针对性地介绍实用养生方法。随着人们收入水平的提高和物质生活水平的提升，人们的生活压力随之加大，生活节奏随之变乱，生活质量处于亚健康状态。因此，健康问题越来越受人关注，健康的生活品质，良好的生活习惯，更加受人追捧，尤其是中老年观众。但是，我们也要看到，一些栏目为了追求收视率，不顾科学，不问来路，找到一些江湖郎中信口雌黄，吹嘘夸大，误导百姓，甚至借此骗取钱财的行为也存在。因此，对于健康养生服务类节目，必须注意嘉宾身份的准确，必须把关嘉宾言论的科学，否则不是服务观众，而是耽误观众。

四是生活服务。服务生活是电视节目的功能之一。2011年，比较引人关注的是社会服务类栏目河北卫视的《家政女皇》。它用综艺形式，告诉观众如何通过一些实用的技巧，将每天必须面对的衣、食、住、行，柴、米、油、盐的普通生活，装点得妙趣横生、丰富多彩。这类节目扎根于百姓生活，在生活中寻找快乐，在服务中寻找欢乐，具有很好的社会效益，值得肯定。

尽管一些综艺节目在某些时候可能偏离了社会主流价值观，在娱乐大众的同时忘记了服务受众，但是经过整改之后，我们相信中国电视综艺节目一定会找到一条健康理性的道路，在娱乐和服务百姓精神生活两方面有很好的权衡。

（2）娱乐中彰显公益

中央电视台综艺频道节目力求创新，一大批新的综艺节目亮相荧屏，其中一些深受好评，如《梦想合唱团》和《梦想新搭档》自开播以来，就成为大家广泛关注的话题之一。在微博上，更有观众称看节目本身就是在"守护爱心的沃土"。节目中，8位明星回到各自的家乡，寻找20位来自各行各业的当地居民组建一个城市梦想合唱团，分别为孤儿救助、溪桥工程、新长城特困生帮扶、多媒体教室筹建、爱佑童心、天使之家、瓷娃娃救治、无障碍艺途等公益项目赢取不同等级的梦想资金而比拼。与其他电视选秀节目不同，它没有停留在对个人价值的关注，而是更进一步追求集体价值、社会价值的实现；参加的选手，人人带着梦想而来，人人都为公益而来，不再怀揣一夜成名的奢望，而是希望通过这个平台，放大自己的力量去实现帮助他人的愿望。每一个公益梦想凝聚了当地政府、媒体、企业、明星、公益组织、基层群众方方面面的力量，承载了被帮扶者改变命运的希望，都在用歌声向千万观众传递爱心与力量。

（3）娱乐中强调励志

在不少人看来，电视综艺就是玩乐，与社会现实关联度不大。其实，哪怕最娱乐的电视综艺也很难脱离现实的社会关怀，尤其是处在社会转型期的中国社会，面临着诸多的社会问题、社会矛盾，充满着复杂多变的社会心理与社会情绪。作为主流媒体，电视无疑应当自觉地将目光投向普通百姓，用自己搭起的舞台吸引普通百姓来参与、来表现，并带给他们生活的自尊、自信和自强，从而通过他们传达出媒体的温暖与关怀。以湖南卫视的《天天向上》为例，它用各种形式来传播中国千年礼仪之邦的礼仪文化，让观众在娱乐嬉笑之余，感受中华传统美德的精髓并借此发扬光大，是节目定位的深度体现，也是节目创建的背景。随着节目题材范围的拓宽，节目现在的核心气质是青春励志，并将把青春励志和传统礼仪作为必守的原则。

总结电视综艺节目，在欢笑的同时又多了一些沉思，也就是不回避社会问题，而是将视角触及社会热点问题、难点问题，如婚姻、就业、健康等；在娱乐的同时又多了一些理性，也就是面对社会问题和困难时不抱怨、不埋怨，而是提供一些可行的解决办法。电视综艺节目的定位不仅仅是娱乐，因为娱乐不仅仅是让人笑，更是让哭者不哭，之所以电视综艺曾一度剑走偏锋就在于它只知道让人笑，甚至不惜让人傻笑。

第二节　中国电视宣传的实施战略

根据以上对我国现阶段电视宣传的经验教训的分析，我们在将来的电视宣传实践中可以从以下几个方面开展工作，以进一步提高我国的软实力。

一、精品栏目战略

从目前国际电视业发展的趋势来看，电视形式将持续出现专业化、多样化、精品化的趋势，为了在国际竞争中立于不败之地，我们必须要贯彻精品战略。在党的十四届六中全会上就已经明确指出，要"树立精品意识，实施精品战略"。实施精品战略是党和国家新时期赋予电视的一项新的重要任务，也是满足人民群众日益增长的物质和精神文化生活需要的重要内容。

对于精品的内涵应该从两个角度加以把握：首先，精品必然是广大观众喜闻乐见，在受众心目中具有相当高美誉度的电视节目；其次，真正的精品还需要在专业的评价中得到较好的反馈，体现出相当的专业水准。真正的精品首先要获得观众的首肯，因为观众对于节目的好坏有最直接的感受和评价能力。而作为一种大众传媒，电视要成为精品首先要赢得观众，所以真正的精品节目都是要以观众为最重要的诉求点。美国NBC 的《会见新闻界》、ABC 的《夜线》和 CBS 的《60 分钟》之所以成为精品栏目，主要在于他们都是以观众的需求作为自己最高的职业标准。除此之外，真正的精品栏目一定是经过长期的沉淀，节目内容、风格都是在与观众的互动协调中逐步形成的。比如中央电视台的《东方时空》是经过多年的积累以后逐步成型的。一档精品节目要适合大部分受众的观看需求，必须经过反复地磨合，最后才能够找准观众心中真正的需求，精确地击中观众的心理，取得良好的收视效果。除了要参考代表观众评判标准的收视率之外，真正的精品还必须要在栏目的设置上体现出时代的精神，并且具有一定的知识含量。可以说，收视率高并不一定就是精品。央视的《焦点访谈》，虽然收视率并不是最高的，但由于其精巧准确的观众定位和出色的栏目策划为其赢得了良好的社会名声和业界口碑，可以称得上是真正的精品电视栏目。

那么如何正确地实施电视的精品战略呢？首先，作为一档精品栏目，必须要有鲜明的创新精神。盲目跟风是不会创造出精品栏目的，当前我国电视宣传中出现的一种现象是每当一个节目获得巨大成功以后，类似风格的栏目就会如雨后春笋般大量涌现，比如，湖南卫视参考《美国偶像》推出真人选秀节目《超级女声》并获得巨大成功之后，央视推出《梦想中国》，东方卫视推出《莱卡我型我秀》，但是后者在观众中反响平平，并未获得意想中的成功。可见，要想真正创建叫好又叫座的好栏目，主创人员必须具有敢为天下先的开拓精神。在首创节目已经占有观众的注意力和美誉度的情况下想获得更大的成功在某种程度上比开发一个新的栏目难度更大。

其次，节目要有清晰准确的受众定位。这种定位包括目标受众的观赏偏好、心理需求以及很好的栏目标语。还是以《超级女声》为例，根据主创人员的介绍，该栏目的推出是在参考了《美国偶像》的栏目设置后，经过大量的调查，最后确定要吸引的观众是中国各个年龄层次爱好唱歌的观众，而其"想唱就唱，唱得响亮"的口号更是吸引了大量热爱唱歌的女性的参与，这种平民化观众参与模式大大地提高了栏目的美誉度，使得这一栏目及其理念都深入人心，终于在 2006 年获得了巨大成功。

再次，要创精品，必须要有良好的创作环境和优秀的主创人员。很多情况下，良好的创作环境能够决定一个节目的生命周期。湖南卫视之所以在最近几年多次推出精品栏目主要在于其灵活的管理机制和以频道总监负责制为保障的管理制度创新为创作人员提供了良好的资金和软硬件环境，创作人员的主观能动性得到了巨大的发挥。另外，其灵活的用人机制也吸引了大量优秀的创作人员的加盟。机制与人才之间的良性互动才造就了大批精品栏目的横空出世。创作环境和创作者的素质对创作精品节目影响很大，一支高素质的队伍是"精品电视节目"成功的保障。香港凤凰卫视中文台在不足一百人的情况下（技术人员除外），却支撑了凤凰中文和凤凰资讯两套高质量节目的运转，而反观大陆的电视媒体，往往几百人的创作队伍却难以确保一套高质量节目的正常运转，在专业设备日渐缩小的今天，创作环境与主创者的素质正是双方真正的差距所在。

最后，精品栏目的创建离不开正确的市场化运作。在市场化大环境下的电视产业，如果想要推出并延长精品栏目的生命周期，需要用良好的市场化运作来为精品栏目保驾护航。作为大众传媒的电视产业走向市场化的今天，如果我们为了精品而精品，不计市场后果的话，精品也会变成次品，无法具有强大的生命力。市场化的今天，电视台是作为一个生产精神产品的企业，"精品电视节目"正是它所生产的精神产品，是以商品的形态出现的，既然是商品，就应该了解生产与销售、投入与产出的关系，遵守市场经济规则。不计成本地推进"精品电视节目"，其结果是节目做得越"精"，销售得越好，赔得就越多，开办节目的动力就越不足，逐渐就陷入到了精品节目的恶性循环中。我们可以拿《东方时空》的成功来说明这一点。中央电视台创立的是节目责任承包、盈亏自理的新型模式，走的是市场化道路，《东方时空》广告收入的高低，是根据节目的好坏来决定的。《东方时空》节目质量不断提升，广告收入也持续增加，进而才有更多的钱投入到节目的创作中，节目也越来越"精"，成为电视精品节目，这正是按照市场规律形成的电视节目运作的良性循环。按照这种运作模式，《焦点访谈》《实话实说》《新闻调查》《现在播报》等一大批电视精品节目先后创办。

二、频道开发战略

一个电视频道的成功与否，关键要看其经营理念与受众定位是否准确。进入 21 世纪，中国开始进入频道专业化阶段。之所以会出现这种潮流，原因不外乎两个，一是因为媒介竞争产生的结果。西方早在 20 世纪下半叶就进入了专业化频道的时代。专业化的频道能够最大限度地将受众群进行细分，把所有有同样偏好的观众集中到一个平台上，这样，在频道进行二次营销的时候，广告商更愿意掏钱购买广告时段，同时其目标市场也更加广阔，可以吸引到更多的广告商。二是新技术的发展，从技术上为频道专业化提供了保障。数字技术和卫星电视使得频道在电视的资源、分类、分销等方面得到了巨大提高。在这种背景下，进入 20 世纪末期，中国的电视界也迎来了频道专业化的大潮。按照经济学的分工原理，一个产业里分工水平越高，生产力的水平也越高，这主要是因为在生产的每一个环节都存在着规模效应。在评判一个领域的专业分工是否合理时，只要其交易成本小于其分工带来的收益就意味着分工是合理的。而在电视行业里，这种交易成本非常低廉，几乎可以忽略不计，而频道专业化后带来的受众收益和广告收益都是显而易见的。

而要更好地实施频道开发战略，我们需要从以下两方面入手：

一方面，要很好地将电视频道这种硬件和专业化的传输内容相结合。在数字传输技术已经日臻成熟的今天，如何合理地将优秀的节目制作出来以飨观众应该作为电视研究者和广大电视宣传工作者共同研究的课题。数字传输的特点在于容量大、速度快以及互动性强。因此，尽快开发在数字状态下的节目内容是当务之急，当然恰当地利用以前传统的模拟传输模式下的旧内容也是我们节约成本、合理开发文化产品的一个重要任务。

另一方面，要恰当地把握好市场与政府对电视产业的引导问题。在我国，以电视产业为龙头的文化产业具有双重属性。一方面，作为产业，它具有市场特性，需要市场这只看不见的手来引导，通过竞争来实现优胜劣汰，让市场决定谁能生存；另一方面，它又是社会主义精神文明建设的重要部门，需要政府加以恰当地引导。因此，合理地把握市场引导和政府规范两者之间的"度"，为我国电视产业的发展提供良好的内外环境是电视政策制定者的责任。

电视媒体实施品牌战略，塑造自己的频道形象，可以提高频道品牌在观众中的美誉度，慢慢达到品牌传播的效果。当然品牌建设，尤其是频道形象的建设是一个系统工程，需要多年不懈的勤奋努力，好的口碑要多年积淀才可以形成，但是一旦有了口碑，频道品牌的价值是显而易见的。在当今电视业激烈的竞争中，频道形象具有极大的冲击力，并将在未来的发展中具有越来越重要的地位和作用。一个良好的频道形象，已不再是各类节目的简单相加，各类节目在各尽其责的基础上，还需要相互支持和协调，并且要在频道运作上做到有重点有计划地塑造频道形象。因此，未来的频道经营战略将由单纯的节目联播转化为媒介整体品牌战略，而品牌战略的高下将决定频道的整体对于目标受众注意的吸引力及对于广告商市场选择的注意力。

三、横向联合战略

20 世纪末，世界范围内，以美国联邦通信委员会通过"96 联邦通信法"为标志，全球范围内开始了新一轮的并购潮。并购的方式主要分横向兼并和纵向兼并，前者以本行业内的兼并为主要特点，即为了扩大市场份额，同一业务领域内的几家大公司之间互相兼并，从而在市场上扩大影响力。其突出的案例包括时代华纳和美国有线电视新闻网的合并，经合并后的时代华纳—CNN 在资本和人才的储备上大大加强，在传媒领域内的话语权也大大提高。

通过横向兼并和拓展，可以大大提高节目素材的利用率。比如，《纽约时报》开辟网络版，让更多的读者以更便利的方式获取新闻和资讯，这就是将平面媒体的素材经过网络传播进行二次利用，大大节省了成本，扩大了媒体的影响力，实现了范围经济。《哈里·波特》则开发了从书籍到电影再到关联产品的完整生产链，把一个产品的价值开发到极致，这是真正的范围经济，也很好地为我国的广电行业提供了战略发展的思路。

为了迎接时代的挑战，尤其是在加入世界贸易组织以后，为了加强我国传媒实体面对世界媒介巨头时的应对能力，我国电视业的主管部门从20世纪90年代就开始提出了广电媒介集团化的政策，1998年中宣部相关文件通报了关于组建广播电视集团的精神，在《1998年广播电影电视工作要点》的第五条中提到了要"按照现代企业制度的要求和集团思路，对企业进行改革、改组，扩大股份制试点，推进广播影视集团化进程"。1998年9月18日，国家广电总局发出了《关于组建广播影视集团审核问题的通知》，进一步明确了组建广播影视集团的思路。1999年6月，无锡成立了全国第一家广电集团——无锡广播电视集团。此后不久，国务院办公厅又转发了由信息产业部和广电总局联合制定的《关于加强广播电视有线网络建设管理意见》，明确提出了"在省、自治区、直辖市组建包括广播电台和电视台在内的广播电视集团的基础上，将网络传输公司纳入集团"。2000年11月，国家广电总局出台了《关于广播电影电视集团化发展的试行工作的原则意见》，这一意见从总体上全面规定了广电媒介集团的事业单位性质、组建原则、工作职责、组建程序等内容，为组建广电媒介集团提供了全面的政策指导。2000年12月，湖南广播影视集团正式成立，这是中国第一家省级广电媒介集团。

2001年8月，中共中央办公厅、国务院办公厅联合发布的《关于深化新闻出版广播影视业改革的若干意见》指出，按照专业分工和规模经营要求，组建一批综合能力强的大型集团，推动结构调整，促进跨地区发展和多媒体经营，提高产业集中度。积极推进集团化建设，把集团做大做强。此后，上海、北京、江苏、浙江等省市的广电集团相继成立，2001年12月，集合中央电视台、中央电台、国际台、中国电影集团、中视传输网和中视互联网等媒介组织成立的综合性传媒集团——中国广播影视集团成立。到2002年年底已经成立了14家广电媒介集团。2003

年 12 月，国家广电总局在总结了前一阶段的集团化和产业发展的经验后出台了《关于促进广播影视产业发展的意见》，该意见在分析了中国传媒业的发展现状后提出"着力打造一批实力雄厚、核心竞争力强的大型广播影视产业集团公司，带动整个广播影视产业向前发展"。[①]

然而，广电集团的发展也碰到了很多的困难，因为集团性质定义不清，事业集团和企业集团两种无法兼容的性质融合在中国的广电集团身上必然会带来矛盾。有人形象地说中国的广电集团面临着数字技术带来的巨大冲击和国外大集团的双重夹击而举步维艰。停止了传统的四级办台策略以后，无锡广电集团的模式慢慢被否决，上海、北京、江苏、浙江等广电集团的政策逐渐被认可，提高了集团在广告、节目以及网络方面的竞争实力。首先，从广告上看，因为广电集团作为经济实体，最主要的经济来源是广告，为了提升生存能力和获得进一步发展所需要的资金，广电集团必须全力扩大自己的广告来源，在广告上展开激烈的竞争，争取把市场做大做强，从产业的繁荣中获得更大的回报。其次，从节目上看，在广电行业竞争白热化的今天，谁把握了节目资源，谁就把握了竞争的先机。因此，除了从自身挖掘节目开发的实力之外，广电集团应该加强内部联合，共同开发节目，以使自己在竞争中立于优势位置。最后，关于网络的竞争。随着网络技术的横空出世，传统的广电传输技术都受到了严峻的挑战，网络以其超越时空、跨越障碍的优势代表着新的生产力，可以说谁把握住了有线网络并将其合理的集成到传统的广电传输模式中去就相当于把握住了新的最大商机。网络带来的是一种新的传播理念，是新的利润增长点。

---

① 邓文卿：《转型期中国广电集团化发展的政策分析》，http://media.people.com.cn/GB/22114/44110/75857 /5507589.html 2007-05-08。

四、媒体融合战略

传统的媒体之间是按照其不同的物理形态而互相区分的。比如，报纸是纸质平面媒体而电视是动态三维媒体。由于传统的媒介政策不允许媒体进行跨界经营，所以中国的媒介形态长期以来都是单一的，然而随着一系列技术和制度原因的突破，媒体融合发展已经成为了当前媒体业的大势所趋。

首先，从经济上看，我国媒体从传统的纯粹事业单位慢慢转化为事业单位和实体经营的二元结构，传统的粗放式媒体经营体系已经过时，媒介产业化成为大势所趋，而为了实现集约化发展，媒体集团的成立就成为一种必然，媒体必须通过媒体融合经营来分散经营风险，获得更好的市场发展机遇。

其次，技术的进步使得媒体融合经营成为可能。在传统的技术模式下，报纸、电视等媒体形态之间的交流互通几乎不可能，因为各种媒体内容之间缺乏黏合剂。而随着数字技术的成熟，媒体内容可以从制作技术上用数字化方法加以统合，从生产、储存到最后的销售都可以以数字的方式加以实现，这样媒体融合经营在技术上才成为了可能。

最后，媒体融合经营也来自国际环境的压力。在加入世界贸易组织以后，按照相关协定，中国需要逐步开放其广电领域。面对即将到来的传媒大鳄，我国媒体生存的最迫切要求就是修炼内功，把自己做大做强，而实施媒体融合是在跨地区媒体集团战略之后必然要实施的重要扩张方式。在考虑到上述的诸多方面后，国家政策也开始向鼓励媒体融合发展。2001年全国新闻出版局局长会议明确指出：要着力进行"传媒领域投融资体系的创新"，支持试点集团通过"并购和重组的方式兼营、创办多种媒体"，"试点集团要着重在实现多渠道利用社会资金方面取得进展"。

在此背景之下，中国开始了媒体融合发展的集团化道路，从形式上看，主要分为以下几种形式。首先是建立大型的综合性传媒集团。以上海文广集团为例，它横跨电台、电视台、数字电视、交响乐团等各个文化领域，甚至还自己经营体育事业，可以说，它的成立是媒体融合政策的最好注脚。其次，在20世纪末21世纪初，世界范围内出现了传统媒体网络化的风潮，大批老牌媒体开始进入网络化发展阶段，这股风也吹到了中国。我们可以发现各大传媒纷纷"上网"，通过网络形式把传统媒介下的内容进行再次利用，目前国内主要报纸都已经建立了自己的网络版，通过网络实时传递的特点，快速播发最新的时政新闻。电视台则充分利用网络的带宽，把一部分节目上网，供观众在线观看，另外还可以通过网络导航，更好地把精品电视节目传送到观众的手中。最后，媒体融合经营则是广播媒体和电视媒体的合营。2004年9月3日，北京人民广播电台与凤凰卫视控股有限公司"战略合作暨联合跨区域广播广告经营项目"正式启动。北京人民广播电台是内地年营业额最高的广播机构，在广播节目制作、广播市场营运上具有丰富的经验，凤凰卫视则是在香港上市的国际领先华语卫星电视媒体，有着先进的运营机制和品牌资源，当年前两个季度盈利近8300万港币。双方合资成立"北京同步广告传播有限公司"，北京人民广播电台与凤凰卫视分别持有55%和45%的股份。这个媒体公司的成立可以大大整合双方的优势资源，实现1+1＞2的效果。除了这种性质不同的媒体融合之外，同质不同种媒体之间也可以进行融合。中国的报业集团实际上除了经营报纸之外，还可以兼营杂志以及其他相关业务，这种经营方式大大扩大了媒体融合集团抵抗金融风险的能力，提高了集团的创新和活力。

可以看出，我国的媒体融合先是经历了媒体相加的集团化阶段，在21世纪初开始进入了与互联网新媒体相融合的新阶段。

回想2003年央视新闻频道刚建立的时候，新媒体或许只是山雨欲来，但是现在我们已经无可置疑地参与到全媒体转型的过程当中。站在电视媒体的角度，可以从以下三个维度来看待新媒体时代的挑战和机遇。

第一，在新媒体传播的条件下，电视媒体内容生产的优势和品牌会进一步放大，随着全媒体技术往前继续发展，所有媒体的传播介质会逐渐趋于一致，无论是在哪一个屏幕上，流动的依然是我们大家熟悉的图文、视频、音频，在这样的情况下，媒体的内容制作优势将会愈发凸显，强势媒体将新闻资源按照受众的不同需求与传播途径的差异进行调整，并且在不同的媒介平台上播发。这样不仅能够实现更大范围对受众的覆盖，而且还能把内容输出到其他媒体平台，获得更多的收益。从国外电视机构近些年来全媒体发展过程来看，互联网蓬勃兴起，不但没有消灭电视，还为传统电视的创新拓展提供了一个崭新的增长思路和空间。比如BBC确立了"1+10+4"这样的新媒体战略：1代表一个品牌，这个品牌就是BBC；10是10个产品，包括新闻、体育、天气、儿童节目，等等；4是4个终端——电脑、电视、平板电脑、智能手机。这样布局产生了非常好的效果，从2013年3月开始，每个星期有超过63%的英国人在BBC在线平台上观看内容，而且这还是在没有突发事件情况下的一个常态，但是同时我们必须注意到另一个事实，那就是收看BBC电视频道的观众并没有因此而减少。

第二，新媒体平台让电视媒体有了直接和用户建立联系的机会，传统电视局限于技术手段，只是单向的我播你看，没有办法和受众建立直接的联系，收视调查固然能反映观众的选择偏好，但是它没有办法实时收集观众的反馈，至于节目和观众的互动只有通过电话和短信，应当说这些手段极其有限。

新媒体技术的发展，给电视媒体带来两个积极的变化：一方面，节目和观众之间的互动手段大大丰富了，观众可以通过微博、微信、客户端和电视直接互动；另一方面，媒体内容的生产方式也发生了变化，受众不再只是被动地接受信息，而是可以主动参与到内容的生产过程当中。比如 CNN 的 iReporter，经过七年的运行，打造了一种突发事件报道的全新办法。在全球有多于 80 万人正在为 CNN 进行着 iReporter 的报道，比如 2011 年在日本"3·11"地震的当天，iReporter 收到的视频和图片就有 295 条，经过核实在电视网里面播出了 79 条，这样大大丰富了新闻更新的流量。

第三，新媒体技术将带领电视进入大数据时代。未来随着数字机顶盒、智能电视的普及，电视收视率统计有可能告别抽样调查的历史，而进入全样本统计的时代。同时，在电脑、移动终端观看视频的数据也可以精确统计，这样我们对节目的传播效果就有了更加精确的判断，对受众的偏好有了更精准的了解，这将为我们的创新发展提供强有力的支持。

国际媒体的做法、新媒体技术的不断发展都为战略布局提供了很好的启示和借鉴。未来央视的媒体融合战略应当抓住这样几个关键：

第一，建立跨媒体传播平台。目前 CNTV 的独立客户端下载数量已经突破 1800 万户，成为央视移动终端覆盖的旗舰产品。同时 CNTV 围绕着《星光大道》等重点品牌节目，不仅建设了互动性强的官方网站，还针对具体节目积极开发专门的移动设备客户端，形成了中央电视台品牌节目在新媒体平台的多渠道传播阵地。央视新闻的独立客户端的推出，以高质量的视频新闻为主打特色。另外，建立央视新闻的独立门户网站，突出原创、独家、直播、深度的视频内容，同时作为央视新闻多终端覆盖的基础平台。

第二，坚持内容为王，打造热门节目。拥有广受关注的热门节目内容是电视和新媒体吸引受众的关键。中央电视台在加强电视节目创新、提升节目影响力的同时，还应当进一步深化台网融合一体化运作，加强电视节目在新媒体平台的二次传播和再加工再创新。这不仅能够最大限度地整合中央电视台内容资源优势，提升中央电视台节目在各种媒体、渠道和终端的影响力，还能为中央电视台新媒体广告业务的拓展提供优质资源。

第三，进行媒体整合营销。在优质内容基础上，建立电视与新媒体整合营销的新机制，由单一的电视广告经营向跨媒体多元化的媒体服务转变，建立联动共享的经营模式。

第四，进行组织机构调整。电视媒体要实现与新媒体的融合发展，必须按照媒体融合发展规律，深度整合内部资源，打破台网壁垒对机构重组。

第五，建立多媒体影响力评价体系。要建立并完善多媒体网络考核评价体系，把新媒体监测数据纳入评价指标，由单一的收视调查转变为跨媒体传播效果监测。

第六，借资本手段实现跨越式发展。央视新媒体的发展，应该完善市场化运行机制，尝试通过资本手段进行资源整合、壮大资金实力，优化内容、技术和人才架构，采取收购或者控股的方式联合运营，拓展新媒体的战略布局。

2014 年 8 月 18 日，习近平总书记指出，推动传统媒体和新兴媒体融合发展，要遵循新闻传播规律和新兴媒体发展规律，强化互联网思维，坚持传统媒体和新兴媒体优势互补、一体发展，坚持先进技术为支撑、内容建设为根本，推动传统媒体和新兴媒体在内容、渠道、平台、经营、管理等方面的深度融合，着力打造一批形态多样、手段先进、具有竞争力的新型主流媒体，建成几家拥有强大实力和传播力、公信力、影响力的新型媒体集团，形成立体多样、融合发展的现代传播体系。要一手抓融合，一手抓管理，确保融合发展沿着正确方向推进。这为电视媒体融合发展提供了正确指引。

五、新技术战略

科学技术是第一生产力，技术创新是现代经济增长的主要原动力，而一个产业的兴盛离不开对新技术的应用。新媒体技术不仅改变了人们的交流方式，也改变着生活的各个方面。在过去的一个世纪的时间内，人类见证了电话、广播、电视、卫星通信、计算机、互联网等技术发明和技术进步，这些都从根本上推动了传媒业的变革和传媒业的产业效率，改变了传媒媒介的体现形式，加快了信息的传播速度。

我国的电视行业起步较晚，但是在发展过程中，不断提高对新技术的消化吸收，从而很好地利用了技术优势，加快了产业技术的更新换代，在国际电视行业中占据一席之地。

从 20 世纪 90 年代开始，以数字技术为代表的新技术开始渗透到传媒行业，其中电视业受到的影响尤其巨大。随着新媒体、新技术和新的内容传发途径的扩散，信息的获取变得更加容易，信息从数量和质量上都比以前有了巨大增长。新媒体对原有传播格局进行颠覆或者造成重大冲击，主要体现在：

首先，信息源多元化、内容多元化和舆论多元化。随着数字电视、手机电视、移动电视的逐步普及，人们获得信息的来源被大大拓宽，除了在家庭、在学校能得到及时的信息之外，现在在移动中人们也可以通过手机电视和移动车载电视得到最新的资讯，与此同时信源的丰富也大大增加了内容的丰富性，从而形成了舆论的多元化。

其次，新媒体还打破传播时空的制约。在生活节奏日益加快的今天，及时准确的信息是产业的生命线，而新媒体的出现，突破了传统的此时此地的信息接收方式，有了手机电视，即便身在千里之外，手边没有任何其他硬件设施也可以照样获得千里之外的最新信息。

最后，造就了信息量庞大、信息爆炸的新时代。新媒体是以数字技术为特征的新的技术形式。而数字技术的最大特点就是容量大，数字技术对传统媒介资源的突破是革命性的，利用数字存储技术，以前本应进入博物馆的珍贵历史资料得以重生，越来越多的信息被制造和保存起来，越来越多的新的信息被生产出来，这种良性的互动为信息爆炸创造了必要的技术条件。

电视业的技术进步推动着我国模拟电视实现了向数字电视的转换，移动电视也得到推广应用。数字电视提供了比模拟电视更高的清晰度，更多的节目频道，以及交互式的娱乐。电视产业在技术进步的同时，产业的价值也由于新技术推动的新消费而明显增加。

到 2015 年年底，我国电视高清化取得显著成绩，已批准开办高清频道 90 个，高清电视用户超过 6000 万户。智能电视操作系统、机载卫星电视、无线双向覆盖等领域取得技术突破。这都表明了中国电视实施新技术战略的显著成效和重要进展。

六、"走出去"战略

目前，中国外宣与西方对手竞争的对策之一是"外宣、外事、外销"三位一体，从根本上扭转了第二次世界大战后，世界舆论格局中"西强我弱"的局面。因此，我们应不失时机地做好对外的电视交流工作，让更多的人购买外宣节目，增强电视频道落地工作，实现广泛传播。

在 21 世纪，中国电视"走出去"出现了新的趋势。学者朱虹指出：一是指导方针上，从以国内发展为主兼顾国际向国内国际并重发展转变；二是工作目标上，从介绍中国向对世界发出中国的声音转变；三是发展标准上，从简单学习模仿国外媒体向建设国际一流媒转变；四是"走出去"的形式上，已从单项发展到多项；五是动作方式上，从免费赠送向付费收看转变。[①] 应当说，这样分析和判断是符合中国电视发展现实和未来方向的。

21 世纪初，CCTV-4 和 CCTV-9 对外宣传显示了新特色。2002 年 3 月，CCTV-4 和 CCTV-9 按照中央有关"两会"报道精神，突出报道内涵，注重内外有别，内容求实，形式出新。根据不同节目形态和不同栏目、时段、时区的海外受众特点，中央电视台海外中心进行全方位策划，制定了"及时、全面、生动、客观"的对外报道原则和"内容要实、形式要新"的报道方针。3 月 3 日全国政协九届五次会议开幕，国际频道就在当天 23 点开播了 30 分钟的《闽南话时间》新栏目；突出中国民主政治生活建设的对外宣传重点，充分反映基层人大代表、政协委员参政议政、建言献策的精神风貌。《中国新闻》开辟《两会人

---

① 朱虹：《从广电大国到广电强国》，华中师范大学出版社 2011 年版，第 36—37 页。

物》《两会同期声》等栏目，《英语新闻》开辟《他们如是说》等板块；《中国新闻》《英语新闻》重点报道海外关注的热点问题，每天确定一个主题，3 月 6 日制作了《台盟、台联全国政协委员认为，祖国统一是历史的必然》《代表、委员表示，闽南农业交流前景广阔》《唐家璇重申，海峡两岸的事情不需要借用包括世贸组织在内的任何国际场合解决》等会内报道，同时采制《钱其琛会见董建华、何厚铧》《钱其琛出席澳门特别行政区政府驻京办事处成立酒会》《董建华举行记者会》等会外报道；3 月 7 日，英语频道围绕"农业、农村和农民"话题的报道有《政协委员谈农业发展与农民增收》《他们如是说》等；3 月 8 日，《中国报道》以"国企改革发展"为主题背景，制作了"中国国有企业探索海外发展道路"的节目；CCTV-4 开办了《两会快讯》专栏，CCTV-9 坚持"正点有新闻、次次有更新"，以滚动播出方式及时报道"两会"最新情况。海外联络部用电子邮件和传真方式与美国 CNN、NBC、美联社、路透社、韩国 KBS、BBC 和南非 MIH 等数十家海外媒体联络，及时报道海外媒体关注的"两会"热点。CCTV-4 包装直播了人大开幕式、朱总理会见中外记者和唐家璇外长举行中外记者招待会，CCTV-9 以同声传译进行英语直播。根据中央电视台海外联络部统计，共有包括亚洲、美洲、欧洲、非洲和大洋洲的 65 个国家和地区的 179 家海外电视机构全部或部分转播了 CCTV-4 和 CCTV-9 有关"九届人大五次会议开幕"的直播节目，155 家海外机构转播了 CCTV-4，29 家海外机构转播了 CCTV-9。

2001 年上半年，通过与挪威电信的合作，实现了 CCTV-4 和 CCTV-9 在北欧四国的落地。通过与法国电视一台的合作，CCTV-4 的入户范围从巴黎地区扩展至法国全境，法国观众用户从 23 万户增加到 123 万户。中央台与澳大利亚最大的有线电视网谈判签约，促进了大范围扩大 CCTV 两个外宣频道在澳大利亚的落地入户。同时，与美国映佳公司续签新一轮合作协议，巩固了 CCTV-4 在美国的落地入户范围。截至 2001 年 6 月底，中央电视台已经与 27 个国家和地区的 49 个电视机构签署了 CCTV-4 和 CCTV-9 的落地入户的协议。CCTV-4 和 CCTV-9 的落地入户范围将有较大规模的扩展。

经过 10 多年的发展，到 2015 年年底，中央电视台在海外建立了 70 个记者站，全年发稿 2 万多条新闻。国际频道海外整频道总用户突破 4 亿户，落地酒店房间突破 100 万间。汇集中央和地方特色频道、优秀节目的中国电视长城平台，全球付费用户超过 60 万户，并向网络新媒体延伸。中国电视"走出去"登上了一个大台阶。

2009 年，中央出台了《2009—2020 年我国重点媒体国际传播力建设总体规划》，明确提出增强国际传播能力、打造国际一流媒体是中国媒体今后发展的方向。作为主流媒体，中国电视迎来了一个前所未有的重大发展机遇。如何在国际传播中提高中国的话语权，如何使我们的国际传播能力与我国日益增长的综合国力相适应，自信地传播中国，这是中国电视媒体面临的一个急迫而现实的课题。

（一）增强国际传播能力，必须坚持国家立场，以我为主

目前的世界舆论格局，呈现出国际文化、意识形态深刻交流、交融、交锋的趋势，呈现出以美国为主导的西强我弱的态势。但是，世界大众不愿意只听到一种声音，只认同一种价值判断，因此，各国都在世界范围内积极强化自己的话语权，加强自身对于舆论的引导。中国也不例外，也要在世界舆论格局中打破全球话语权的单边主义，争取到自己

应有的地位，为维护、建立国际舆论新秩序尽责尽力。

1. 强化导向意识，维护国家利益，这是增强国际传播能力的根本原则

中国电视媒体代表着党和国家的利益，是党和人民的重要"喉舌"，它的舆论导向正确与否关系着党和国家工作全局，关系着改革和经济社会发展大局，关系着国家的长治久安和国际形象，这就要求我们必须树立统筹国际国内舆论格局的意识，把舆论导向问题放在战略高度，把舆论引导放在突出位置，努力提高国际舆论的引导能力。这对我们来讲是个新课题，也是最基本的要求。

2. 强化以我为主，抢夺国际话语权，这是增强国际传播能力的基本要求

夺取话语权是国家战略，也是党和国家赋予中国电视媒体的神圣使命。而话语权的最直接体现就是在重大国际国内事件中能够清晰而响亮地发出自己的声音，中国要登上世界舞台，必须要有自己的声音。作为国家的新闻机构，要想参与国际传播的竞争，必须加大自身新闻改革的力度，在重大的国际事务中追求新闻的第一落点，做到在中国发生的新闻第一时间发布，在境外发生的新闻，争取与境外媒体同步报道，提高话语权，掌握主动权。对此，我们应该树立一种全新的传播理念和思维方式，要清楚地意识到中国电视代表着国际电视传播领域的一种新兴力量，与其亦步亦趋地跟从西方媒体的规则去努力淡化自己的"官方"色彩，不如更好地利用自己是国家媒体的权威性和公信力，利用我们在亚洲国家和广大的发展中国家的影响力，多做中国和亚洲及发展中国家的新闻，去西方媒体轻视和无法涉足的国家和地区做具有公信力的新闻报道，从而走出一条具有"中国特色"的国际传播之路。这是我们具有核

心竞争力的重点所在。

3. 强化文化传播，增强国家软实力，这是增强国际传播能力的重要使命

提高国际传播能力，就是一场文化传播，是国家软实力的重大体现。以美国为代表的西方国家一方面借助国家激励性的文化推广政策和系统的推广战略，将自己的影视文化产品连同其中蕴含的价值观念和意识形态内容推销到世界各地，引发一波接一波的"崇美"、"崇洋"浪潮；另一方面，通过"胡萝卜加大棒"政策，对一些发展中国家进行意识形态导入。对此，我们必须保持清醒的头脑，绝不能妄自菲薄，在借鉴国外同行成功经验的基础上，突出中国观念和民族理念，并将其纳入国家对外形象建构的整体战略中。2011 年 1 月 1 日，中央电视台推出纪录频道就是一次有益的成功实践，它借助文化传播的力量，通过纪录片的方式，为把中华民族的价值观念和中国的发展模式推向世界、获得认同，提供了一个重要的传播平台。

（二）增强国际传播能力，必须坚持中国观点、国际表达

贴近中国发展的实际，贴近国外受众对中国信息的需求，贴近国外受众的思维与收视习惯，这是中国电视媒体提高国际传播力的有效手段，也是我们打造国际一流媒体需要着力解决的关键环节。也就是说，如何用国外受众听得懂的语言和可以接受的方式，讲述中国的事情，阐释中国的观点，是摆在中国电视面前最现实的课题。

1. 以传播窗口建设为龙头，提高对外传播艺术，构建对外宣传的新格局

大众传播媒体的重要社会功能之一，就是为社会公众设置议题，让

社会公众的注意力形成某种舆论焦点。但是，从目前国际舆论传播格局来看，全世界每天传播的国际新闻中，96%的新闻由西方5大通讯社发布，而其中仅有10%—30%的新闻用来报道发展中国家。美国、欧盟和日本控制了全球90%的信息资源，美国控制了世界电视节目流通量中的75%。可以说，西方主要跨国媒体集团决定着国际舆论的报道议程，控制着解释新闻的权力。对此，我们要想在国际传播格局中占有一席之地，必须加快传播窗口的建设，同时积极改进播报方式，形成全球化的外宣大格局。这是我们参与竞争必须做实的基础和武器。目前，我国已制订了电视国际传播的庞大计划，并开播了英语、西班牙语、法语、阿拉伯语和俄语等多种外语频道。尤其是中央电视台国际传播的旗舰频道CCTV-9，改版后推出了全新的英语新闻频道（CCTV NEWS），成为中国第一个24小时英语新闻频道，也是全球华人社会第一个英语新闻频道。它的定位很清晰，就是以"为你链接亚洲"为宗旨，追求"中国观点、东方视角、国际化表达"，全力抢占亚洲新闻舆论制高点，进而与BBC和CNN鼎足而立。英语新闻频道的改版取得了良好效果，受到了国际同行的广泛关注，它的成功实践为我们寻求突破、增强影响力提供了一个有益的范例。

2.以驻外站点建设为基础，提高海外采编能力，抢占中国发声的制高点

没有全球视野的报道面和国际水准的报道量，增强国际传播能力就是一句空话。因此，加强海外采编能力的建设，有计划、有步骤地在周边和重点国家，以及热点地区充实和增强站点布设，不断提高国际新闻的自采率、原创率和首发率，是在重大的国际事务中第一时间发出中国声音，抢夺话语权，所必不可少的基础性工作。截止到目前，我国已基

本完成了以中央电视台为核心的海外电视站点布局,初步形成了较为完整、有效的新闻采编网络。据央视数据显示,已在全球设有 5 个中心记者站、50 个记者站,平均每天为新闻频道、外语频道及其他频道发回的新闻报道占该台国际新闻发稿量的 30%;同时,现场报道能力大大增强,重大、突发事件的现场到达率为 80%,并在海地地震、泰国骚乱、莫斯科森林火灾、巴基斯坦洪水以及日本大地震、利比亚局势等国际事件报道中表现不俗。海外记者队伍是我们增强国际传播能力不可或缺的报道力量。

3. 以新闻资源整合为契机,发挥整体优势,实现内宣外宣的一体化

长期以来,国内电视媒体的内宣和外宣是分割开来的,各管一头,各自为战,这样的运作模式不仅造成了人力、物力和财力的巨大浪费,而且无法做到优势互补、资源共享。与此同时,各电视媒体之间也是各行其是,沟通不多,交流很少,难以形成中国电视的集体优势力量。增强国际传播能力,扩大中国的影响力,必须具有国内一盘棋意识,整合各种新闻资源,盘活各种生产要素,统筹开发,合理利用,从而形成整体强大的核心竞争力。对此,各电视主流媒体要提高对外宣工作的重视程度,加强自身资源整合的力度,将各种新闻生产力量统合在一起,实现内外宣工作的高度协调统一,使新闻资源得到最大程度的集约、高效利用,做到内部共享,提高传播效率。同时,也要建立国家一级的对外新闻资源共享系统,在加强管理、一致对外的基础上,形成全国各级电视台对外传播的整体大格局。以目前情况来看,由中央电视台牵头来做这项工作是适宜的:一是央视国家电视台的地位使之可以发挥组织、协调的功能;二是央视海外站点建设卓有成效,具有强大而雄厚的采编力量;三是央视目前构建的各种视频发布渠道和技术手段,已成规模。

（三）增强国际传播能力，必须技术创新，走共同合作发展之路

世界新闻媒体呈现出集团化、分众化、对象化、地方化、网络化、小型化的发展趋势，特别是网络等新兴媒体以受众多、传播快、覆盖面广、无国界性等鲜明的特征迅速普及，对新闻舆论传播的格局、走势影响突出。事实已经说明，谁掌握了新媒体，谁就掌握了媒体的未来。对此，我们必须保持清醒的头脑，抓住机遇，走技术创新之路，走传统媒体与新媒体融合之路。

1.加快各级网络电视台建设，抢占新媒体市场，实现传统媒体与新媒体融合发展

尽管有线电视、卫星电视、互联网等传播新技术、新媒介的迅速发展和普及，进一步扩大了西方发达国家在新闻传播全球化和舆论全球化中的已有优势，但是我们必须看到，它同时也进一步增强了发展中国家利用信息传播新技术、新媒介的后发优势，具备了一举跨越许多技术发展阶段、实现传播现代化的可能性。而加快新媒体建设步伐、走传统媒体与新媒体融合之路，是我们缩小与发达国家的差距、参与全球信息传播最有效、最便捷的突破口。

目前，中国的网络电视台整体实力还不强大，影响力也差强人意。对此，我们要树立全新的传播理念和发展思路，把新媒体发展提上各级电视台的重要日程，与传统电视统一规划、统一部署、统一经营，实现台网捆绑式发展。尤其要加大投入，抓住三网融合的历史机遇，在抓好国干网扩容改造和高清传输网络建设的同时，全面推进各种新型终端业务。各级网络电视台要以加大网络视频数据库扩容和建设海外镜像站点为抓手，完善覆盖全球的网络视频分发体系，使网络能够

覆盖各主要国家和地区；要开办形式多样、语言多元的网络频道，有效提升海外用户访问量和访问效果，从而形成全时段、全媒体、多终端、立体化的网络视频传播格局。

2. 搭建国际视频发稿平台，满足国际需求，成为信息供应者

面对传媒业的激烈竞争，全球各大媒体都在充分发掘各类资源，除文字、图片等传统方式外，视频资源已成新的着力点，视频发稿已非通讯社专有。全球知名电视媒体更是利用资源优势，扩张自身传播力，视频发稿已成为国际主流电视媒体的标准运作方式之一。

根据《2009—2020 年我国重点媒体国际传播能力建设总体规划》，国际视频发稿平台建设被列为国际传播能力建设的重要措施之一。但是纵观全国，目前此项工作还仅有央视一家开始操作实施。央视国际视频发稿平台是依托该台的内部新闻共享系统，搭建对外新闻发稿平台，以中央电视台自采国内、国际新闻视频资源为基础，通过国际合作和市场开发，建成集视频资源采集、整合、推广为一体的全球性视频发稿中心。自 2010 年 8 月央视正式启动国际视频发稿平台建设项目到正式运营，至 2015 年，发布的视频素材被 92 个国家和地区的 1700 家电视频道采用，它不仅有助于强化我国对国际舆论的主动引导能力，进一步掌握新闻传播的主动权，而且让中国电视能够更为有效地完成让世界认识中国、向世界报道世界的任务。

3. 树立对外推广意识，提高落地入户率，实现真正的有效传播

增强国际传播力，最终是要落实在国外落地入户的数量上；扩大国际影响力，最终是要体现在国外收看人群的规模和忠诚度上。可以说，落地是基础，入户是关键，收看是目的。对此，中国的各级电视媒体必须加强宣传推广工作，摒弃上星播出就算完成任务的思维方式，要全力

以赴抓落实，脚踏实地做工作，充分利用长城平台的传播渠道，拓展对外交流与合作渠道，整合和统筹各自的外宣、外事、外销、外援资源，有计划、分步骤地开展海外推广工作，让落地、入户和收看落在实处。

（四）增强国际传播能力，必须以人为本，培养国际传播队伍

目前，中国电视界普遍存在着电视多语人才匮乏的严重问题，已然成为我们实现跨越式发展的瓶颈。对此，电视多语人才的培养刻不容缓，需要下大力气尽快实施各类人才工程。挖掘现有电视人才队伍的潜力是必须的，同时更要有前瞻意识，采取多种渠道、多种方式培养外语新闻人才，为即将来临的事业快速发展储备扎实的人才队伍。加强协作，平向合作，充分利用新华社、人民日报等媒体成熟的海外资源，也是解决电视多语人才匮乏的有效方式。此外，还要具有国际眼光和视角，加快国外优秀人才的引进。对于国际传播来讲，本土化是贴近国外受众需求的重要举措。这就要求我们不仅制作的节目要符合当地受众的品位，而且还要大胆引进国外优秀的新闻人才，以打造一支国际化的团队，产生事半功倍的效果。为此，我们可以通过雇佣当地特约报道员的方式，为国际新闻报道提供支持，推进中国电视在国际重大事件报道中的时效性、深入性和权威性。同时，在世界范围内选择对我国友好的著名专家学者担任国际时事特约评论员，尤其注重选择亚洲的专家学者，建立起一支涵盖东西方、突出东方特色的评论员队伍，从而构建一支国际水平、多层次、有地域代表性的外籍人才队伍，为对象国受众提供有针对性的服务，展现中国历史文化的博大精深与现实社会的发展变化。

第四章　经济全球化与中国的文化安全

随着经济全球化的迅猛发展，电视宣传发挥着越来越大的作用，与此同时，电视文化传播的作用也日益凸显出来。它对于加强文化的传承和创新、加强对外文化交流、维护国家文化安全，有着十分重要的意义。

第一节　经济全球化与文化传播

一、经济全球化及其特征

一般认为经济全球化是指世界各国之间的商品和生产要素，包括技术、资本、劳动力、信息等在全球范围内的自由流通和配置，使各国经济互相依赖、互相联系、互相渗透日益加深，即生产要素以空前的速度和规模在全球范围内流动，以寻求相应的位置进行最佳的资源配置，国际分工进一步向广度和深度发展。在不断全球化的经济中，跨国生产、交换及金融体系把不同地域的社群和家庭的财富更紧密地联系在一起。

经济全球化经历了三个发展阶段。第一个阶段是自 19 世纪后半期到 20 世纪初。国际贸易的迅速发展和资本、劳动力大规模的国际性流动是这一时期的主要特征。第二个阶段是经过一战、二战之后 20 世纪五六十年代的进一步发展。这个阶段的主要特征是由国际金融和国际贸易体制的形成及跨国公司，尤其是美国跨国公司的大量出现。第三个阶段是从 20 世纪 70 年代到八九十年代，在新的科技革命，特别是信息革命的背景下，以新技术创新和制度创新及扩散、资本流动和企业经营活动的国际化等为重要特征，形成了一股强劲的社会发展浪潮。

当前，经济全球化的特征主要表现在以下几个方面：第一，贸易自由化的范围正迅速扩大，世界多边贸易体制形成；第二，金融国际化的进程正明显加快；第三，生产网络化的体系正在逐步形成，生产活动日益全球化，日益全球化的跨国公司数目剧增；第四，投资外向化的现象正日趋凸显，投资活动遍及全球；第五，区域集团化的趋势正加速发展。越来越多的国家为共同利益，以不同方式结成各种区域集团，进行广泛的经济合作，大多数发展中国家被纳入世界资本主义体系。

经济全球化所带来的最大好处是能实现世界资源的最优配置。一国经济运行的效率无论多高，总会受到本国资源和市场的限制，只有全球资源和市场的一体化才能使一国经济的发展在目前条件下最大限度地摆脱资源和市场的束缚，实现"以最有利的条件生产，在最有利的市场销售"的这一世界经济发展的最优状态，这种发展所带来的值得向往的结果是效率提高，商品更符合消费者的需要。

经济全球化是在世界经济的发展中逐步形成的，经济全球化也是世界科学技术和市场经济高度发展的必然结果，是一种符合经济发展规律的大趋势与潮流。随着经济全球化进程的加快，任何一个国家都不可能脱离外部世界而孤立地发展自己的经济。对于各国政府来说，要么加入全球化的进程，要么封闭自己而被世界潮流所抛弃。当然不可否认经济全球化受到西方大国的支配和左右，但我们还是应该积极地加入并引导这一趋势向有利于世界各国，特别是有利于发展中国家的方向发展，以利于全人类的共同繁荣进步，而不是去阻止它。中国只有改革开放，选择参与经济全球化的战略，借助国际资本、国际技术、国际市场、国际先进管理方式，才能使自己的国家强大起来、人民富裕起来，提高我国的综合国力，复兴伟大的中华文明。

随着经济全球化的发展，需要信息传播的全球化，而通信技术的革命为信息传播的全球化提供了强大的技术支持。同时，信息传播作为一个产业，其本身就是经济全球化的一部分，而且是经济全球化中发展最快的一部分。传播的全球化和整个经济的全球化一样，已经是一个不可逆转的发展趋势。

可以说，在全球化的历史进程中，传播始终如同经济、科技一样，是改变人类社会乃至推动全球化，特别是推动文化传播的一种重要力量。根据麦克卢汉的理论，传播技术的发展已经把世界变为"地球村"，从而使传播具有实现世界大同的功能。

信息技术革命消除了人们的空间界限，加之交通工具的日益现代化，大大缩短了人们彼此的时间空间距离，使信息交流与传递完成于瞬息间。凭借现代媒体与通讯手段，特别是20世纪90年代以来，基于互联网的"信息高速公路"的发展，使文化交流与传播可以在更大的范围、更多的领域以更快捷的方式得以实现。因而，信息革命在文化传播中的作用更为直接、显著。它不仅改变了通讯工具与传播手段，开辟了文化传播与交流的新时代，更重要的是它丰富了文化的内涵。如同英国全球化理论研究者戴维·赫尔德等所描述的："在全球化的诸种体现形式中，几乎没有什么像国际品牌、大众文化偶像和工业品以及卫星向各大洲成千上万的人的现场直播重大事件那样如此直观、覆盖面广并且渗透力强。全球化最大众化的象征包括可口可乐、麦当娜和 CNN 新闻。尽管 3000 年前社会之间的文化互动已经非常复杂，但是，形象与符号的激烈运动以及思维模式与交流的广泛传播是 20 世纪晚期和新千禧年的独有特征。由于当代电信、广播和交通基础设施的建设，文化交流在全球范围覆盖的区域以及文化交流量在历史上都是空前的。"①

二、全球传播与美国文化霸权

经济与传播优势助长的文化优势，使美国的文化霸权，特别是信息传播霸权对其他国家，尤其是发展中国家的民族文化生存面临危机，也对一些富有文化历史传统的欧洲或美洲国家的文化发展构成了严重威胁。如紧邻美国的加拿大，在文化上，美国广播电视节目的电磁波已覆盖了整个加拿大的天空，美国流行的期刊杂志和音像制品几乎充斥了加拿大的每一个角落。虽然加拿大政府也采取了多项措施和优惠政策扶持本国的影视业，但总的说来，收效甚微。在欧洲，美国与欧盟国家不平衡的文化贸易，使一些危机意识强烈的知识分子提出了"50 年后欧洲作为一种文化是否还存在"的问题。在以色列，无论在街头还是卧室，人们似乎都浸泡在美国的流行音乐里，美国的录音录像带专卖店随处可见，电视台播出的也是风行美国的电视剧或美国的 MTV 音乐电视。1998 年，以色列议会就着手改变这一状况，批准了一项法案，要求国家电视台所播放的歌曲中，希伯来文歌曲必须占一半。印度的新闻国务部长和作家理查德·塔拉斯塔则认为，美国等西方文化的入侵，正稀释着印度的文化，使像恒河一样古老的印度文化变得稀薄了。一个西方记

---

① ［英］戴维·赫尔德、安东尼·麦克格鲁等：《全球大变革——全球化时代的政治、经济与文化》，社会科学文献出版社 2001 年版，第 456 页。

者在他的非洲报道中也描述道：在撒哈拉以南的非洲村庄里，虽然还是古老的部落社会，但是村民们收音机中播出的美国摇滚乐正取代着传统的非洲民谣。①

20 世纪八九十年代兴起的电视卫星跨国传播也加剧了全球传播与文化交流的不平衡态势。60 年代以来，卫星通讯得到了迅速发展，国际间已开始通过定点卫星为电视节目传输信号。标志着国际电视跨国传播开端的美国 CNN 电视网于 1980 年创设，后即向美洲地区播送新闻；1982 年又创办了全天候的简明新闻，它跨越大西洋，进军欧洲并很快占领了一批市场。1986 年现场直播挑战者失事事件，1991 年海湾战争迅速及时的战况直播成了全球电视台的重要的新闻来源，由此 CNN 崛起于世界传媒业。1995 年 CNN 在印度尼西亚"帕拉帕"卫星的基础上又租用了印度的印星 2B 上的转发器，进一步扩大了在亚太地区的覆盖范围。目前，CNN 每天向美、欧、亚及其他地区的 200 多个国家 300 余家电视台提供新闻，形成了覆盖全球的卫星电视网。继 CNN 之后，美国新闻署也于 1984 年 11 月办起了全球首家官方国际电视台——世界电视网（World Network），每天向欧洲提供两小时的新闻和娱乐节目，到 1990 年与美国之音合并时，用户已达 128 个国家的 190 个城市。

在美国大力发展跨国电视传播时，欧洲的一些国家也紧随其后开发卫星电视。BBC 环球电视公司已于 1991 年 1 月正式开播的"BBC 世界新闻频道"和"BBC 娱乐频道"两个对外卫星电视频道，其覆盖地区迅速由欧洲扩展到美洲、亚洲、中东和北非。"德国之声"于 1992 年 4 月开办了国际电视台，租用欧洲通讯卫星覆盖了整个欧洲和北非、西非

————————

① 吴兴南、林善炜：《全球化与未来中国》，中国社会科学出版社 2002 年版，第 242 页。

地区及北美和南美地区；1995 年年底又实现了通过亚洲卫星 2 号向亚洲地区发送全天 24 小时节目的目标。法国国际电视台于 1985 年 5 月创办，现已通过 6 颗卫星 2 号向全世界 60 多个国家传送节目，主要覆盖地区为中欧、东欧、亚洲、中东和非洲、拉丁美洲的部分国家。①

　　伴随着文化传播的迅猛发展，西方的文化霸权问题在国际社会日益凸显出来，文化传播构成了对国家文化存在与发展的现实威胁。经济上的支配力量衍生出文化的强势力量，进而推行文化霸权主义和强权政治，这是当今全球化的一个特征。其实，早在 20 世纪 60 年代末 70 年代初，在激进的社会运动影响下出现在西方思想领域的"批判理论"思潮中，对于西方文化霸权的认识与批判就已经萌生。尤其在传播学研究领域中，以赫伯特·席勒（Herbert Schiller）、鲍依巴瑞（Boyd-Barret）、马特拉（Armand Mattelart）、麦克菲尔（Thomas L.McPhail）等为代表的具有批判精神的传播研究者，在对传播与国家发展理论的深入探究和不断反思的过程中，把敏锐的目光投向国际传播的"信息垄断"与第三世界所面临的西方传媒的"文化入侵"现象，把第二次世界大战后国际传播的信息流通不平衡，以及第三世界国家的传播活动受到资本主义发达国家所"宰制"的现象视为一种新的"帝国主义"形式。他们承袭了"依附理论"的批判性思维，从再认识"帝国主义"与"殖民主义"的角度，分析世界体系中国与国之间的政治、经济和文化关系，并以国家主权为核心，在全球经济与信息传播的结构中探讨媒介在社会发展中的作用，提出了"媒介帝国主义"的批判思想。他们认为，"媒介帝国主义"是"一个国家的传媒软硬件或其他主要传播方式，单独或整体

---

① 参见钟大年等：《电视跨国传播与民族文化》，北京广播学院出版社 1998 年版，第 88—89 页。

地，不论在控制权或拥有权上，都被另一个国家制宰，并且在这个过程中对本地社会的文化、规范及价值观带来有害的影响"；跨国媒介"是以资本主义的方式分配资源之世界体系所必不可少的单位"；并且这些媒介提供了"信息的基础结构，足以在意识形态上支持现代世界体系的核心（也就是跨国公司）"，目的是"振兴、保障及延展现代体系尤其是它的领导部门（跨国公司）"；西方的媒介文本"展示了消费至上的价值观及美国方式具有百般的吸引力"，向第三世界推销了资本主义的生活方式。①

20 世纪 80 年代以来，在文化学及解释学等的研究方法影响下，传播研究者们对早期媒介帝国主义的思想观点，提出了不同的看法和主张。1991 年，英国洛丁汉伦特大学的汤林森博士出版的《文化帝国主义》（*Cultural Imperialism: a Critical Introduction*）一书就引起了较大的反响与争议。汤林森借用了法国哲学家福柯（M.Focault）的"话语分析"方法和解释学的理论，对文化帝国主义的现象及其理论意义进行了梳理和批评性介绍。汤林森的基本观点是：当今世界已经发生了重大的变化，我们正处于一个"崭新的时代"，其基本的特征是"全球化"，而且还形成了一种全球化的"文化经验"；而这后现代的文化景观，是我们当代的文化宿命。因此，汤林森否定了现代媒介在文化领域的决定性作用以及西方媒介的霸权地位所意味的文化支配。

汤林森的"全球性文化宿命"观，断言了所有的社会都面临同样的走向和社会的文化差异正在缩小，其实是无视不均衡的政治经济关系所造成的文化优势的客观存在。而一些全球化的多元性文化观，又过于乐观地估计了地域性文化对外来文化的选择与反抗，认为全球化趋势并不

---

① 参见杨瑞明：《从现代化到全球化——"媒介帝国主义"理论的发展及其意义》，《新闻与传播研究》1999 年第 3 期。

会导致一种同质的全球文化，相反地，由于国家控制力量的减弱，全球与本土文化交流的迅速便利，全球化将带来可能的多元文化景象。对这些"全球化"的论述，"媒介帝国主义"理论研究者又进行了旗帜鲜明的反驳。1991 年，席勒在《后帝国主义时代还未到来》一文中指出，当前超越国界的文化与政治关系的发展的真正动力，并非什么全球主义，而是西方资本主义的跨国扩张主义。虽然随着冷战结束后苏联及东欧社会主义阵营的瓦解，世界向多极化发展，但依然没能改变文化侵略与文化支配的事实。另一些传播研究者（如马特拉等）也提出，在全球化发展的背景下的传播研究，特别是有关受众主动解读与构建文化意义的研究，应该考虑到社会政治经济等结构性的因素，尤其是国家与国家之间、文化与文化之间、民族与民族之间的不平衡的权力关系以及"信息消费资源"的差距。为此，传统的"媒介帝国主义"理论的宏观性批判研究取向，又受到了广泛的重视和思考，成为全球化语境下文化抵制与文化抗争的重要思想力量。

三、"互联网 +"背景下国际舆论的发展

近年来，国际舆论对中国关注度明显上升，国内国外两大舆论场的互联互通性不断增强。国际秩序和规则深刻调整，全球地缘政治经济格局加速演变，世界经济弱复苏势头仍在延续。党的十八届五中全会提出了"十三五"规划建议，经济发展进入新常态，各领域改革持续深入推进，处于上升期和转型阶段的中国受到全球瞩目。

全球网络技术和信息流通，进一步改变国际舆论格局。微博、微信、客户端、微视频等移动新媒介加速发展。以专家、学者、各界人士乃至草根评论员等个体加入对信息的传播和解读，促进了国内外信息互

联互通，形成议程设置、升级和转移的现象。国内外话题促使我国网上国际舆论场的形成与茁壮成长。

（一）互联网国际舆论场的形成

新华通讯社以及传统媒体承担着"向世界传播中国"和"向中国报道世界"两大任务。但在今天，我们看到国内国外舆论相互渗透的现象愈发明显。新媒体不仅扩展了国际舆论信息流通的带宽，也在不断开拓新的传播路径。国内网民在关注国际新闻的同时，也更加关注国外如何看待中国。

1. 中国国际影响力逐步提升

首先，作为全球第二大经济体，我国经济的改革与发展状况备受舆论关注。尽管主流舆论认为"经济下行压力不断增大"，但国际舆论对我国经济改革的决心和成效也给予了肯定。"互联网+"、"创客"、"中国制造2025"等系列新提法成为改革创新的"集结号"，股市、房地产与人民币也成为重要话题。

其次，国家社会治理同样也是引发国际舆论关注的内容。据对外传播研究中心统计，在外媒关于十八届五中全会"十三五"规划建议的报道中，近八成内容为全面实施"二孩"政策[①]。面对世界经济弱势复苏充满不确定因素，外媒同样关心我国如何调整国家经济和社会发展方向，如何应对深化改革过程中出现的各种矛盾和问题。

最后，外交积极参与和国际地位上升提高了中国话题关注度。在经济转型发展、巴黎气候变化大会、国际合作反恐等对全球传统和非传统

---

① 《2015年国际舆论对华关注点分析》，中国网，2015年12月23日，http://www.china.com.cn/news/world/2015-12/23/content_37380374.htm。

安全挑战、重大国际和地区问题方面，外界对中国的作用和表现有所期待。我国外交更加积极进取，展现出更多的塑造意识、参与意识和全球治理意识，这在我国领导人近年一系列重大外交行动中得到鲜活体现。

2. 世界多极化趋势逐渐增强

国际局势的变化客观上促使了国际舆论对中国外交态度、行为乃至策略的讨论。我国提出"一带一路"倡议，支持亚投行的成立。美国积极推进 TPP（跨太平洋贸易和投资伙伴关系协定）与 TIPP（跨大西洋贸易和投资伙伴关系协定）建设。极端主义思潮影响上升、恐怖主义对和平生活的威胁增大。欧洲难民危机、"伊斯兰国"问题、叙利亚危机、俄罗斯客机被击落、巴黎恐怖袭击、美国南加州发生枪击案等暴露深层次矛盾。中东失序、朝核问题、南海问题等折射了大国关系调整，战后世界格局正发生微妙变化。从世界范围看，美国、日本等影响力相对下降，欧盟面临着难民、债务危机、内部关系等困难，中国、印度等新兴经济体保持发展，世界向多极化进一步发展。在国际舆论场，西方仍然占据着话语主导权，但世界对中国的关注度在逐步提升。

（二）国际舆论场舆情结构的特征

1. 空间分布

从国际舆论场的地区分布来看，对舆论热点的影响非常大。我国身处亚洲，周边的东亚、西亚、东南亚都出现丰富的热点话题，从政治、经济、外交再到人文交流，等等。此外，难民问题、恐怖袭击、希腊危机等较为负面的话题促使欧洲在我国国际舆论场的热度排至次席。国际性话题占比也接近15%，仅次于亚洲大陆，而且高于世界其他国家和地区。"一带一路"倡议、国际货币基金组织宣布人民币将加入 SDR 等与中国高度相关的话题成为持续性热点。

2.领域分布

近年来，对国际舆论场的热点事件与话题归类统计发现，国家领导人动态、国际关系、突发事故、全球经济以及恐怖主义属于热门领域。高层领导人动态、多边关系与全球经济往往具备较强的关联性。此外，旅游方面的热门事件也不少，中国人在海外旅游也容易形成新闻话题，国内外都出现涉及不同国籍人群形象"偏见地图"等流行传播话题和现象，体现出国际网络舆论对各国国民海外形象的关注。

国际涉华新闻方面，主题丰富多元，包括与中国息息相关的国际经济热点（美联储加息、IMF 批准中国加入 SDR）、时政社会热点（美国大选走势、叙利亚危机）、国际问题（难民问题、恐怖主义问题）等。国内涉外热点主题主要以领导人出访以及由我国主办或参与的国际性活动为主。

在国际互联网时代，如何利用新媒体做好对外传播，探索和创新方式和手段，"讲好中国故事"，提升国际传播能力和国际话语权，成为当前国家对外传播的路径选择之一。

（三）国际舆论场发展的特点

1.受众特点

第一，媒体议程设置能力有所下降，受众需求更为多元化。国内网民对国际新闻的关注受媒体议程设置的影响较大。但近年来，伴随信息传播渠道的丰富以及受众自主性的增长，国际新闻需求有所上升。以2016 年 2 月在香港发生的旺角事件为例，百度指数显示，在事件发生后，代表新闻热度的"媒体指数"呈逐步上升、然后持续再回落的态势。但是在网民搜索指数方面，事件发生之初便出现急速攀升然后回落的趋势，与媒体指数展现的曲线并不完全一致。再如，2015 年 12 月初，国际货币基金组织正式宣布，人民币将于 2016 年 10 月 1 日加入 SDR（特别提款权），在国内网络舆论中引起巨大反响，网民搜索量迅速升温后回落。但相关媒体报道相对稳定，半个月内经济话题热度仍维持在一定水平。

第二，受众互动能力有所提高。伴随双边关系的多元化，我国网民对国际新闻已不仅仅停留在关注的层面。国际事件对双方经贸、旅游等方面的影响，成为受众对国际新闻关注的动机，也促使我国网民在关注国际新闻时互动性的增强。以 2015 年 4 月发生在尼泊尔的 8.1 级地震为例。地震发生后，"200 多华人等待救援"与"中国组织华人撤离"成为国内网民与媒体的主要关注点。此外，通过分析发现，"尼泊尔旅游"、"尼泊尔地震还能去吗"、"汶川地震"、"唐山地震"都成为主要搜索需求之一。数据背后，一方面是网民对尼泊尔存在巨大的旅游需求；另一方面，地震相关事件、背景知识需求也促使网民主动搜索。

2. 传播手段

第一，移动端多元解读，延伸媒体议题。中共中央总书记、国家主席习近平于 2015 年 11 月 7 日下午同台湾方面领导人马英九在新加坡会面，就进一步推进两岸关系和平发展交换意见。"习马会"受到全球媒体和网民的高度关注。

移动舆论场主要关注五大方面："习马会"举行时间节点、选在新加坡的原因、会谈内容、对两岸的影响、历史意义等。在移动平台，澎湃客户端推出手机专题，涵盖"最新消息、反响、解读"三大板块，对"习马会"的主题、背景、延伸历史进行了全面梳理。《人民日报（海外版)》"侠客岛"文章《"习马会"的玄机》阅读量达到 10 万 +。与此同时，一些海外媒体文章也经由微信、微博、微视频和客户端扩散。

第二，"微话题"议程设置效果显著，成为网民参与互动平台。2015 年习近平主席出访的相关话题屡次占据新浪微博话题榜榜首。一方面，由"@ 央视新闻"、"@ 人民日报"等相关微话题及时发布新闻，不断跟进出访热点，在议题上力求全面，涵盖范围广，涉及多样，吸引网民眼球；另一方面，微博互动性、大众化、草根化等特点，在领导人出访讨论中也呈现出来，网民积极发声，形成多角度、多层面、多维度的讨论和关注。

社交媒体的力量对国际议题形成和舆论走向均发挥着重要作用。2015 年巴黎暴恐事件发生后，路透社国际版文章《中国展示其不寻常的反恐行动照片》称："中国媒体利用巴黎恐怖袭击煽动国内民族情绪"，立即引起我国网友的批评。有网友反问，当世界上一些地方发生危险后，希望第一时间看到政府标题和防暴部队行动的呼声并无错误，并对路透社缺乏新闻采访"客观性""平衡性"原则提出质疑。大量网友对路透社在反恐问题上的双重标准表达不满，微信上出现"一名中国网友致路透社的公开信"等多种方式的抗议。

第三，"三微一端"边界打通，多元解读汇聚信息观点。微博、微信以及客户端被称为传统的"两微一端"，2015 年微视频突破了 PC 端的束缚，借助各种客户端独立出来，并通过微直播、打赏以及弹幕等方式形成影响力，加入"两微一端"，从而形成了"三微一端"新格局。难以抵挡的强大人际关系网络，社交媒体信息观点相互流通、交换和扩展，加速扩散。比如，天津港"8·12"特大火灾爆炸事故现场，微视频成为公众第一时间获取消息的重要来源，惨烈的画面以及震撼的声音冲击着电脑前和拿手机的网友，弥补了事故发生后到官方消息出现前的信息真空。

（四）互联网国际舆论场发展趋势

1. 资本：全球传媒资本争夺与洗牌

2015 年 7 月，英国培生集团公司以 12.9 亿美元价格将英国《金融时报》出售给日本媒体《日本经济新闻》。此外，英国培生集团控股的《经济学人》杂志也传出被收购的消息。另据《华尔街日报》报道，南华早报集团有限公司于 2015 年 12 月 14 日表示，阿里巴巴集团将出资 20.6 亿港元收购其媒体资产，包括该公司旗舰产品《南华早报》。在新的国际舆论形势下，我国资本在国内乃至国际传媒产业和互联网信息产业的作用，不仅左右着我国整个传媒行业的发展，也成为影响互联网上国际舆论场发展的基础。

2. 技术：新媒体国际影响更为直接

2015 年 1 月初，美联社通过自动化系统发布了题为《苹果第一季度营销超华尔街预测》的报道；2015 年 7 月，腾讯依靠机器人系统撰写了标题为《8 月 CPI 涨 2% 创 12 个月新高》的报道。包括我国在内的全球多家新闻机构以及互联网公司都表示正在试行机器人写作。新技术在信息供给侧将逐渐释放影响力，而不仅仅局限于内容完成后的传播与再创作过程。此外，无人机拍摄、全景记录、智能穿戴等高新科技，都对内容的制作产生巨大影响。同理，中国互联网国际舆论场的内容由谁来制造、如何制造，成为基础层面最值得关注的问题。

3. 产业：国际产业化发展趋势加快

诞生于日本的"二次元"文化，已经通过漫画、动画、游戏、视频弹幕乃至日常网络沟通的表情符号等多个方面，打造出完整的产业链，对中国互联网环境中的年轻一代产生巨大影响。这也是全球化过程中文化交流与传播的结果之一。中华民族的传统文化能否在海外发扬光大，能否形成有价值与影响力的文化产业，中国互联网国际舆论场便是试金石。

4. 受众：国际受众范围不断扩大

我国互联网国际舆论互动的大众参与者不仅具备我国网友热情的互动风格，也包含了传统的国际新闻受众的保守特征，其独立性、互动性以及广泛性都会愈发显著。网民对新闻的好恶愈发明显，而且在信息获取渠道逐渐丰富的情况下，主流媒体在国际舆论场的议程设置能力将受到挑战。此外，微信、微博乃至我国媒体的海外发展，也促使更多海外华人、留学生以及国际人士，参与到互联网国际文化交流和"公共外交"中来。

（五）我国国际舆论传播的挑战与应对

1. 我国新媒体对外传播仍处弱势地位

尽管近年来我国媒体的国际传播能力建设不断取得新成果和长足的长进。但是，从国际舆论场整体来看，"西强我弱"的总体基本格局并未丝毫改变。无论从主流媒体、市场化媒体，还是互联网新媒介形态来讲，都存在巨大的上升空间。

第一，我国媒体纷纷设立海外社交媒体账号和平台。《人民日报》于 2011 年 5 月在 Facebook 注册账号，共有"@ 人民日報 People's Daily"和"@People's Daily, China"两个账号，分别用中文繁体和英文进行内容发布。新华社于 2012 年 2 月 9 日开设 Twitter 账户"@XHNews"；2015 年 3 月，新华社在海外社交媒体平台的官方统一账号

"New China"正式运行。此外，活跃在 Facebook 上的中国媒体还有中央电视台、新浪网、《中国新闻周刊》等。微信（wechat）也拥有大量国外用户。在未来的国际舆论竞争中，我国媒体账号需要不断提升粉丝量、活跃度和运营能力。

第二，中国媒体境外社交媒体运营能力仍然欠佳。近年来，有不少研究者做了大量国际新媒体报道的比较研究。比如，有文章以 2013 年 4 月 20 日四川雅安芦山县 7.0 级地震在 Twitter 上的传播情况为研究对象[①]，对比了新华社官方账号和 BBC 官方账号传播情况。后者原创推文的转发评论量超出了新华社微博。

为此，综合有关观点，之所以我国媒体境外账号运营表现较弱，其原因可能包括：第一，在境外社交媒体舆论场上，西方主流媒体得天时地利，公信力和影响力遥遥领先。第二，传统媒体如果仍在新媒体中沿用较为落后的新闻报道模式，将造成"刻板印象"而失去粉丝。第三，媒体工作者不适应境外舆论场语言逻辑。在境外社交媒体上发言、与网友互动、吸引粉丝等行为的前提，是对西方文化的理解。若不能恰当处理中外文化间的冲突和摩擦，其传播内容就很难在境外媒体上引起共鸣。

2. 加强新媒体对外传播力建设，努力"讲好中国故事"

第一，进一步加强境外媒体布局。境外社交媒体上国内声音的微弱，使得大量负面信息和评论不断滋生。加强新媒体对外传播能力建设，首先要积极推动体制内政府部门、机构、媒体、企业以及重要人士在境外社交媒体开设账号，建设专业运营团队，形成持续、稳定发布的

---

① 李韧、李玲：《中国媒体对外传播的"推特方案"》，《青年记者》2014 年 5 月 9 日。

态势，并逐步形成独特风格，拥有数量可观、增长稳定的粉丝群体。尤其是在各类重大突发事件中形成合力，推动真实声音的传播，对冲偏见，抵制谣言。

其次，要重视 Facebook 和 Twitter 以外的多元化、立体式的境外社交媒体。当前国内重视的境外社交媒体主要是 Facebook 与 Twitter，但来自清华大学的调查发现，LinkedIn 等也是亚洲地区华语青年较常使用的社交媒体。因此，应扩展在 LinkedIn、Instagram 等境外社交媒体的重视程度，加强新媒体建设和引导，鼓励国内相关机构开设账号，从而更好地进行舆论引导和形象传播。

第二，吸引境外舆论场新生力量。境外舆论场中的年轻队伍是境外社交媒体布局的有力支撑和补充。海外留学归国人员、留学生、海外华人华侨、喜欢中国的外国人士等，都是国际舆论场的重要人群。有调查显示，Facebook 境外社交媒体在中国留学生中流行度颇高，是他们进行社交的重要平台。留学生们回国后，仍会登录境外社交媒体。且有数据显示，超过 81% 的留学生登录 Facebook 等境外社交媒体的主要目的是与朋友互动，具有很大的话题潜质和能力，他们能够传播更加真实、生动的中国人日常生活，在传播上常常占据主动权。因此，要吸引具有境外社交媒体使用经验和兴趣的部分青年和留学生加入到国际传播事业，与体制内账号形成互动，共同传播我国真实的形象。

第三，生产适销对路的国际传播内容。近年来，网上出现不少让不同国家的民众和网友喜闻乐见的新闻产品和微视频。比如，"复兴路上工作室" 2015 年推出的习近平主席出访之万隆篇、巴基斯坦篇、俄罗斯篇、美国篇、英国篇、非洲篇、"十三五之歌"等，选题与呈现方式屡屡突破常规思路，受到国内舆论颇多好评。对此，我们首先要善于运用适合新媒体平台的传播元素。同时，国际传播还要善用适合新媒体平台的呈现方式，如高清图、GIF 动态图、小视频、H5 页面等，都是网友们最乐于传播的形式。

第四，进一步推广国内主流社交媒体。在使用新媒体进行对外传播的过程中，港澳台地区网友的习惯是不能忽视的方面。通过微博、微信等社交媒体在港澳台地区推广、推送反映内地真实情况的讯息，有利于逐步消解偏见，构建和谐发展的中国形象。新浪微博 2012 年年底在台湾推出繁体版，以减少网友的使用障碍；微信从 3.0 版本开始，支持繁体字的使用。同时，微信、微博等社交媒体拥有庞大的国内外用户数量，其英文版在境外的推广，有利于提升中国话题的热度，构建更为多元与合理的国际社交媒体格局。因此，推动国内社交媒体走出国门，是提升新媒体对外传播能力的重要举措。

第五，建设国际传播效果分析评估体系。新媒体对外宣传能力的提升，可依托第三方专业机构，加强对我国新媒体境外传播力评估分析，提升新媒体海外传播策略。比如，境外社交媒体上中国形象的构建情况，包括境外主要媒体对中国形象的报道情况、对中国新媒体使用情况的报道和舆论反馈等。技术方面，依托最先进的大数据分析平台，依托成熟的短文本聚类技术、多语种分析技术、情感识别技术等，为媒体建立国际传播影响力智能分析评估体系。

第六，学习优秀国际媒体的成功发展经验。鉴于互联网对传统媒体的冲击，利益冲突、意识形态差异等诸多因素，国际媒体发展模式更为复杂多样。同时，境内外舆论和资本互通的趋势也愈发明显，媒体与互联网企业国际化趋势不断加强。批判借鉴和学习优秀的国际媒体成功经验，对增强我国媒体国际竞争力、改善国际社会对中国的认识都大有裨益。通过不断总结、取长补短，迅速提高新闻工作者策划报道能力和新媒体技术专业素养，增强我国国际话语权、自信心，树立良好的国家形象。

第七，加强国际媒介素养教育和人才培养。新媒体时代，组织在国际传播过程中的"把关人"角色弱化。新媒体信息传播的碎片化、无序化不断加剧。要提升新媒体对外传播能力，完善国际媒介素养教育体系势在必行，必须培养一大批国际传播人才和管理人才。同时，不仅需要针对大学生设置国际媒介文化公共课，还需要积极鼓励媒体、政府和企业在职人员学习国际文化和传播技巧，努力推动新形势下我国国际传播事业的不断进步与发展。

四、文化适应与文化抵抗

在人类文化学看来，文化包含使人类生活高于动物水平的一切事物，文化的独特使它的进化具有明显的独特性，从某种意义上说文化的演进就是对摄取自然资源、协调外来文化影响的适应过程。文化的适应过程一般具有两重特性，即创造和保持。创造是一种结构和模式的进化，这种特定的结构和模式能使一种文化或一种机体实现必要的协调（认同或调整）以适应环境，适应于自然居住地和周围的互相竞争的其他文化。联合国经济发展与合作组织总干事约翰斯顿在 2000 年发表的一篇题为《全球化抑或石化》的文中就认为：全球化正在影响人们生活各个方面的过程，对付全球化的最好办法不是别的就是适应，否则就像那些物种进化中抵制适应的生物一样，适者生存，不适者可能变成当代的"活化石"，最后发现他们自己很难生存下去。

20 世纪 90 年代初，欧洲和日本并没有在乎美国的新经济，但美国经济在信息技术革命和全球经济自由化的推动下却快速地演变成为世界上第一个生机勃勃的知识经济国家。经济发展陷入衰退的欧洲和日本无论如何也坐不住了，为了适应知识经济划时代的方向性变化，欧洲人迅速开始借鉴美国企业管理的经验，更加注意跟上技术进步的步伐，欧式资本主义在全球化的影响下发生着静悄悄的革命。在日本，2001 年 1 月，一份探讨日本在 21 世纪定位和发展方向的报告《日本 21 世纪的新目标》提出的建议引起了强烈的反响。如该报告提出了日本应规定英语为第二官方语言，以提高日本人的英语水平，更好地掌握网络技术和数字技术，日本应该像其他先进国家那样鼓励外国人才在日本定居和创业，以适应全球化发展的需要等。欧洲与日本对全球化趋向的适应性反应，即是异质文化整合时文化的认同与协调机能的表现。它表明，一种文化只有与时代相适应，即不断更新发展，又不失自身的传统特色，才是一种有生命力的文化。

文化适应中的保持则是一种稳定机制，即保持已实现的适合的结构和模式，当它受到外力作用而不得有所改变时，这种改变也只会达到不改变其基本结构的程度和效果。这种趋于稳定性的固执倾向是各种文化的共性。但如果一种文化受到外来文化的强烈影响，或依附于外来文化的舶来模式，这种外力的作用则会使文化被同化甚至濒临灭绝。

人类文化学还告诉我们，人类文化结构的组成部分经常呈现不均衡的状态，从文化互动中可以分辨出各类文化的吸引力和拒斥力，当某类文化对其他文化的吸引力远远超过其他文化对它的排斥力时，这类文化可称为强势文化，反之则是弱势文化。在这种不平等的情况下进行的不同文化间的交流，强势文化国家对弱势文化国家的传播主权和文化传播资源将构成威胁，还给弱势文化国家带来"文化紧张"，即

"给原本单一、封闭的弱势文化环境中的受众造成紧张、迷茫、无从选择等心理压力，并在弱势文化地区造成了价值体系的混乱和价值观的冲突，最终将导致弱势文化的萎缩或被强势文化同化，或文化殖民的产生"。[①] 因此，对于来自美国为主的西方国家的文化渗透和文化"入侵"，发展中国家如不增强自身的文化实力，将会越来越沦为发达国家的文化消费地，并进而失去赖以生存的文化根基，最终在国家竞争或全球化浪潮中处于不利的发展地位。

为此，世界上许多国家，包括西方一些发达国家都为了各自的国家与民族文化利益，纷纷采取文化保护主义政策和建立防范机制。如法国为抵制和限制美国娱乐产品在法国的销售、传播，保护法国的文化和文化产业，规定法国的电视和广播节目至少要有 40% 的时间使用法语，并规定全国影院所放映的影片中，好莱坞影片最多只能占 1/4；加拿大于 1995 年将美国的乡村音乐电视台逐出加拿大之后，为保护本国的期刊业又在 2000 年实施了 C-55 号法案。该法案规定加拿大的企业不得在加拿大发行的外国期刊上做广告，否则将被施加高额税款。此法案通过切断美国期刊在加拿大的财源，从而达到保护本国文化产业的目的。

20 世纪 90 年代以来，欧洲人意识到，在国际传媒巨头负载的美国文化的威胁面前，欧洲文化内容与管理的创新已刻不容缓，从而以建设"文化内容产业"为目标的发展战略构成了欧洲国家面向知识经济的国家战略的核心。为了使欧洲国家共同抵御外来文化的入侵，特别是美国影视节目的威胁，1989 年欧盟发布了《无疆界电视指导原则》，要求其成员国确保广播电视机构为"欧洲作品"预留出大部分播出节

---

① 段京肃：《略论文化交流中的逆差现象》，《国际新闻界》2001 年第 1 期。

目时间（50%或50%以上的播出时间），以免受国外（非欧盟国家）节目的竞争，并且实施旨在激励欧洲电视剧节目制作的配额制，要求广播电视机构将其播出时间的10%乃至更高比例，或将节目预算的10%预留给"独立广播电视机构"制作欧洲作品。1992年，欧盟认同法国的"文化例外"概念，并确定了界定"文化例外"的六条标准。1993年10月，当时的欧共体国家的22名导演又在比利时的蒙斯发表了"蒙斯宣言"，要求世界贸易组织把那些正在谈判的关于放松服务行业贸易限制的规定中，必须加入包括影视在内的"文化例外"条款，以求对美国影视节目进口数量的限制和对欧洲文化的保护。1993年12月，长达7年的乌拉圭谈判结束时，在共同签署的协议中，法、美两国声明将视听产品排除在服务贸易自由化之外，从而把影视业排除在了关税总协定的全球贸易协议之外。法国人在巴黎欢呼这次"漂亮而伟大"的胜利，认为这样使法国"避免了一场灾难"。

20世纪末期以来，传播技术，特别是互联网的应用与发展，即"信息高速公路"所加速的传播全球化，使一种文化全方位地向其他文化开放并介入其他的文化，或者说又使一种文化面临着其他文化的大规模"侵入"。100年前法国的卢米埃兄弟（Auguste Lumiere、Louis Jean Lumiere）发明了电影，但到20世纪80年代后，法国电影几乎被美国好莱坞的电影挤进了夹缝中。法国的电影名星德帕迪约（Depardieu Gerard）不得不冲进电影放映室，把正放映的好莱坞电影胶版一尺尺扯出来拿到巴黎的协和广场焚烧。但是，当国际互联网络与法国的各个电脑终端相连接起来后，德帕迪约们就难以再用烧毁电影胶片这种方式来表达法国艺术家和观众对好莱坞电影文化入侵的愤怒反抗了。因为好莱坞电影又可以通过"信息高速公路"进入世界各国千家万户的电脑中，任人们选择观看。难以抵御的好莱坞文化利用"信息高速公路"继续的文化——商业征服行动，正在使世界各国的文化面临更大的挑战。

几十年来，英语已是最通行的商务语言和科技用语，在今天的国际电子通讯中，90%以上都使用英语，尤其是互联网络的发展，许多非英语国家惊慌地发现，英语已成了计算机信息网络技术和传递内容的通用标准语言了。英语在"信息高速公路"上的垄断趋势使法国总统希拉克1995年12月在第六届法语国家首脑会议上不得不惊呼：将来非英语国家在文化上有被挤到边缘的危险。日本的一些有识之士也担心，如果全球信息化果真以英语为通用语言，那么日本在电子和信息技术方面的优势必将受损，在未来这场信息高科技竞争中日本可能因此将败给美国。这些惊慌并非杞人忧天，因为全球至今也只有10亿人能使用英语，有40亿人不会使用英语。如果"信息高速公路"的全球网络只通行英语，那么各国将产生新的文盲，非英语文化也将随电脑文化成为世界的主导文化而消失。

为此，法国前总理克勒松夫人呼吁，欧洲不仅要保护音像文化制品，现在还应把保护范围扩大到数据信息、电子出版物及互联网络，以便抵挡美国文化新形式的入侵。希拉克总统也极力倡导建立"全球法语信息高速公路"。其他许多欧洲国家也纷纷自立本国语言文字的处理标准，不想受美国标准的控制。汉语也如此，在伟大的信息时代来临时，汉语的地位和出路将如何？一个民族的存在，也是以其使用的语言作为一个标志的。我们也只有在发展和赶超世界信息高科技水平过程中，保存、维护和发展汉语，才能发扬光大中华文化、让它能切切实实在世界文化之林中占有应有的位置。因此，"信息高速公路"上的"英语抵制"问题是技术之争，也是文化生存之争。

在未来的信息化社会里，一种文化价值观的影响力，将很大程度上取决于支持这种文化价值观的科技，尤其是信息技术是否足够强大和领先。因此，一些非英语国家正在投入更多的人才物力和财力，在影响甚至决定未来社会发展的信息科技领域中争先，以保持本国文化的生命力。信息传播全球化对文化发展的影响，还使越来越多的发展中国家意识到，一个国家的未来将取决于它进入信息高速公路的程度。现在，占全球人口一半的亚洲国家正积极追赶世界信息化进程，不仅加大了对信息基础设施的投资，不少国家还加紧发展多媒体信息技术，力求通过发展与参与竞争来推动自己国家经济与文化的繁荣。

跨民族、跨地区的文化交流是人类共同进步的重要条件，但跨文化交流是对外来文化的整合，也带来了对本土文化的冲击。其结果是可能促进本土文化的发展，也可能带来本土文化的异质化。也就是说，在传播全球化的过程中，强势文化单向地流向弱势文化，而弱势文化在强势文化的侵入和渗透下，不得不认同和接受强势文化的价值取向与行为规范等，以适应强势文化主宰的社会系统，因而容易出现弱势文化的特质与强势文化特质逐渐趋同的现象。文化的同质发展趋势容易削弱文化的自主能力，使各国或各民族的主文化与亚文化之间产生紧张，文化的对抗与冲突自然难免；并且，随着全球化的推进，外来文化成为亚文化的重要组成部分，将会对主文化产生疑惑和排斥，在内部削弱社会文化结构中主文化的权威，从而使主文化的传承与发展面临断裂的危险。

人类的文化是在不断冲破文化隔离的天然壁垒与人为壁垒的过程中发展起来的。文化隔离虽然使民族文化在一定历史时期中得到了独立的发展，巩固了文化的特质，但文化隔离在总体上毕竟与人类历史实践的必然要求相背离，是与整个人类文化发展必然要求背离的，也与民族文化发展的长远利益——使民族文化永葆生机与活力相背离。文化隔离容易形成人们的文化优越感，也容易使人们形成文化上的"自我中心"和盲目拒斥外来文化的心理。所以，各个国家各个民族以闭关自守维护生存空间、躲避竞争威胁是不可行的，应该在跨文化交流中采取积极和主动的姿态，在不断改善自己的前提下与别的国家和民族进行文化交流，在丰富世界的同时实现自我发展。

19世纪中叶以来，中国即被深深卷入了以西方文明和西方价值为主导的世界潮流，向西方学习与批判西方，向西方开放与抵抗西方，一直是中华民族无法回避的重要课题。进入21世纪的今天，我们又面临着全球化文化冲突与文化竞争带来的新挑战。毫无疑问，如何应对这一挑战是关系着我们国家与民族的文化生存与文化发展的命运攸关的问题。

五、电视模式产业发展的全球态势及中国对策

全球范围来看，近年来电视模式的生产、交易规模及覆盖范围等均加速增长，价值链急剧扩张，模式节目的社会话题性和文化效应也随之发酵，仅以中国为例，接连出现的相亲、选秀以及亲子节目潮及相关热议等堪为佐证。可以说，模式产业正成为当前创意产业发展的重要一环，模式输出不仅带来巨大经济效益，也正成为国家软实力的重要构成之一。我们在对2000年以来，尤其是近年来欧美及日韩电视模式的文本、产业及受众等层面持续关注的基础上，深入考察电视模式产业的全球发展态势，观照中国电视模式发展状况并从四个层面提出对策建议。

（一）全球电视模式产业发展阶段及相关研究回顾

电视模式的发展一直处于政治经济变迁、技术演进、社会关系变革等共同编织的全球网络之中，关于其产业的起源及发展，近年在欧美学界多有讨论，有论者也在追根溯源中提出作为英美发明物的模式交易是当前模式产业的源头①。长期关注电视模式的美国学者莫兰（Albert Moran）将电视模式产业发展分为四个阶段，认为，1935—1955 年是创新节目模仿期，1955—1980 年是模式交易萌芽期，1980—2000 年是模式产业形成期，2000 年至今，模式产业成为全球范围的重要产业②。莫兰的模式发展阶段论有其合理性和指导价值，其中亦有两点值得注意：一是莫兰的阶段划分是以欧美模式产业发展为主要着眼点的；二是进入新千年以来的模式发展在范围、规模、类型等方面都发生了质的变化，并且呈现出鲜明的阶段性，将其笼统论之在大的历史框架中有其合理性，但从当下视角来看则有必要对其进行细化梳理和分析。本书结合模式交易的规模、流向、交易主体、播出时间、创造价值等指标将 2000 年之后的电视模式产业分为三个阶段。

1. 2000 年至 2005 年：模式交易的全球酝酿期

20 世纪末以来，媒体的全球扩张既加剧了本土节目在国际市场的竞争，也刺激了跨国节目的本土化，电视模式逐渐成为全球电视制作、

---

① Jean K. Chalaby,"At the origin of a global industry: The TV format trade as an Anglo-American invention", *Media, Culture & Society*, January 2012，vol.34（1），pp.36-52.

② See in particular, Jean Chalaby,"The Making of an Entertainment Revolution: How the TV Format Trade Became a Global Industry", *European Journal of Communication*,26,4,2011, pp.293–309; Jérôme Bourdon,"From Discrete Adaptations to Hard Copies: The Rise of Formats in European Television", in Oren and Shahaf, eds, *Global Television Formats*，pp.111-127.

流通的重要部分，标志之一是 1999 年在蒙特卡罗电视节上开创了第一个电视模式市场[①]。2000 年以来，模式数量剧增，范围扩大，大量娱乐节目模式在全球流通。有研究报告指出，2002 年以来，全球模式节目的播出时间增长了 22%，播出的模式数量增长了 1/3 强，2004 年全球电视模式交易达 24 亿欧元[②]。这一时期的模式交易还是集中于欧美，从产品价值来看，美国是最重要的单一模式市场，紧随其后的是德国和法国，但从模式出口总量来看，欧洲媒体公司占据了较大比例，英国是最大的模式出口国，占据所有模式节目播出时间的 32%[③]，在一定程度上打破了长期以来以美国媒体产品为主体的单向流动，但未改变全球模式市场以西方发达国家为绝对主体的不均衡格局。亚洲一些国家和地区也有对热门娱乐模式的借鉴模仿和少量引进，如《偶像》《谁想成为百万富翁》等即出现了多个亚洲版本并取得了良好收视。就中国来看，娱乐节目在新千年初的大发展在很大程度上也得益于对各种成功模式的引进和模仿，而且模仿的比例要远高于模式引进。真人秀和游戏节目是此一阶段的模式主体，同时，伴随着交易量和范围的扩张，各类权利纠纷也相应而生，目前业内比较受认可的国际模式权利保护协会（FRAPA）即成立于 2000 年 4 月，着力于为全球电视模式提供认证和保护，国际模式律师协会（IFLA）亦在 2004 年成立。

2. 2005 年至 2010 年：模式交易的蓬勃期

技术和资本驱动下的媒体疆界消融和创意产业版权保护意识的增强

---

① 殷乐：《电视模式的全球流通：麦当劳化的商业逻辑与文化策略》，《现代传播》2005 年第 4 期。

② "The Global Trade in Television Formats, Screen Digest analysis of The Wit data", *SCREEN DIGEST*, April 2005.

③ "The Global Trade in Television Formats, Screen Digest analysis of The Wit data", *SCREEN DIGEST*, April 2005.

是该时期的主要背景，这一阶段的特征为交易量稳步增长。2006—2009年间，有445个原创模式在全球播出，而2002—2004年间仅有259个原创模式播出，模式输出主体亦有扩展，欧美在保持引领地位的同时，模式开发和引进在亚洲也有渐发之势，尤其是日本开始崭露头角，从FRAPA在2009年推出的研究报告中可见，2006—2009年间，模式出口量超过引进量的国家有四个：英国、美国、阿根廷和日本。日本在引进了1个模式的同时输出了16个模式，其《墙洞》模式甚至进入了全球最成功的模式前十[①]，而其他国家也意识到了模式开发和交易的必要性，有韩国学者称，当前再也没有可以随意模仿海外节目的环境了。不仅观众可以通过多种渠道接触海外节目，而且从世界范围看，模式保护也受到关注。因此，再也不能非正规地剽窃和模仿节目了[②]。随着这一认识的转变，该时期非正规的模仿朝正规的模式交易的方向转变。中国的模式引进风潮也在这一时期开始勃兴。但总体而言，亚洲模式开发与销售并未形成系统。才艺秀、游戏节目和有奖问答是这一阶段的热门模式类型。

　　3. 2010年至今：模式产业的多元竞争期

　　2010年以来电视模式产业化发展特征更加鲜明，专业模式公司运作的商业化程度更高，市场进一步细分。一方面，越来越多的国家重视电视模式的出口，全球模式节目播出时间逐年增长，模式创造的价值也在不断提升，2011年欧洲广播商创制的50个流通最广的电视模式创造了20.19亿美元的价值。另一方面，欧美模式输出一头独大的局面开始改观，亚洲模式产业开始发展，模式交易市场多元化，全球模

---

① "TV Formats to the World"，*THE FRAPA REPORT 2009*，www.frapa.org.

② Jin Ah Bae，*A study on the format trade in broadcasting industry*，2008，Vol. 9（2），pp.6-36.

式产业在不同国家及地区处于不同发展阶段。就欧美而言，处于模式产业的成熟期；对于同在亚洲的日韩而言，则处于模式产业的成长期，如《墙洞》经 Fremantle 媒体公司发行，目前已在 40 多个国家及地区制作播出，在美国、荷兰、瑞典、澳大利亚等国均取得高收视率；对于中国而言，则是处于产业起步阶段，即投入期。从整体来看，全球电视模式产业发展的区域阶梯状特征鲜明，一个复杂的资本和节目流正在出现。

在这一从交易走向产业的扩张历程中，各界对于模式（format）概念的表述中亦呈现出一个递进的脉络。从最初的模式就是一个创意，到模式被定义为一个能产生独特叙事文本，并获许在境外进行本土化改编的表演活动[1]，模式的概念正从单一走向复合，在模式节目全球传播跨文化消费蔚为风潮的背后，是电视模式作为一个创意概念走向系统化工业化的轨迹。不唯在实践层面的逐渐升温，关于电视模式的研究也在深化和扩展，涉及产业、文化、内容、法律等多方面。如英国伯恩茅斯大学从 2008 年开始了电视模式的专题研究项目，在其《电视模式开发》项目中从法律保护、市场开发、案例研究、广告应用等方面对电视模式进行了详尽探讨；亦有学者关注各国案例，如对真实电视模式的加拿大案例分析[2]，有学者关注英美的模式交易传统和全球媒体产业的发展，有学者关注特定领域的电视模式，如从历史视角关注真实电视[3]。有学

---

[1] J. Chalaby，"The making of an entertainment revolution: how the TV format trade became a global industry"，*European Journal of Communication*，2011，26（4），pp.293-309; A. Moran，*Understanding the Global TV Format*，Bristol: Intellect，2006.

[2] Doris Baltruschat：《真实电视模式：加拿大偶像案例研究》。

[3] Michelle Liu Carriger，"Historionics: Neither Here Nor There with Historical Reality TV"，*Journal of Dramatic Theory and Criticism*，Spring 2010，pp.138-150.

者关注名人在大型模式中的角色①。Tasha Oren 在 2012 年编辑出版的专
著《全球电视模式：理解跨国界的电视》则从产业、文本、对话系统等
考察了全球电视模式。有学者在对全球文化发展的分析中也提及模式的
发展将是全球文化之争的一个重要领域。可以预见，与产业研究相并行
的文化之争及其影响研究将是全球模式产业实践和研究的重点之一。

（二）全球电视模式产业发展态势分析

1.欧美依然是主要模式输出国，模式创制主体出现多元裂变

一如西方国家对于成品节目输出的绝对主导地位，当前全球模式交
易中，欧美依然是主要输出国，英国继续保持最大的模式出口国，2011
年其模式节目出口占到了全球市场的 43%，同时英国是 2011 年播出模
式节目时间最长的国家，当年英国广播商制作的模式价值 4.75 亿美元，
其后为法国 3.82 亿美元，德国 3.82 亿美元，意大利 2.6 亿美元，上述
四国创造了欧洲总体模式价值的 3/4②。无论是从政策、资本还是文化层
面来看，这一主体地位在相当长的时间里还将延续。

国际电视模式创制主体正走向多元化，主体可以分为三类。第一
类为媒体机构或集团设立模式开发部门或收购模式开发公司，如新闻
集团旗下的 SHINE、Telemundo 的 ResetTV，强化模式部门进行研发。
第二类是独立的模式制作公司，一方面是模式节目越来越多地集中
于几家大的欧洲公司，2011 年播出的模式节目有 3/4 是由以下公司提

---

① Olivier Driessens, Stijn Joye and Daniel Biltereyst, "The X-factor of charity: a critical analysis of
celebrities' involvement in the 2010 Flemish and Dutch Haiti relief shows", *Media Culture Society*
2012 (34), p.709.

② "Essential Television Statistics, Madigan Cluff and Digital TV Research", *TV Formats in Europe*,
May 2012.

供：ITV 演播室（ITV Studios）、费瑞曼多（Fremantle Media）、安德默（Endemol）、扎迪亚克（Zodiak）；另一方面，知名独立制作公司目前正处于裂变期，如安德默等公司不断扩张公司的全球覆盖，同时又不断有人员流出成立新的模式公司，推出《The Voice》的 Talpa，首创明星跳水节目的 Banijay 都是从安德默分化出的公司。第三类则是电视机构与跨国模式公司的合作，如共同开发、推广或模式互换等，各国均有此类合作公司，发挥各自资源优势。

模式创制主体的裂变和身份多元化，也是创意产业发展的趋势所在。当前创意产业不再是大型企业，而是成千上万个不同品牌的各自独立的小型公司或工作室形成的生产网络，一方面在迅速走向裂变，另一方面则是走向多元联合。可以说，小型创意公司的崛起是个体在数字经济时代的地位体现，英国在 2013 年即出台计划资助小型创意企业发展。

2.模式流通周期缩短，超级模式节目（super-format）与日常模式并存

在模式产业加速发展和媒体内容竞争趋于白热化的共同作用下，全球模式流通的周期正变得越来越短，如 2010 年推出的《与我共餐》《声音》《守财》等模式，2011 年开始即在全球热播，而既往经验是一个模式推出至少要 2 年的时间发酵才能形成全球效应。韩国 2013 年的人气节目《爸爸去哪儿》，在中国同年 10 月开播并迅速成为热门节目。与周期趋短相应，模式节目播出也趋于全球同步化。内容方面，模式消费集中于娱乐及生活方式节目，《老大哥》这类以 24 小时窥视生活为内容的模式节目自 2009 年以来逐渐走向低落，从播出时间和创造价值来看，当前以大型选秀为代表的超级模式节目与生活方式及游戏竞猜等日常化模式保持了并进之势，但超级模式的牵扯面过广变身不易，也在一定程

度上制约其未来的大发展，在模式输出大国英国已经出现了对此类高投入大规模全球制作的"超级模式节目"过于依赖的担忧，这也为未来聚焦生活自助的常态模式发展提供了可能空间。

3. 以色列、日本、韩国等亚洲国家模式输出近两年出现大幅增长，并逐步形成与欧美有别的模式产业路径，未来将进一步推动全球模式的多向流通

长期以来，亚洲国家在模式输出中处于末端，有学者对模式流通路线图的描绘为：始于欧洲并在美国获得成功者，最终销往全球。[①] 这一线路图的变化从近两年开始逐渐展现出来，同在亚洲的以色列、日本和韩国已经意识到模式流通对本国文化创意产业的巨大机遇和隐患，采取了模式创意产业支持策略并取得了相当成果：以色列电视模式在全球市场销路良好，而原本在节目模式领域处于"纯引进"队列的韩国，自2011 年以来也已经出口了多个节目模式。日本模式输出近年持续稳步增长，2012 年以来日本政府加大了模式推广力度，在 2012 年年底就发起了"珍宝盒（Teasure Box）"计划，由政府牵头与多家主要公共和商业电视机构联合开发推广本国的节目模式，截至 2013 年 4 月加入该计划的电视机构有 NHK、NTV、TV Asahi、TBS、TV Tokyo、Fuji TV、ABC和 YTV 八家，基本囊括日本主要公共和商业电视机构[②]，其开发推广的电视模式也各具特色（见表 1），在 2013 年春季夏纳电视节上日本更明确提出：模式已经成为日本新的海外发展重点。有日本学者也提出电视

---

① Jean K. Chalaby, "At the origin of a global industry: The TV format trade as an Anglo-American invention", *Media, Culture & Society,* January 2012，Vol.34（1），pp.36-52.

② 官民共同で日本の番組"企画力"を海外へ輸出——日本政府・民放・ＮＨＫ、カンヌでオールジャパン イベント第二弾実施へ，2013 年 3 月 28 日，http://www.tbs.co.jp/eng/programsales/news/jp2013032816.html。

模式是多屏时代的内容产业发展的重要解决方案[①]。

表 4-1　日本 2013 年珍宝盒计划的电视模式

电视机构	电视模式
NHK/NEP	《灵光乍现》(『伝えてピカッチ』)
日本电视台 NTV	《A-HA！体验》「A-HA! 体験」(『世界一受けたい授業』のコーナー)
朝日电视台	《毋须过脑》(『クイズ！スピードキング』)
TBS 电视台	《运动之火》(『炎の体育会 TV』)
东京电视台	《万里寻爸》(『世界で働くお父さん』)
富士电视台	《遥远的邻居》(『世界の村で発見! こんなところに日本人』)
朝日广播公司	《钟架》(「ぐるっと一周クイズ」『ピカルの定理』のコーナー)
读卖电视台	《秘密已经出来了，故乡的骄傲》(『秘密のケンミン SHOW』)

资料来源：作者据日本媒体报道翻译整理[②]。

在产业发展上，日韩等国也形成了与欧美有别的发展路径，在模式开发上有经典节目的再开发、热门模式混合体、快速明星消费、国家文化品牌等策略，在模式推广上在关注全球市场的同时注重对亚洲市场的开发，如近年日本着重推进东南亚市场，韩国也加强对中国、泰国等市场进行开拓。亚洲模式力量的崛起有多方面的因素，其中值得注意的是对跨文化消费潮流的把握，如韩国输出的模式产品即显示出文化混杂特性，既转化了部分欧美的流行文化元素，又在本民族文化和游戏传统的基础

---

①　Jean K. Chalaby, "At the origin of a global industry: The TV format trade as an Anglo-American invention", *Media, Culture & Society*, January 2012，vol.34（1），pp.36-52.

②　官民共同で日本の番組 "企画力" を海外へ輸出——日本政府・民放・ＮＨＫ、カンヌでオールジャパンイベント第二弾実施へ，2013 年 3 月 28 日，http://www.tbs.co.jp/eng/programsales/news/jp2013032816.html。

上进行了有效改造，以不同文化品质的混杂来诱发跨国受众的消费欲望。

4.标准化与多元化态势日趋强化

模式产品的当代发展越来越明显地呈现出标准化与多元化共存态势，其标准化体现在以模式宝书和飞行制片人等为代表的标准化配方和制作流程，模式产品是创意和精密工业流程的结合，模式产业的出现和发展自身既已体现出内容生产的工业化和精细化态势，这也是多元化的基础和保障。其多元化则体现在多个方面，首先也是最为主体的是以生命故事的诉说和探索建构电视模式的文化和个性标签。模式节目提供的实则为全球范围的系列叙事，无论是偶像、恐惧元素还是达人、歌手系列，其本质体现的即为对生命故事的探索，不同文化群体在标准化模式改编中以个体生命故事体现多元化。在对全球流行电视模式的分析中，本书发现模式的流行度和创造价值与对生命故事的探索程度和表述方式成正比，从宏大叙事向小故事转向是生命叙事的当代特征，生命故事的探索从宏大叙事转向小故事，尤其重视日常对话中的自述故事①。电视模式的生命故事诉说在三个层次展开：第一层次为主体既有生活体验的诉说及呈现，完成自我主体建构；第二层次为主体在模式框架中与他者相遇，自身生活与情境互动，与特定时空下的人事物建立关系；第三层次为社会影响及后续发展层面。此外，生命故事的探索也是对当前媒介环境下受众角色心理的把握，模式节目的开放文本则具有真实而直接的参与感，受众将他人自述的故事以及通过参与模式而真实演绎的故事，与自己的文化传统和生活经验进行对照，通过个体故事去理解日常生活，建构人际伦理关系，并实现对心灵和情感的触动。而且，个体生命

---

① Georgakopoulou, *A Small stories, interaction, identities*, Amsterdam, the Netherlands: John Benjamins, 2007.

故事的分享中所引发的亲密感和认同感也是吸引粉丝、调动消费者积极性的一个有效策略。

其次为跨媒体与多形态的模式传播和营销，不同媒介为电视模式提供了更多的内容、传播与营销资源，全产业链的开发打破了既定的媒介边界，也延伸了模式的存在形态和时限，尤其是社交媒体在模式产业发展中扮演了重要角色，不仅带来了新的模式内容和交互渠道，也变革了营销手段。有学者认为，美国的文化产品是"被标准化的多元化"产品，令人不安但传播极其高效①，在模式产业的发展中也存在着同样的隐患，需要着力避免在高速高效的产业大潮中将多元化标准化。

（三）当前中国电视模式发展中存在的问题及风险

问题之一是模式进出口格局严重失衡。中国目前尚无模式输出，而引进模式的数量和播出时间加速增长，据不完全统计，中国在 2002 年到 2005 年间引进了 4 个模式，2006 年到 2009 年间增长为 10 个，2010年以来则引进了近 40 个模式，其中还不包括非正式版权购买的"借鉴"类模式节目。引进模式成为中国电视台的制胜法宝。问题之二是模式交易市场混乱，交易价格和交易形式不规范，中国电视台竞购模式也拉高了模式售价。问题之三是引进模式播出比重过高，原创节目和模式制播空间受压。同质模式节目在短时间蜂拥而上占用频道资源，在节目推广上也以大量的爆料、八卦为卖点。问题之四是未建立模式输出的创制和推广的良性机制。较之如火如荼的模式引进，原创模式的创制和推广未获得足够重视，仅靠零星自发创意难有突破。

---

① ［法］弗雷德里克·马特尔：《主流：谁将打赢全球文化战争》，刘成富等译，商务印书馆 2012年版，第 372 页。

模式流通是一把双刃剑，如不及早加以改变当前模式发展格局的失衡状态，会有几个方面的风险：

1.错失产业发展机遇，加固中国在全球创意产业链的下游位置

在这模式引进大潮中，作为处于绝对输入国地位的中国，虽部分模式引进实现了快速获利，但只是赚了些基于中国庞大人口基础的快钱，并未真正融入这一产业格局，错失打造模式产业的机遇，相反，加固了当前中国在文化创意产品链的下游位置。在引进韩国模式的《爸爸去哪儿》播出后，一个在18—28岁群体的小范围随机调查显示，对韩国的综艺节目，超过半数的受访者认为韩国节目最突出的优势是"节目有文化内涵"，也有30%的受访者认为韩国节目优势在于节目创新，80%的受访者认为中国的综艺节目"缺乏创新，大量雷同"，65%的受访者认为"商业炒作太多"，45%的受访者认为"节目庸俗"[1]。

2.一窝蜂的模式引进背后存在着创新力弱化的风险

引进是创新的基础，中国模式发展中的问题不是引进，而是一窝蜂引进，不仅体现在量上而且体现在类型上，选秀类、亲情类，一个模式成功立即带来诸多追随者，大量集中内容让同一市场迅速达到饱和，而营销中的过度商业炒作也让节目产生信任危机，人际流转本是电视内容增值的一个重要途径，大量利用社交媒体平台的炒作，让模式节目的话题性和八卦性淹没了内容本身，其中不乏优质之作被淹没其中，即便对于领头者而言，其红利甚至较难维持至第二季，《中国好声音》即为一例。

大量的引进模式节目加速了财务和编播资源对于此类"超级节目"

---

① 该调查由中国社会科学院研究生院新闻系 2013 级研究生徐畅在研究生院实施。

的集中，这些节目也压缩了原创新节目的编播时间和人力资源，如此恶性循环甚至会引发创意均一化乃至创新依赖。值得注意的是，在目前引进模式节目中，持续收视神话者寥寥，《我们约会吧》等模式在巨资引进后并未带来预期收益，依照目前引进模式的速度和规模，可以预见，未来引进模式节目的失败率会直线上升。

3. 失衡的模式引进格局使文化渗透不均衡

失衡的模式引进格局不只关系到市场份额、产业成败，还必然会带来巨大的文化交流"逆差"。尤其是在媒体渠道多元化的今天，各国均采用更为隐蔽的、日常生活化的意识形态渗透方式，生活方式渗透往往比政治宣传带来的影响力更为深远。故事和影像历来是传播价值观和信仰的重要工具，电视模式是一个生活方式的载体，从娱乐、生活方式这一领域的渗透，其影响力远甚于直白的宣传和意识形态争论，值得注意的是，当前在国内引发普遍社会关注的节目多为模式节目，2013 年上半年排名前 20 的卫视热播娱乐节目基本都是引进海外版权的模式节目，网媒关注前十名的卫视综艺节目中有 8 个是引进模式节目，加之各国收视率调查均显示，在流行文化中占据主体的青少年及 30—40 岁群体正是模式类节目的收视主体，失衡传播产生的文化影响不容忽视。

（四）中国电视模式创意产业发展的对策建议

对于中国电视创意产业来说，欲求进入大发展期，政府政策和社会条件的影响将发挥至关重要的作用，模式节目在中国的发展呈现出加速发展之势，面对巨大的市场空间和同样巨大的文化和生活方式载体，我们需要做的是融合这一大潮并占据主动地位，建立完善的模式产业，打造文化走出去新平台。

1. 对电视模式的认知亟待从单纯的节目（产品）层面提升至创意产业层面，重视创意经济时代中国视听内容发展战略的调整

内容产业的竞争正走向创意竞争，模式产业的大发展堪称是这一创意竞争的直接体现。韩国在其文化战略中提出文化产品具有 OSMU (One-Source-Multi-Use) 的特性，而模式内容的发展战略较之成品节目更甚一层，一个成功的电视模式不只适用于一个领域，而是能够形成一个运营平台，集合了创意研发、生产制作、宣传营销、发行播出、模式售卖、衍生品销售和文化品牌追踪维护等多种功能。而且由于模式节目自身具备的多向衍生效应，使其文化和价值观效应远甚于普通节目，而模式节目因其全球延展性，在经济和社会文化领域均会引发雪球效应。因此，视听内容发展亟待从节目层面上升至创意产业层面，树立产业规范，做好产业布局，同时针对其高文化附加值的产业特性，强化不同产业间合作，以合力推进中国原创模式产业发展，以模式输出作为文化走出去的重要渠道，发挥流行文化产品特有的生活方式影响，提高国家文化软实力。

从视听内容生产来看，中国当属大国，而从国际节目交易量和影响力上来看，中国是全球广播影视内容市场中的小国。2012 年，全国电视节目和服务出口共约 4.95 亿美元，其中电视剧、动画片、纪录片、综艺专题等电视节目出口 7455 万美元，而英国 BBC 环球 2012 财年的节目销售和发行收入为 3 亿英镑（约 4.5 亿美元）。

如果说，中国在影视节目创制和全球传播上未能把握先机，那么当前模式产业的发展为中国提供了一个机遇，借鉴模式输出大国的发展经验，推进中国电视模式创意产业的发展。

2.成立中国本土的模式监管协会，针对模式产业特征转换监管手段，发挥政府在模式产业发展中的协调作用

当前媒介环境变化迅疾，视听内容监管如过细过于微观，将难免导致业界发展亦步亦趋的滞后性。考虑到模式发展态势，建议由主管部门和多领域第三方研究机构协作成立模式认证和保护协会。

目前 FRAPA 已经有全球 100 多个会员，其中中国也有几家公司加入了国际模式保护协会，据称提交到 FRAPA 的争端 80% 能够通过协商签署解决方案。就中国而言，成立中国模式监管协会的作用有五个：一是规范模式交易市场，减少重复盲目引进模式，避免模式引进不正当竞争，协同业界摸索符合国内广播电视制作条件的模式交易方式；二是建立第三方模式评估和改造机制，有效评估引进跨国公司的模式制作节目，使国内电视业的收益最大化并强化竞争力，以求模式的引进为国内电视业带来切实的利益；三是协调解决模式创意权利纠纷，引进及"借鉴"的各类模式节目的版权纠纷已经并将在很长一段时间内存在，由于模式保护的相关法规尚不完善，此类纠纷一直未获合理解决，协会的成立将对此类问题进行调解；四是中国原创模式认证和权利保护，原创电视模式可提交相应材料进行注册并获得协会保护，激发创作活力并优化市场竞争秩序；五是多方协调，扶持推进原创模式的开发制作及输出。总之，以模式协会发挥政府统领协调作用，对模式引进制作播出、原创模式的开发推广进行有效管理。

3.借鉴国际成熟经验，建立节目模式可持续创新的各项机制，实现节目模式创意的产业化、市场化运作

结合国际经验来看，模式输出是一个需要政府、电视台和制作机构多方合作的系统工程。

（1）发挥各级电视台、新媒体平台和社会制作公司及制作人的协力作用，成立专业模式部门或与社会制作公司建立合作关系，在对既有高收视节目和热门视频进行模式化开发的同时策划和开发新模式，同时在模式开发、制作过程中注意每一环节的标准化管理，便于最终形成可复制的制作指南。

（2）按照国际上的模式交易规则规范流程。把握节目输出和模式输出的差异，树立模式的商品意识并着力维护其品牌价值，并对模式的商品化进行更多人力和经费的投资。

（3）在政策和资金上对模式研发进行扶持，设立模式开发扶持基金，扶持独立模式创意公司，刺激本土创意模式的研发推广。

（4）通过多种手段加强国际合作，如与国际模式公司的合作、并购等，以此拓展节目模式的全球流通。

4.以政府和广电机构形成合力，有针对性地拓展海外市场，推进本国文化产品的国际贸易，以模式输出搭建文化走出去的有效平台

结合多方面因素来看，打造具有特色中国原创模式并全球输出将是中国文化走出去的一个重要平台。电视模式节目的收视群体广，社会关注度高，具有广泛社会话题性和文化渗透效应，衍生领域丰富，比成品节目更有全球创意传播、价值观输出和文化渗透的优势。中国需要以原创电视模式输出搭建文化走出去的新平台，创新对外宣传方式，增强文化软实力。建议由政府牵头建立一个原创模式的海外推广项目，积极推动原创模式发展，通过多重渠道向海外推广国内优秀的模式产品并助力其产业衍生、文化融入。目的是通过政府和产业间的伙伴关系、不同产业间的协作关系，形成合力共同推广中国原创内容产品，打造文化品牌。韩国文化体育观光部和未来创造科学部对不同国家和地区的市场情

况进行了分析、梳理，制定了适合不同目标市场的发展战略。对于电视模式而言，需要根据自身特点有重点、有步骤地布局，从亚洲市场再走向全球。

总体而言，电视模式产业的大发展是一个不可逆转的趋势，也是全球化的一个重要构成部分。如法国文化学者马特尔所言，世界文化大战已经爆发，这幅全新的文化交流版图尚处于绘制成形的阶段①。电视模式之争已经并将在世界产业、文化之争中占据不容忽视的位置。在这一全球图景中，中国电视如何在海外模式的本土化改造及原创模式发展中寻求平衡点和突破点，如何加强内容产业的创新，如何把握机遇在世界内容贸易中占据一席之地，如何通过文化与信息传播来赢取新的影响力等议题都日渐紧迫，未来发展还有待各方务实且有前瞻意识的探索、思考和实践。

第二节　中国的文化建设与文化安全

一、21世纪中国的文化建设与文化发展战略

我国社会主义文化建设包括了教育、科学、艺术、新闻传播等事业的发展几个方面。作为我国第三产业重要组成部分的文化产业的崛起，是近年来社会变革中最引人注目的景观之一。它的兴起与发展，是我国改革开放和社会主义市场经济发展的必然趋势，是文化事业在新的历史时期繁荣发展的重要途径。在我国，在过去相当长的一段时期内，由于

---

① 参见［法］弗雷德里克·马特尔：《主流：谁将打赢全球文化战争》，刘成富等译，商务印书馆2012年版。

片面地强调文化事业的意识形态性和政治功能性，否定了文化事业的产业属性。文化产业概念的确立，标志着我国文化事业的发展进入了一个新的历史阶段，已经由过去的计划经济体制下的文化事业发展模式向社会主义市场经济下的文化产业发展方向转变，从而确立了文化事业作为一种产业在国民经济和社会发展中的重要地位，即意味着它不仅是精神文明建设的重要领域，也将成为国民经济发展的支柱性产业之一。

我国是一个文化资源大国，五千多年的文明史积累下来的丰富文化资源，使中国具备在世界范围内发展文化产业的独特优势。但是在很长的一段时间里我们忽视了将其视为宝贵的社会经济资源。这就使得中国虽是一个文化资源大国，却处于一个文化产业弱国的地位，并且在当今文化全球化的大潮中面临西方文化全面入侵的危险。

在我国这样一个历史悠久、人口众多的大国中，文化产业更具有广阔的市场前景，拥有巨大的、不可估量的经济潜能。改革开放以来，中国社会发生了深刻的变化，向市场经济的转型是这一变化的主要特征，并由此带来的文化表征就是文化市场化的趋势，尤其是 20 世纪 90 年代以来，这种趋势更加明显，表现为居民文化消费在总消费中的比例高速增加，我国居民文教娱乐的支出近年开始超过日用品类的消费，这意味着过去由计划经济体制提供的文化娱乐已逐渐转向个人通过消费市场获得。据统计，2003 年，我国居民文教娱乐的支出增长了 11.6%，其中文化娱乐服务支出增长了 52%，在所有消费支出项目中居于首位。

就总体而言，文化生产和消费已经由国家自上而下全面地支配和管理转型为市场化条件下的多元形态。由此导致了一种以大众文化为中心的文化生产和消费机制已经形成。这样，文化消费又为我国的文化市场发展创造了基础和条件。当今我国文化产业发展的总体趋势是按照社会发展的方向和进程的要求，着眼于国内巨大的文化消费市场，建立健全和完善文化市场体系，在立足国内市场、自力更生的基础上，加强同国外文化产业的交流，加入国际市场经济的大循环。

在市场经济大背景下，我国的文化产业正在成为国民经济新的增长点，在第三产业中的地位迅速提高。从总量上看，2003 年我国文化及相关产业所创造的增加值为 3577 亿元，占 GDP 的 3.1%。其中，广播电视业的崛起及音像产业就正在成为我国文化产业中的重要支柱。近 10 年来，影响了中国人生活和价值观发生深刻变化的是电视这一大众媒体。电视对于中国人的生活影响相当巨大，电视既作为一个新闻和信息最为重要的传媒平台在发挥作用，同时也是综合了不同文化娱乐形式的大众文化的生产与传播中心，收看电视节目是当下中国人文化生活和文化消费的主要方式。到 2004 年我国已拥有电视台 300 多家，是世界最大的电视网，电视观众近 13 亿人。截至 2003 年年底，我国平均每日播出电视节目 2165 套，25611.5 小时；1991 年电视广告的收入首次跃居各种传媒的榜首，2001 年电视广告收入达到 400 亿元左右，中国电视业发展至今已无可争议地成为文化产业的龙头。2004 年上半年中国电视媒介广告的总投放量达 789 亿元，高于整体全国广告市场的增长速度。[①]

世界电视的产业化已经走过半个多世纪的历程，而我国电视产业的市场化进程从 20 世纪末才刚刚开始，和其他信息产业一样，电视产业属于高风险、高回报的产业，特别是电视数字化和卫星化传播的技术发展趋势，无疑将在现在或将来国家产业结构调整扮演重要角色，蕴藏着巨大的商机和市场。

---

① 参见《中国广播电视年鉴》（2004 年）；黄升民：《2004 中国广告市场回顾》，载《2004—2005 中国传媒产业发展报告》，社会科学文献出版社 2005 年版。

改革开放以来，我国的广播影视事业在党的领导下，贯彻执行党的路线方针政策，把握正确的舆论导向，成为党和人民的重要喉舌，成为社会主义思想文化建设的重要阵地，成为了中国人民必需的精神食粮。我国电视产业的经济实力的增强，为国家的经济发展和社会进步作出了贡献。

进入 21 世纪，面对世界政治、经济的新格局和科技的发展，面对全球综合国力的激烈竞争和各种思想文化的相互激荡，面对我国改革开放和社会主义市场经济的深入发展，2006 年 9 月《国家"十一五"时期文化发展规划纲要》提出了我国文化产业的发展战略为：培育文化市场主体，提高国有文化企业竞争力，形成以公有制为主体、多种所有制共同发展的文化产业格局。

我国加入 WTO 后，面对迈向小康社会的我国人民精神与文化需求的日益增长，我国电视业既有难得的发展机遇，又面临严峻的挑战。为适应国际国内形势发展的需要，进一步壮大我国广播影视的实力，增强自我发展的活力和参与竞争力，在党中央的高度重视和关怀下，经国务院批准，我国规模最大的新闻传媒集团——中国广播电视集团于 2001 年 12 月 6 日在北京正式成立。这艘中国传媒的"航空母舰"是拥有广播电视电影传输网络、互联网站、报刊出版、影视制作、节目销售、科技开发、广告经营物业管理的大型国家级综合传媒集团，它的建立意味着广播影视业改革的深化，也标志着我国广播影视的产业化发展大大加快，其经济实力与知名度和影响力都将大大提高。

斗转星移，时光飞逝，中国的文化产业经过了十多年的发展，呈现出欣欣向荣的新气象、新特点。2016 年是"十三五"规划的开局之年，也是供给侧结构性改革的深化之年。在宏观经济下行压力加大的背景下，中国文化产业逆势增长，不仅发展速度保持快速增长，而且"文化+"融入相关产业发展之中，提升了经济发展质量，促进了经济转型升级。更为重要的是，文化产业的内容生产有了文化自信的支撑和引领，开始在凝聚民族精神、倡领道德新风、激发向上力量等方面释放出强大的精神力量，让中国人更有时代的精气神。

文化自信悄然改变着中国文化产业生态，文化产业人士油然而生的自豪感和由内向外迸发的创造力让 2016 年的"走出去"和"引进来"都有了浓墨重彩的"大手笔"。世界文化产业巨头美国迪士尼进来了，在上海开设首个主题乐园。有人说是"引狼入室"，但业内人士却自信地说"与狼共舞方显英雄本色"，倒逼国内主题公园提高质量，走"差异化"路线，在竞争中找到立身之地。

你来我往，有进有出。以万达集团为代表的中国文化企业也阔步"走出去"。万达集团旗下美国 AMC 院线并购欧洲第一大院线 OdeonUCI 院线通过欧盟批准并完成交割，万达由此完成全球电影院线布局。2016 年 11 月 1 日，文化"走出去"成为中央深改小组第二十九次会议的议题，会议审议通过了《关于进一步加强和改进中华文化"走出去"工作的指导意见》，强调要加强顶层设计和统筹协调，创新内容形式和体制机制，拓展渠道平台，创新方法手段，增强中华文化亲和力、感染力、吸引力、竞争力，向世界阐释推介更多具有中国特色、体现中国精神、蕴藏中国智慧的优秀文化，提高国家文化软实力。

2016 年 12 月 19 日，一个关系中国未来五年发展质量的规划——《"十三五"国家战略性新兴产业发展规划》出台，人们发现"数字创意产业"赫然在列。该规划提出，以数字技术和先进理念推动文化创意与创新设计等产业加快发展，促进文化科技深度融合和相关产业的相互渗透。

动漫游戏、网络文学、网络音乐、网络视频等数字创意产品已成为群众文化消费的主要内容。2016 年前三季度，文化及相关产业 10 个行业的营业收入均实现增长，以"互联网+"为主要形式的文化信息传输服务业一马当先，营业收入达到 3917 亿元，增速高达 30.8%。两位数的逆势高增长充分显现出数字文化产业的活力和前景。到 2020 年，我国将形成文化引领、技术先进、链条完整的数字创意产业发展格局，相关行业产值规模达到 8 万亿元。

二、21 世纪的国家文化安全与文化安全战略

20 世纪末期以来，随着全球政治、经济、文化以及国际关系格局的变化和发展，国家安全的内涵不再仅指国家的军事安全，还包括经济安全、信息安全、文化安全等诸多方面。

作为一种新的国家安全概念的文化安全，一方面有其相对的独立性，即它的涵盖面在于文化领域，而且与其他方面的安全不一样的是，文化安全具有复杂性、隐蔽性和长期性特点；另一方面，文化安全也不是孤立的概念，它与政治安全、军事安全、经济安全等共同构成一个完整的安全概念，彼此相互作用、相互关联。虽然在一般情况下，文化安全问题并不能超越政治安全与经济安全、军事安全而占据主导地位，但文化安全问题始终存在，在一定条件下还会变得较为突出，并对其他方面的安全产生较大影响。可以说，文化安全是发展中国家国家安全观的重要组成部分，没有文化安全就没有全方位的完整的国家安全。

文化主权伴随主权国家而产生，它是一国处理自身文化领域一切事

务的最高权力，它对外具有排他性。不过在没有文化霸权的情况下，这种排他性表现得不很明显，始终处于一种"隐性"状态。但当一个国家面临文化霸权的冲击时，作为文化保护主义的一种积极表现形式，文化主权的排他性在国家间关系中与霸权主义的冲突日渐突出。

西方发达资本主义国家基本的经济体制和规范在世界范围内广泛传播，以此为依托，其文化价值观也在全球产生了巨大影响，并成为他们对外战略中有效利用的工具。而发展中国家对西方发达国家产生的依赖性，如落后国家使用西方高科技产品时，便容易接受先进产品中凝结的西方文化。尤其随着科技使信息传播和通讯手段发生革命性变化，利用信息技术侵入他国传播自己的文化与价值标准，成为霸权国家推行文化霸权战略的主要手段。而面对霸权国家的饱含西方价值观念和霸权理念的信息洪流，发展中国家的文化主权这道堤防显得柔弱无力。

中国是一个发展中的大国，也是一个正在崛起的社会主义国家，在文化安全方面，中国面对的压力尤为强大，面临的挑战也尤为严峻。加之中国具有五千年的漫长的文明历史，悠久的中华文化完全可与西方文化相媲美。为此，西方国家的一些战略家们在冷战后，尤其是苏联解体、东欧剧变之后，将中国视为与西方意识形态迥然不同的具有"危险"性的社会主义大国，特别是美国视中国与俄罗斯为它建立单极世界的重大障碍，动用包括文化资源在内的各种手段阻止这两个国家在21世纪的崛起。也正因为如此，中国始终承受着来自西方文化霸权的巨大压力，始终面临着维护文化安全的艰巨任务。因此，当前我们在强调政治主权和经济主权意识的同时，还要增强自身的文化主权意识，增强保护民族传统和民族精神的紧迫感和危机感。

　　我国的有关专家学者在探讨国家文化安全战略问题时提出了"文化安全系数"的概念作为我们建立国家文化安全机制的一个重要依据。他们认为，"一个国家的文化安全系数不仅和这个国家的文化产业化程度相关，而且也和这个国家文化商品的国际贸易化程度有必然联系。当一个国家的文化产业发展不能提供丰富的文化产品和服务以满足本国人民的文化消费需求，而这种需求又是必须得到满足时，这个国家的文化商品进出口贸易就会出现逆差。逆差越小，国际文化产品对本国文化产品的冲击越小，国家文化安全系数也就越大；逆差越大，外来文化商品挤占本国文化市场带来的对民族文化传统、价值观念等的冲击越大，越不利于本国文化产业的发展，国家文化安全系数就越小"。①

　　正因为文化商品的国际贸易有着一般商品的国际贸易所不具有的文化力量，对一个国家可构成致命的文化威胁，所以美国在与他国进行贸易谈判时，特别是在涉及有关文化产品的输入输出的知识产权谈判时要价很高，几乎是寸土不让，其中一个重要因素就是要在"贸易自由化"的幌子下，实现对他国的文化渗透和文化占领战略。同时，也由于国际贸易中文化商品在构成一个国家的文化安全方面有着与一般商品不同的特殊性，因此，无论在美国加拿大的关于《北美自由贸易协定》，还是欧美关于知识产权问题的乌拉圭谈判中，加拿大和法国等欧盟成员国都坚持不把文化商品的国际贸易列入美国的"贸易自由化"的框架中，同时还在与美国的贸易战中不断拓展各自的国际文化市场，在获得极大外汇收入的同时，扩大本国文化在国际范围内的生存与发展空间，积极参与国际市场竞争，维护本国国家文化安全。

---

①　胡惠林：《文化产业发展与国家文化安全》，《上海社会科学院学术季刊》2000 年第 2 期。

然而，长期以来，我国在对外文化交往中或开展国际贸易中，既忽视了文化商品的国际贸易所可能带来的巨大商机，也一直没有看到开展文化商品的国际贸易在维护国家文化安全方面的积极作用。国家文化竞争力和安全保障能力，说到底是取决于国家文化产业的国际竞争力，国家文化安全需要靠强大的文化力量来支撑。中华民族五千年的文明史为发展我国的文化产业奠定了厚实的基础，我们只有用优秀的民族文化产品来占领市场，我们的文化安全才有保障。在全球化时代，只有以更加积极的态度走向世界，充分利用国际文化市场的有利资源，才能发挥我国文化资源丰厚的优势，在提高国际竞争力的同时，增加我国文化安全系数，否则国家文化安全的维护与保障也就无所依托。

在全球化趋势加快的背景下，我国国家文化安全问题开始受到越来越多的关注与重视，针对如何保护我国国家文化安全，学术界也提出了众多的建议，例如要提高文化安全意识，加强马克思主义教育，提高文化创新能力，增强国际传播力等，大部分是从文化和政治的宏观角度来探索保护国家文化安全的途径。笔者认为，从传播学的角度看，大众传媒作为文化交流与传播过程中的重要载体，在国家文化安全方面有着重要的地位。

大众传媒可以增加文化类信息的数量和质量，电视、广播、纸媒、网络媒体可以通过设置文化类议程让大众更多地关注到中国文化、了解中国文化，增加大众对本民族文化的认同感。

电视作为大众传媒、作为文化交流和传播的重要载体，在保护我国国家文化安全方面有着重要的地位，可以发挥重要作用。大众传媒可以通过有选择地引进外国优秀文化、设置文化类议程、提高文化报道的能力和文化节目的创新能力等方法，促进中国优秀文化在世界范围内的传播和交流，推动中国优秀文化在国内的传承和发展，为保护我国国家文化安全贡献力量。[①]

文化自信是建立制度自信、理论自信、道路自信的认知基础和根据所在。中国特色社会主义文化自信的基本根据在于其孕育于中华民族文化传统，承接了其精神基因，具有厚重的历史优势；在于其以马克思主义为指导思想，具有推进社会进步、促进人类解放的先进思想文化内涵；在于其与中国革命文化传统一脉相承；在于中国社会主义伟大实践成果的支撑。辩证地认知历史，加强文化的自我认同，把握时代潮流，坚定共产主义信念，以及创造性地转化中华民族的优秀文化是中国特色社会主义文化自信的培育路径。[②]

第三节　电视文化传播及网络传媒安全

一、发展机遇与严峻挑战

20 世纪 80 年代以来，伴随着深化改革和扩大开放的现代化建设的推进，我国的电视传播事业越来越成为我国与世界交往和跨文化交流的一个重要桥梁。我国的电视传播业积极开展对外交往，从送片、交换节目、合作拍摄与制作、租用卫星传送节目、通过国际电视市场推广销售中国节目，到通过我国自己发射的卫星，向全球播送国际频道的电视节目；或通过合作的国际电视机构让我们的卫星节目落地，甚至走出去在

---

① 李艳、张金文：《大众传媒保护国家文化安全的路径探析》，《西部广播电视》2015 年第 6 期。
② 参见范晓峰、郭风志：《关于中国特色社会主义文化自信的几点思考》，《思想教育研究》2016 年第 7 期。

国外创建卫星电视，开拓华语电视媒体的新天地，坚持不懈地努力完成向中国传播世界先进文化、向世界传播中华文化的使命，为树立国家形象、创造条件参与国际传播竞争迈出了坚实的步伐，也为维护我国的电视文化安全奠定了良好的基础。

在积极加强国际间交流与合作的同时，我们还在充分考虑我国要在国情、国力与文化消化能力的基础上，处理好吸收外国优秀文化与保护民族文化的关系问题，在引进外来电视节目中注意分辨精华与糟粕，注意数量和质量适度引进，以积极的措施防范西方文化的侵蚀与负面影响。面对跨国卫星电视传播的渗透，我国依据国家的法律法规，对境外卫星电视节目进行积极合理的管理，有效地控制卫星节目的内容与传播范围，维护了国家的主权与国家利益，也捍卫了国家的电视文化安全。

21 世纪伊始，我国就获准正式加入世界贸易组织。根据有关协议和承诺，我国的电影和音像产业已经部分地、有限度地对外开放，国外部分大型传媒集团已有条件地进入我国的局部地区。不远的将来，我国新闻传播业及其一些相关产业的开放与市场准入度还将进一步扩大。国际国内新形势既给我国电视业带来了发展机遇，也使我们面临着严峻的挑战。

传媒被视为高利润的行业之一，外资、民营资本一直虎视眈眈。其实，在我国加入 WTO 之前，它们已经以各种"合法"形式，从不同层面曲线切入的策略，避开政策和法律的障碍渗透进来。

2000 年以来西方的各超级传媒，特别是一些电视传媒纷纷到中国抢滩的有：

——时代华纳：2000 年其所属的美国在线宣布与我国联想集团结成

战略伙伴，双方各投资 1 亿美元共同在中国市场发展消费者互动业务，现限于向用户提供互动服务的咨询与技术支持。美国在线与联想的合作是为了获得一个进入中国的渠道和窗口，联想希望通过合作引进盈利模式，寻找新的发展机遇；而美国在线欲通过与跟传媒业有关的互动服务企业的合作，为今后进一步进入传媒业做准备，因为收购美国在线的时代华纳肯定不会忽略中国传媒业这一有巨大诱惑的市场。另外，《财富》中文版 2001 年的发行量为 75，228 份，读者为 827，500 人。2001 年时代华纳斥资 1 亿美元入主香港华娱电视台，2001 年 10 月华娱卫视获得在中国广东地区的播放权，这是中国政府第一次允许外资传媒公司直接在中国播出节目。这样，在中国内地大约有 100 万户家庭能够收看到华娱电视的节目。2002 年，时代华纳又寻找到与中国最大的民营广告和影视制作公司海润国际传媒集团合作，海润成为香港华娱电视台董事局内除时代华纳之外最大的股东，参与经营决策和部分节目制作，代理全部广告销售，并且与时代华纳共同寻求在中国境内的其他娱乐经济合作。2003 年，时代华纳与上海永乐公司合作，购买了位于徐家汇的大型影院 49％的股份，试图全面攻占中国市场。由于运作不力与外部政策的压力，2003 年 7 月时代华纳宣布把其拥有华娱电视的 64％的股份出售给李嘉诚所有的网络出版和广告公司 TOM 公司，时代华纳始终未能通过华娱电视为其打开中国电视市场的大门。

——维亚康姆：1999 年 Viacom 董事长雷石东来到中国参加《财富》论坛时发言的主题是："商业与文化：Viacom 在亚洲"，以"尊重文化的多元性与差异性"，"促进中国音乐与西方音乐交流"的市场策略在中国步步推进。每年举办"CCTV-MTV 音乐盛典"，通过中国的有线电视网播出它的 MTV 节目。2001 年 5 月，维亚康姆开始把它的一个在美国儿童电视节目市场占有 50% 份额的儿童频道 Nickelodeon 的节目推广到中国。当年的 9 月，Nickelodeon 就已经在中国的 130 家省市电视台顺利播出。2003 年，正式落地广东并已获得 7000 万用户的 MTV 全球音乐电视台于 1981 年 8 月在美国纽约创办，经过 20 年的成功经营从美国本土延伸到世界各地，在拉丁美洲、亚洲、澳洲等地建立了 24 小时独立的音乐电视频道，成为全球最大的电视网络，覆盖了全球 86 个国家和地区，拥有近 10 亿观众，是全球最著名的音乐电视台及年轻人最喜爱的媒体。成立于 1995 年的 MTV 中文频道是其亚洲的四个 24 小时播出的频道之一，播出 MTV 专为亚洲华语观众制作的音乐电视节目。MTV 还在中国开办了四档音乐节目："MTV 天籁村"、"MTV 光荣榜"、"MTV 学英语"、"MTV 丽丽点唱机"，这些节目在中国各地区有线电视台全面播出，但是目前还未允许出现 MTV 台标识。MTV 还得到中国政府的批准获得在中国可在 3 星级以上宾馆落地的资格。2003 年 Viacom 宣布获得了在中国有限度的落地权，广东的观众可看到 24 小时播出的 MTV 的精彩节目。

——迪斯尼：其实从 20 世纪 80 年代迪斯尼就通过向中国中央电视台提供每晚 30 分钟的动画片《米老鼠与唐老鸭》登陆中国了。1994 年迪斯尼以更大的举措再进军中国市场，向全国有线电视台提供以迪斯尼最新动画片为主的《小神龙俱乐部》，该栏目如今已覆盖内地 31 个省市的 40 多家电视台，拥有 1 亿多观众，成为今天中国影响最大的儿童电视栏目。同年，迪斯尼的 ESPN 与上海有线台合作。至 2002 年，全国已有 30 多家电视台转播 ESPN 的体育节目。2001 年 3 月，美国迪斯尼集团所属迪斯尼互联网集团（拥有：Disney.com, ESPN. com, ABC.com, Family.com, DisneyStore.com, DisneyAuction.com,

DisneyVacations.com 等多个著名网站）和中国海虹控股公司同时宣布双方达成战略合作关系，共同开发中国互联网市场，初期（3 年）合作内容为迪斯尼授权海虹独家经营迪斯尼中国网站 www.DISNEY.com.cn 及收费频道 DisneyBlast，并全权负责该迪斯尼网站在中国的业务（由海虹支付一定的迪斯尼网上内容使用费，双方就信息收入与广告收入进行分成）。2001 年迪斯尼宣布调整战略，它将试图用 5 年时间将海外收入的比例提高到 30%，这预示着未来 5 年内力求将公司变成"全球的迪斯尼"。有关人士分析，迪斯尼这样的超大型传媒公司，其更多的优势在于它的动画、影视、主题公园、品牌产品和技术等无人能及的优势。可以判断，它与我国互联网领域的合作只是作为未来进军我国影视市场的突破口。2003 年，迪斯尼还与日本的 Index 公司签定协议，合作在中国开发迪斯尼品牌的手机内容服务，使中国移动的 1 亿多用户能收到迪斯尼公司的特色服务。2003 年，迪斯尼公司与中国的互联网三大门户之一的搜狐签署了内容合作协议，为中国网络用户直接提供迪斯尼的产品与内容。

——新闻集团：自 20 世纪 80 年代中期开始，默多克的新闻集团就开始与中国接触，力图抢先得到一个进入中国的机会。1996 年，默多克的 StarTV 与刘长乐的今日亚洲公司各控股 45% 成立了凤凰卫视。此外，默多克为中国《人民日报》的网络版投资 400 多万美元，2000 年，默多克又在网易注资 4000 万美元占网易股份的 8.5%；2001 年，默多克出资 6000 万美元购买了中国电信运营商网通的 12% 的股权，与美国的投资银行高盛公司成为最大两家外国股东。2002 年 2 月实现进军中国的梦想，其开办的"星空卫视"——一个专为中国观众打造的综艺频道获准在中国广东落地，该频道以娱乐性内容为主，全天 24 小时普通话播出，有 100 多万有线电视用户可收到，2002 年在广州市有用户 60 万，预计 2003 年将达到 120 万户。3 年间，其所属频道已经与中国 30 多个省市有线台合作，《神奇的地球》《全球华语音乐榜中榜》等节目也早已为广大观众熟知。

——探索国际公司（Discovery Communicatio, Inc.）：1995 年开始进入中国，1998 年与北京有线电视台合办"科学探索"节目。现在中国内地有 20 多家电视台播出 Discovery 节目，约有 4500 万个家庭一亿观众收看 Discovery 节目。《探索》——Discovery 光盘 2001 年年初在中国发行一个月卖出 100 万份。Discovery 于 1985 年 6 月创办，1989 年开始在全球发展，现已成为全球发展最迅速的有线电视网之一，覆盖全球 145 个国家超过 1 亿 2000 万电视用户。Discovery Channel 是全球最大的纪录片制作商，其制作的节目被认为是世界最优秀的写实娱乐节目，知识领域涵盖自然生态、人类探险、人文历史、科学与科技、全球风貌。Discovery Channel 包括探索频道、动物世界、旅行频道、Discovery Learning、Discovery People 。在欧洲、亚洲、拉丁美洲以及中东、非洲北部、加拿大都能收看到 Discovery Channel 的节目。1993 年推出亚洲 Discovery Channel 国际版节目，在日本、菲律宾、中国台湾、印度尼西亚、韩国、泰国、新西兰合作播出。1995 年在新加坡、马来西亚、印度、澳大利亚、中国香港播出。Discovery Channel 国际传播包括 5 个不同频道，用 24 种语言在全球播映，还有动物世界频道、学习频道三个核心有线电视网，还兼营家庭娱乐、互动式多媒体、电视制作、出版、国际节目销售等。

——贝塔斯曼：2000 年贝塔斯曼在中国的销额达 1.4 亿人民币。1997 年在上海成立的"贝塔斯曼书友会"现已成为中国最大图书俱乐部，拥有 100 多万会员，甚至在拉萨都有 2000 会员。建立了"贝塔斯曼在线—中国"，体现了其"多媒体战略"与"本土化"的战略。2002年，贝塔斯曼获准在北京建立了除上海之外的第二个会员服务中心，并与 21 世纪锦绣图书连锁公司合作，力图在北京开辟出一片新天地。2000 年，贝塔斯曼旗下的国际性出版和印刷公司古纳亚尔公司与上海科技出版社进行《车迷》和《父母》两本杂志的版权合作。贝塔斯曼还与中国 100 多家音像和图书出版公司建立了合作关系，向中国读者与观众提供媒介产品。2002 年，"阳光文化"媒体集团有限公司与贝塔斯曼宣布建立大中华地区战略联盟，双方将在出版流通等媒体产品分销方面进行战略合作。

跨入 21 世纪，全球电视业正在呈现出新的发展趋势，主要特点是：产业的集中程度越来越高，出现并购与整合浪潮；西方大型传媒集团凭借强大的经济实力和品牌影响力，加快了全球扩张步伐，使国际电视传播的竞争更加激烈；数字化和网络化等信息高科技正在带动新一轮的电视产业优化升级与结构变化；跨媒体化的发展趋向日益显著。

在全球化背景下，面对西强我弱的国际电视传播态势以及加入 WTO 引入的开放和竞争的压力，我国的电视传播事业要在竞争中求生存、在竞争中求发展。同时，国家电视文化安全的理念——即主权国家通过运用国家权力或制定相应的政策法规，实施对外来电视文化的反入侵、反渗透、反控制的发展战略与策略，保护本国电视文化的独立性、完整性与延续性，以及如何确保中国的国家电视文化安全的问题便不容回避地凸显在我们面前。因此，我们应"将国家的电视文化安全视为一个国家在全球化语境中为保障本国和本民族电视文化战略诸要素，其电视产业生存和发展所面临的国内国际环境，参与国际电视竞争的能力及其带来的在国际电视界的相应地位和影响力"。①

二、抵制电视低俗化与国家文化安全

进入 21 世纪，电视节目的低俗化问题越来越困扰中国电视的健康发展。主管部门三令五申的各种限令不断引起舆论和社会各界的广泛关注。有人认为电视低俗化是电视传播操作层面上的问题，而我们认为这种认识是肤浅的，甚至是有害的。

（一）从国家文化安全的高度提升对反低俗化重要性的认识

收视率导向的问题，除了技术层面的问题外，更严重的则在于：收视率导向关乎国家的文化安全；收视率导向导致电视节目过分商品化，实质上具有反文化的本质。

早在 2006 年，笔者在杭州广电集团讲课时，一位频道"道长"（总监）请吃饭，席间，他和笔者讲了这样一个观点，让笔者颇受启发。他认为，目前中国广电系统使用的收视率调查数据都是外资公司的，问题恰恰出在这里——毛主席早就预言，帝国主义预言家把"和平演变"的希望寄托在中国第三代、第四代身上，② 这些国外公司就是通过收视率的调查数据告诉你中国老百姓喜欢看那些戏说的、搞笑的、选秀的、低俗的，所以中国电视就要多生产这些节目，因为老百姓喜欢看呀！由此，达到和平演变的目的。

---

① 张志君：《中国"入世"与电视文化安全》，《当代电视》2001 年第 11 期。

② 原话：帝国主义的预言家们根据苏联发生的变化，也把"和平演变"的希望，寄托在中国党的第三代或者第四代身上。我们一定要使帝国主义的这种预言彻底破产。参见《毛主席语录》，第 240 页。

这一颇有些"片面的深刻"和"深刻的片面"的论点让笔者大吃一惊，也让笔者深感中国广电系统确有一批头脑清醒的思想者。笔者连忙问他是否有实证类的数据作为观点的佐证，因为这是关乎国家文化安全的大事，按照毛主席的说法它关系到"巩固无产阶级专政，防止资本主义复辟，建设社会主义"的百年大计，千年大计，万年大计。

电视节目低俗化颠覆社会主义核心价值观的负面作用不容低估，应当从国家文化安全的高度深刻认识反低俗化的重要性和迫切性。这里，西方的一些有识之士的真知灼见，可以给我们有益的启示。

"颠覆性传媒"是美国著名的社会学家和未来学家阿尔文·托夫勒使用的一个概念，他的《力量转移》一书中的第二十七章的标题就是"颠覆性的传播媒介"。托夫勒认为："在全世界各地，人们在利用新的传播媒介或使用老传媒的新方法来对国家的权力提出挑战——有时是推翻这种权力。"①托夫勒在这里说的"新的传播媒介或使用老传媒的新方法"，在相当大的程度上指的就是电视，因为他详细地描述了电视在东欧剧变、马科斯倒台等重大社会变革和政权交替中所起的巨大作用。因此，将电视称为"颠覆性传媒"，正是托夫勒在研究分析了20世纪80年代以来世界上的一些重大政治事件后得出的结论。托夫勒关于电视传播促成了"武力和信息的结合"，使"一种通过传媒和符号进行的革命"成为可能的观点，以及电视造就了一些"媒介人物"，并使他们成为代表新的政治力量的权贵人物的观点等，都很值得我们深思。

电视问世于20世纪20年代，但电视在社会政治生活中真正发挥作用则是20世纪中叶以后的事情。进入20世纪80年代以后，随着东欧

① ［美］阿尔文·托夫勒：《力量转移》，刘炳章等译，新华出版社1996年版，第383页。

剧变和苏联解体，电视在社会动荡和政权交替中的作用令人刮目相看。研究电视在冷战结束和政权更迭中表现出的"颠覆性传媒"的特点，分析电视传播在国际政治格局变化中的独特作用，这对于我们正确认识电视对社会发展的深刻影响，正确制定中国电视在 21 世纪的发展战略，始终坚持正确的舆论导向，保证我国的改革开放和社会主义现代化建设有一个良好的舆论环境和国际环境，都具有极大助益。

曾经担任过几任美国总统的高级顾问和国家安全事务助理的布热津斯基，在充分注意到电视的吸引力和影响力的同时，对电视的批评可谓入木三分。他认为："西方的电视逐步地越来越成为感官的、性的和轰动性的。""电视在破坏代代继承的传统和价值观念方面起了特别大的作用。电视的娱乐节目——甚至新闻节目——都拼命渲染现实，使之产生脱离道德支柱的有新奇感的刺激，同时把物质或性欲的自我满足描绘成正当的，甚至是值得赞扬的行为。""电视对美国价值观念形成所起的特别消极的作用"，"迎合最低级的尽人皆知的本能"。"大众媒介所传播的价值观念一再表明，它完全有理由可被称之为道德败坏和文化堕落。在这方面，电视尤其是罪魁祸首。"布氏将好莱坞影片和电视制作厂家视为是"文化的颠覆者"，"一直不断地传播自我毁灭的社会伦理"。"结果是出现了一种被牟取暴利者所驱动的大众文化，他们正是利用了大众对庸俗、色情以至野蛮行为的渴求心理。伤风败俗和享乐主义在文化中占了这么大的优势，就必然对社会价值观念起涣散的作用，并损伤和破坏曾经被人们笃信的信念。"①布热津斯基这种对电视的激愤之情，并没有影响到他曾作为美国政府高级谋士的"预警"职责，在他看来，"丰

① 〔美〕布热津斯基：《大失控与大混乱》，潘嘉玢等译，中国社会科学出版社 1995 年版，第 80—82、124 页。

饶中的纵欲无度"是西方国家面临的历史性危险，在西方社会里，物质享受上的纵欲无度越来越主宰和界定着个人生存的内容和目标。因而，对这个问题表示认真的和正当的关注是不无道理的。

布热津斯基对电视的批判的深刻和尖锐，无论在中国还是在外国都是十分少见的。一方面，他对电视强大的影响力充分肯定，他说"随着全世界观众越来越多地盯着电视机屏幕，不论是在强迫的宗教正统观念的时代，还是在极权主义灌输教育的最高潮，都无法与电视对观众所施加的文化和哲学上的影响相提并论。"另一方面，布氏在列举20个美国需要兴利除弊的基本难题时指出："通过视觉媒体大规模地传播道德败坏的世风——作为吸引观众的手段，以娱乐为幌子，事实上宣扬性和暴力以及实际上是传播瞬时的自我满足。""在一定程度上也可以从电视节目中推断出所倡导的价值观念：它们显然颂扬自我满足；视强暴和野蛮行为为正常现象；通过实例及对同龄人激起仿效的压力（向美国青少年和儿童播放的安全套广告，渲染了他们是'性主动'的潜在的顾客，显而易见的负面推论是，不这么干的人是'性冷淡'）鼓励性乱行为；以及迎合最低级的尽人皆知的本能。其结果是对社会行为失去了控制。"[①]

相比较而言，如果说托夫勒提出电视是"颠覆性传媒"，以此来表明一个学者的"政治热情"，那么布热津斯基对电视的文化角色的评定，则更显示了一个政治家的"学术情结"。他们的视角和观点，对于我们从国家文化安全的角度深刻认识反低俗化的重要性和迫切性，无疑是富有启迪作用的。

---

① ［美］布热津斯基：《大失控与大混乱》，潘嘉玢等译，中国社会科学出版社1995年版，第81—82、118页。

中国电视的反低俗化问题，既有全球范围内的共性问题，又有中国特色的个性问题。中国电视事业与发达国家的电视事业无论在发展基础、文化背景、管理体制等方面都有极大不同，中国的电视文化不可能与西方完全接轨。一定的文化是一定社会的政治和经济在观念形态上的反映。从计划经济向市场经济转轨的中国社会，也使电视文化面临一个全新的生态环境，社会主义市场经济新体制建立初期的无序和混乱，必然极大地影响电视文化产品的生产和市场，诸如草台班子拼凑的电视剧，粗制滥造的一些晚会，只要出钱就能到转播现场亮相的各种节目，等等，这在电视事业和大众文化同样发达的国家是难以想象的。同时，与号称已进入了"后工业社会"的少数发达国家相比，中国是一个农业人口、文盲半文盲人口占很大比重的国家。中国现阶段的生产力发展水平，注定了大众文化的发展水平还比较低，而且所反映的社会心态与西方那种精神空虚有截然的不同。因此，西方许多学者对电视和大众文化的批评，并不完全符合中国国情。

当我们讨论电视在当代文化发展中的特殊地位时，不能不提到经济全球化和文化全球化的问题。我们知道，在经济全球化中，电子化的信息沟通手段的飞速发展和日新月异起着举足轻重的作用。特别是在世纪之交，电视不仅是信息传播和文化交流的媒体，而且本身就是一个大有可为的信息产业。以美国为首的西方发达国家在电视产业领域加速发展的咄咄逼人之势，不仅使人们看到了东西方电视文化的差异，而且强烈地感受到了东西方电视产业的差距。我们应当认清，改革开放的过程，就是中国主动并逐渐深入地加入到经济全球化进程中的过程，也是中西方文化不断冲突和撞击的过程。同时，我们也必须明确，经济的全球化不等于文化的全球化，文化的全球化虽然包含了各民族文化的交流、融合和互补，但这并不意味着各民族文化的泯灭，更不会产生某种普世文化。

本民族文化与异质文化的关系问题，在现代条件下更为尖锐、更为复杂了。以电子计算机网络为媒介的文化方式的迅速发展，使各民族间的交往更加广泛和紧密，这又使文化问题变得更加错综复杂。不同民族的文化要保持自己的独特性，任何国家和民族都不能把自己的文化观念、价值原则强加于其他国家和民族，搞文化殖民主义和文化霸权主义。某种文化观念通过汲取异质文化的积极成分，通过对与自身相异文化的整合使自身得到发展，形成一种新的文化观念，原有的文化观念以扬弃的形式在新的文化观念中得到保留。文化不能以一种消极的方式与其他文化相互作用，而必须主动吸取其他文化来补充和发展自己，从而获得自我发展的新形态。

经济全球化产生了诸多的不公正和不合理，但毕竟是世界经济、科技和国际分工发展的必然结果。我们必须认清：在本质上，经济全球化是以美国为首的西方利益集团为主导，以实现全球少数国家利益为目的的靠资本征服整个世界的现象和过程。全球化不仅是经济和技术现象，而且也是美国和其他发达国家推动和主导的使资本主义生产方式以及相适应的经济关系的全球化，使有利于美国和其他发达国家的经济秩序的全球化，使美国和其他发达国家的"民主和人权"的全球化。这种以旨在侵犯独立国家主权、消灭当地文化、破坏经济和社会稳定的"全球化"应当引起我们的高度警惕。

电视的普及是一种国际现象，电视反低俗化从根本上说是一个文化问题。历史上，伴随着电视设备的引进，西方一些发达国家的电视文化对发展中国家的文化造成了强大的冲击。有些国家的领导人担心本国的文化价值观念将会因电视的引进而被发达国家的商业文化所吞没，有的学者甚至认为随着贫富国家之间的差距更加加剧，殖民化将首先借助电子和图像进行。尽管电视创造出了一种崭新的文化形式，丰富了公众的文化生活，电视的普及率也已相当高，但由电视传播而引发的意识形态、文化观念等方面的冲突却始终存在。因此，抵制西方文化，保护民族文化，这不是一个个别现象，而是国际现象；不是某家电视台的行为，而是一种政府行为。这种对电视既发展又控制的趋势，从一个侧面反映出国际政治的时代特点。

党的十七大报告指出："世界仍然很不安宁。霸权主义和强权政治仍然存在。""文化上相互借鉴、求同存异，尊重世界多样性，共同促进人类文明繁荣进步。"在电视越来越普及的今天，我们更应十分警惕西方文化对中国文化大举入侵的严重威胁，坚决反对和抵制资本主义、封建主义和各种腐朽文化思想的侵扰，把中国电视办成建设社会主义精神文明、政治文明、物质文明和生态文明的坚强阵地。

这里，我们有必要从文化学和社会学的层面进一步剖析收视率。

应当承认，作为一个衡量电视节目受欢迎程度和市场占有程度的指标，我国电视界引入收视率来评价电视节目，可以说是电视走向观众、接近观众的一个重要标志，是颠覆中国电视节目"我播你看"传统收视模式的一个重大转折，存在着某种历史进步的因素。然而，收视率的出现和发展只是媒体测量观众对节目内容态度的一种技术进步和科学手段，而把收视率上升到导向的地位就开始走到了进步的反面了。收视率导向之所以值得批判的原因并不在于收视率本身（这恰恰是受众表达意见的一种手段），全部的问题在于：收视率导向将收视率强调到了对节目的去留具有决定性影响的地步，使收视率从测量节目的手段变成了节目存在的目的。收视率因其天然的反文化的缺陷不能承担起这样的重任。德国思想家齐奥尔格·西美尔用"目的对于手段的殖民"来描述成熟文化的危机，也不妨用于概括收视率导向给中国电视文化所带来的危害："首先，生活的目的臣服于其手段，从而不可避免地使许多不过是手段的事物被人们认为是目的；其次，文化的客观产品独立发展，服从于纯粹的客观规则，二者都游离于主体文化之外，而且它们发展的速度已经将后者远远地甩在了后面。"①

收视率导向的本质是什么呢？就其最本质的意义而言，收视率是一种电视节目制作者用以向广告主介绍观众情况以便投放广告的商品，揭示了电视工业最本质的运作机制，是电视节目商品化最明显的表征。收视率导向背后所隐藏的是电视节目乃至这个文化的商品化。

而这种商品化的后果是广告对电视节目的入侵，收视率导向自然是其必经的桥梁。英国学者约翰·基恩告诉我们："在电视领域，广告业使节目的结构和内容商品化了。某些节目变得和广告界限不清，还有一些节目则沦为广告业的附庸。由于评价一个节目成功与否的标准是广告收入和观众数量，没有多少空间可以用来进行大胆的实验，也没有多少时间可以让离开常规的节目或表演人员去发现自己的观众。没有时间用于开发任何有深度的东西。为了给后面的广告腾出地盘，不得不压缩拍摄长度，缩短录音时间，进行浓缩剪辑，掏空戏剧性的叙述部分。"② 而当笔者作为普通观众收看电视节目的时候，也常常产生是"在电视剧中间插播广告"，还是"在广告中间插播电视剧"的疑问，尽管广电总局

---

① ［德］齐奥尔格·西美尔：《时尚的哲学》，费勇等译，文化艺术出版社 2001 年版，第 173 页。
② 约翰·基恩：《民主与传播媒介》，转引自中国社会科学杂志社编：《民主的再思考》，中国社会科学出版社 2000 年版，第 279—280 页。

对插播电视广告三令五申，但是，却难在电视屏幕上产生明显而持久的效果，其根本原因即在于此。

我们认为，许多电视节目制作者对此也是心知肚明的，而他们之所以又乐此不疲的原因，就在于在收视率导向的支配下，任何创新都意味着丧失收视率的冒险。哪怕就是为了满足收视率导向客观上的"多少有点不同"的需要，人们也会从海外电视台或其他竞争对手那里将成型的被收视率所证明了的节目形态或要素加以模仿。在收视率导向下，要指望电视节目工作者们创造出具有"自主知识产权"的节目形态来，那无异于缘木求鱼。

归根结底，收视率只是连接电视节目生产与受众消费的一个途径而已，就其最本质的意义而言，收视率只能从属于电视节目的生产，从受众消费需要之中衍生只是收视率带给人们的错觉，就像任何商品生产者在进行消费者商品使用偏好调查时总是在潜意识中遮蔽其谋求利润最大化的终极目的。正如英国学者罗杰·西尔弗斯通所说的那样："我们无法消费没有生产出来的东西。消费刺激生产，没有破坏就没有创造。而且，正是在消费的刺激中我们忘记了生产。刺激性的广告很少表现生活必需品赖以生成的各种条件，仿佛对生产的识别将会不知何故地损毁需求的光泽或扑灭需求的火焰。"[1] 马克思对生产与消费的关系的论断仍然是极具解释力的："就一个主体来说，生产和消费表现为一个行为的两个要素。这里要强调的主要之点是：无论我们把生产和消费看作一个主体的活动或者许多个人的活动，它们总是表现为一个过程的两个要素，在这个过程中，生产是实际的起点，因而也是起支配作用的要素。消

---

① ［英］罗杰·西尔弗斯通：《电视与日常生活》，陶庆梅译，江苏人民出版社2004年版，第156页。

费，作为必需，作为需要，本身就是生产活动的一个内在要素。但是生产活动是实现的起点，因而也是实现的起支配作用的要素，是整个过程借以重新进行的行为。个人生产出一个对象和通过消费这个对象返回自身，然而，他是作为生产的个人和自我再生产的个人。所以，消费表现为生产的要素。"①收视率只是电视节目的生产环节在受众消费环节的延伸而已。阿多诺说："工业常常对它自己极力鼓励的东西进行表决。"②收视率恰恰暴露了电视的文化工业本质。

这样，顺着这个思路，我们也就不能把收视率导向的问题简单地理解为取悦受众这么简单，在这种对公众趣味的亦步亦趋之中，涌动着的是电视节目提供者塑造观众品位的暗流。传播学研究者耳熟能详的议程设置理论已经历经变迁、"新闻媒介不能告诉我们该怎样想，却可以告诉我们该想些什么"的旧观念被修改为："新闻不仅告诉我们该想些什么，而且告诉我们该怎么想。"

所以，我们不妨套用宋代文学家欧阳修的名句"醉翁之意不在酒，在乎山水之间"来形容收视率导向的本质，收视率导向之意不在受众，在乎广告利润。在收视率导向中运行的是赤裸裸的"成本—收益"的经济逻辑，一旦收视率与这一逻辑关系不大，立刻就会如敝履般丢弃。从收视率导向被否定的反面，我们更能把握到个中脉搏。就客观上的结果而言，收视率导向以及其背后的文化体制最终必然带来"劣币驱逐良币"之后的平庸的同质化，受众在低水平重复的过程中进行着周而复始的文化上的"自我激赏"。

---

① 《马克思恩格斯文集》第八卷，人民出版社 2009 年版，第 18 页。

② ［德］马克斯·霍克海默、西奥多·阿多尔诺：《启蒙辩证法——哲学断片》，渠敬东等译，上海人民出版社 2006 年版，第 149 页。

综上所述，我们认为，商业逻辑置入文化领域，收视率掌控传媒文化，在这个过程中，文化同商品等同，公民同消费者混一，消费能力代替文化品位，受众的文化选择遭到了极大的限制。与其说收视率是规范的民主，倒不如说是金钱的暴政或群氓的狂欢。

（二）组建国有收视率调查公司是反低俗化的根本性制度安排

2008 年春节前召开的中国广播电视协会第五届理事会第一次会议是广播电视系统一次规模很大的会议，中国广播电视的高层掌门人基本都到场，从国家广电总局到各省级广电系统的各路"诸侯"，熟悉的"一把手"面孔不少。笔者作为特约理事参加了这次会议。在分组讨论时，笔者所在的西南组对中国广播电视协会提出了这样的建设性建议：尽快着手组建国有的收视率调查公司，这里不仅有巨大的盈利空间，而且更重要的是对于扭转收视率崇拜带来的低俗之风有根本的意义。大家感叹：我们用于收视（听）率调查的钱都让外国人挣走了，而且，花了钱买来的数据未必是我们想要的。

显然，对目前流行的收（听）视率调查的质疑，已经在广电系统的高层会议上成为共识。

我们曾系统地批判过收视率导向，但这并不意味着我们全盘否定收视率的积极作用。客观地说，收视率指标的引入，对于长期忽略观众听众和社会需求的中国广播电视媒体来说，其积极意义是相当明显的。首先，收视率作为一个量化的客观指标，它在一定程度上反映了电视观众对电视节目的关注程度。可以说，中国电视开始确立"受众本位"，"收视率"指标的引入功不可没。其次，对于电视从业者而言，收视率的出现，使他们终于在长期的"节目好坏究竟谁说了算"的困惑和纷争中有了初步的共识。再次，就媒体经营的角度而言，收视率指标的出现，使得广告商在广告投放上有了一个客观的依据。最后，对于不同的电视机构来说，在同类节目进行观众群和广告招商的竞争中，收视率指标的引入使得相互之间有了一个确定的竞争依据。

我们反对和批判的是收视率导向、收视率歧视、收视率崇拜、收视率主义。我们的担忧是：把收视（听）率抬到了广播电视传播考虑一切问题的出发点和检验一切工作的根本标准的地步，把经济因素和商业逻辑视为调控电视节目内容与时段的首选，从而使"娱乐至死"的"二十世纪的教训"之一，变成中国的本土现实。

现行收视率调查的弊端首先在于调查样本的科学性和合理性。对此，我国的传播学者对国内主要调查机构央视—索福瑞公司的样本提出质疑，认为它们的城镇人口样本占绝对多数，而我国人口的实际是农村人口多达 9 亿人，占全国总人口的 75% 左右，而城镇人口为 3 亿人，只占总人口的 25%，央视—索福瑞公司样本户的比例却颠倒了我国人口的基本关系。①

对于样本选择的问题，调查公司给出的理由一般是收视人群主体是城镇人口，农村人口的收视行为相对较弱，而且是不固定的。但是就收视率概念本身而言，它并没有区分所谓主流和非主流收视人群。实际上，就我国的收视率调查本身而言，它是有城市化倾向的，收视调查的所谓受众主体是指具有购买力的城市观众，即市民阶层，而农民、城市里的民工等弱势群体都被排除在收视率之外，因为他们并不具备购物的能力。这是典型的媒介歧视，而目前的收视率调查的结果则是强化这种

---

① 张同道：《收视率与电视节目评估尺度》，《电影艺术》2000 年第 6 期。

歧视。所以，目前的收视率调查在事实上它已经自觉不自觉地把收视人群等同于消费人群，因为收视率调查的驱动力是经济的因素。按照实际的情况，我国农村由于其文化资源的有限性，电视实际上是农村人口精神文化生活中的最主要来源，特别是在大量的农闲时间，农村人口收看电视的时间以及人员的数量是相当高的，调查机构没有作为主要样本的原因，除了技术方面因素的制约外，与农村人口在消费领域的非主流应该不无关系。现在的收视调查公司是以人口密度决定调查范围的，即使是有关"三农"的电视栏目的收视群体肯定很大，但由于农村人口居住分散，经常不在调查范围之内。"以北京为例，北京一共是 18 个区县，只有 9 个区县有 300 个调查点，远郊区县根本就没有调查点，反映到收视率上往往不占优势，因此很难引导企业合作和广告投放这在一定程度上也误导了中国电视的商业市场。屏幕上出现的煽情、戏说节目的泛滥，就是误导的结果。"[①] 忽略广大的农村收视人群，一方面显然造成收视率调查的不准确性；另一方面，这个事情本身也反映出媒体及媒介调查机构对非主流消费人群的一种"收视率歧视"。

重要的是，这种收视率歧视不仅针对"低端观众"，而且包括"高端观众"。有研究者提出："收视率的调查方法是按照我国人口结构设计的，假如中国高等文化程度的人群占 8%，初、高中文化程度的观众占 60%，那么，在某个城市抽样的 300 户中，24 户是高等文化的，180 户是中等以下文化程度的。高等文化水平的人都喜欢的节目，往往比不上中等及以下文化程度的人喜欢的节目收视率高。在西方经济发达国家，这种收视率的取样方法相对来说是符合主流意识形态和精英文化

---

① 黄辉：《对农宣传需要政策扶持》，《中国广播电视学刊》2005 年第 6 期。

需求的，而照搬过来并不符合我们的国情，因为中国主流文化的人群少得多，我国至今还有 1 亿文盲。当广告商投放广告首先考虑的是收视率时，电视台就不得不放下架子，唯收视率是图，而电视台对收视率的全面追求，常常都以放弃对文化理性的追求、对人文艺术的追求为代价。"① 由此可见，收视率歧视颇有些"抓大放小"的意味。有关这些，人们从"三农"电视节目的边缘化和《读书时间》等节目的坎坷命运中，便可获得直观的认识。

党的十七大报告再次强调我国仍处于并将长期处于社会主义初级阶段的基本国情没有变。既然如此，组建国有的收视（听）率调查公司，便有了最根本和最现实的依据。

媒介调查的可接受性要求：用于买卖双方的收视率数据应由中立的第三方测量，由电视台控制自己的观众测量是不能接受的；视听市场应以统一"货币"为原则，统一标准，否则容易造成资源浪费。

由于同一市场往往有不止一家收视率调查机构提供服务，产生巨大差异的现象也就时有发生，难怪不少电视媒体屡屡对一些媒介调查机构的收视率排名提出质疑。而且，这种媒介调查市场多家竞争还有一种难以根除的弊病：一些调查公司投委托方所好，谁出钱便替谁说话，在诚信度上大打折扣。这里，有说服力的事例是：2005 年 6 月 13 日，第 11 届上海电视节组委会与央视—索福瑞媒介研究联合推出了《中国电视剧市场报告（2005—2006）》，并公布了"2004 年中国电视荧屏上最'火'的十部电视剧"名单，收视率最高的前三部电视剧分别是《大姐》《香樟树》以及《成吉思汗》。而就在这个名单公

---

① 　西方雨：《不能寄希望于一两次"大扫除"》，《中国广播影视》总第 372 期。

布的两个星期前的 5 月 27 日，由光线传媒联合全球收视率调查机构尼尔森媒介研究设立的首届电视剧风云盛典揭晓，其最佳收视奖项依据尼尔森研究机构提供的客观数据直接产生。尼尔森的 2004 年收视率榜单与索福瑞大相径庭，在各自名单的前 10 位中，只有三部电视剧——《成吉思汗》《婆婆》《越走越好》是共有的，其他则全部不同，更不用说排名了。之所以出现这样的问题，原因是：央视—索福瑞以电视剧单集最高收视率为依据，而尼尔森则以电视剧播出期间的平均收视率为依据。双方评选细则的不同导致了截然不同的结果。由此可见，收视率调查公司因为调查方法的不同和其他种种原因，在统计结果上也往往各执一词。收视率调查本身的不够完善和缺少规范，削弱了它的可信性。

所以，目前有很多电视媒体管理者开始呼吁"一个市场、一个系统"、"一个中国、一个系统"，这样有利于全面、整体性地把握观众收视情况，有利于电视台之间和节目之间的分析比较。

在列举了收视率调查的问题之后，我们还应指出收视率分析的问题。

收视率调查之后的首要环节是对收视率进行科学分析，经过十余年的发展历程，我国媒介调查机构在收视率分析上已经取得了很大进展，科学性逐渐增强。但是目前存在的一个问题是，在调查公司提供的大量原始数据与利用数据进行有效的传播决策之间，缺少中间环节。也就是说，在调查公司和电视节目编播制作机构之间，缺少对原始数据进行消化、分析组合以便有针对性地提供传播策划的机构，缺少既具有媒体知识背景又熟悉收视率分析策划的专业人士，大量的工作仍由一些非专业人士完成。而很多电视台的从业人员对收视率的内涵、测量方法、操作技术和规则缺乏了解，缺乏对收视率数据进行再分析的能力，只能被动地、表面化地接受调查机构给予他们的原始数据或简单结论。有的在尝试数据的深度分析时，还会出现一些错误，比如对日记法与仪器法收视率数据之间的关系缺乏思考、对日记法的技术缺陷不了解导致节目评价后天失察、误判收视走势、将收视率平稳与观众群稳定画等号等问题。因此，这样一种看法几乎是公认的："收视率的调查技术和方法不够完善、规范，其结果的准确度和可靠度具有一定的不稳定性和脆弱性。"[1]

收视率分析中常见的错误是依据收视曲线判断收视走势。收视走势是对某一时期内收视率情况的一种总体、动态的描述和抽象，也是栏目（或节目）传播效果与动向的基本反映。由于分析和评价收视走势时，着眼于一个较长时间段而不是某一孤立时间点上的收视情况，在一定程度上能够避免因简单枚举单个收视率数据所带来的对收视情况的片面理解，使收视反馈更具全面性、动态感，因而受到电视制播人员的高度关注。

在分析收视走势时，不少电视从业者往往以收视曲线为观察对象，希望从直观的"看"中求得对收视走势的评价。虽然在收视率变化比较简单的情况下，直观去看也能看出收视走势的大概，但是收视率的变化很多时候是复杂的，直观地看往往会出现误差。比如，当电视栏目的收视曲线在一个时间段出现了一两次波峰后，栏目的管理者往往会乐观地认为该栏目的收视走势看好，实际上按照科学的简单线性回归方法，可以得出该栏目的收视走势回归线是水平中略微下倾的。也就是说，该栏目的总体收视走势即使不是略微向下，至多也是大体持平的，离走势看

---

[1]　邵雯艳：《电视收视率是非谈》，《中国电视》2006 年第 1 期。

好还有相当的距离。①

还有一个就是用收视曲线去判定观众群是否稳定的常见错误。在收视分析中，最常见的动态描述是收视曲线，它能够比较直观地反映收视率变化情况。所以，同上文所说从收视曲线看收视走势的错误一样，收视曲线也常常被拿来考量观众群是否稳定，一些媒体从业者在看到收视曲线基本平稳时，便轻易得出"观众群稳定"这样的结论。

事实上，收视率平稳与观众群稳定是性质不同的两个概念：收视率平稳，是就数量而言，意味着某栏目（或节目）观众在数量上比较稳定；而观众群稳定不只是个量化概念，而且还是个质化概念，它涉及的是观众群内在质的构成变化情况。所以，收视曲线基本平稳说明不了收视率平稳。比如，某一栏目收视率平稳，可能是每次有大体相同数量的人流出和流进这个栏目，该栏目观众群在数值上保持动态平衡，但是观众群各种成分的构成比例却在不断变化，这个观众群显然并不稳定。

在社会学层面上，收视率导向表现为对收视率的误读，同时，技术装备的进步难以济收视率导向之穷。

在收视率导向的作用力下，相关机构对收视率使用过程的种种人为因素已经令人难以忽视，这是因为从纯粹操作的意义上来说，这些因素似乎已经成为收视率导向不可分割的一部分，甚至可以说，此类做法已经成为收视率在成为电视台的摇钱树和广告商的指南针的基本定位的补充。

在这些人为因素中，最突出的就是对收视率的有意歪曲，这虽然是与收视率导向所标榜的"客观"最相背离之处，但却离收视率导向最为

---

① 刘燕南：《电视传播中收视率的分析应用》，载王兰柱主编：《聚焦收视率》，北京广播学院出版社 2002 年版，第 325 页。

起劲的那些鼓吹者的隐秘目的颇为相近。

　　英国学者阿伯克龙比对这一目的揭示得较为明确："电视机构了解观众的目的是为了让观众明白，是观众帮助电视机构强化了它们与观众的沟通能力。而要达到这一目的，电视机构只能象征性地编造出电视观众的情况，作为其争取到其他潜在观众的一种手段。"[①]

　　英国学者雷蒙德·威廉斯也写道："在广播中，无论是在直接的商业系统中，还是在受国家保护的系统中，都已经有了一种相似的功能上的转移。生产是按照这些系统通过某种兴趣所能传送到的人数来估量的。像在报纸中一样，'可行的'生产数字已经被一个专门的计算系统极大地夸大了。把最终的一丁点儿称为'大量'——成千上万的人——被描述为是一群毫无意义的或失败的广播听众。适应可预计的和成套的大规模市场竞争条件的压力，已被文过饰非，似乎这是一个与实际民众的责任关系的问题。真正的主要压力要么是为了直接的广告费用，要么是为了政治市场和文化市场的主要份额，所有间接的系统最终都要依靠它们。尤其是在这里，赞助人，新的教父，出现了。"[②]

　　一言以蔽之，电视台既借收视率营造"观众中心"的虚假意识，以抚慰普通人渴望被媒体重视的脆弱心灵，又可以在与广告商讨价还价的时候提供商人能够看得懂或者确切地说能够直接汇兑为货币符号的数字，一举两得之间，收视率导向焉能不大行其道呢？

　　应当说，这种实践中客观存在的对收视率的歪曲使用尽管与收视率导

---

① [英] 尼古拉斯·阿伯克龙比：《电视与社会》，张永嘉等译，南京大学出版社2002年版，第157页。

② [英] 雷蒙德·威廉斯：《现代主义的政治——反对新国教派》，阎佳译，商务印书馆2002年版，第181页。

向有着本质的联系，甚至可以说正是收视率导向才逼迫着电视工业生产的各级制作者和决策者们对收视率的滥用。而研究者们对收视率自身所存在的与生俱来的缺陷却暴露了收视率导向在实践意义上更深处的忧虑。

其中，收视率最难以回答的就是如何测量受众对某一电视节目的收视质量。几位美国学者告诉我们："很多研究表明，我们的媒体使用通常伴随许多其他活动。如人们会在电视／收音机开着时阅读、谈话、吃东西、玩游戏或者洗碗，但无论他们做什么，受众在使用媒体的大部分时间内并不太专心。这种情况使许多人认为以选择行为来定义媒体使用夸大了受众媒体使用的真实情况。另一种定义是将'使用'定义为人们专注于某个媒体，或者理解所收看／听的内容。然而有效地测量一个人的注意力或感知水平是极难做到的。"①

其实，电视受众的这种心不在焉恰恰是人、媒体和信息感知方式在视觉传播中的一种呈现，并非电视所独有，正如本雅明在电影那里所看到的："消遣性接受随着日益在所有艺术领域中得到推重而引人注目，而且它成了知觉已发生深刻变化的迹象。这种消遣性接受借助电影便获得了特有的实验工具。电影在它的惊颤效果中迎合了这种接受方式。电影抑制了膜拜价值，这不仅是由于它使观众采取了一种鉴赏态度，而且还由于这种鉴赏态度在电影院中并不包括凝神专注。观众成了一位主考官，但这是一位心不在焉的主考官。"②

而电视观众的收视习惯也必然影响到收视率导向的社会功能，无论

① [美] 詹姆斯·G.韦伯斯特、帕特西亚·F.法伦、劳伦斯·W.里奇：《视听率分析——受众研究的理论与实践》，王兰拄等译，华夏出版社 2004 年版，第 123 页。
② [德] 瓦尔特·本雅明：《机械复制时代的艺术作品》，王才勇译，中国城市出版社 2002 年版，第 128 页。

是文化方面的，还是商业方面的，英国学者阿伯克龙比告诉我们："在对电视观众习惯和行为的讨论中，到目前为止，我们依靠的是一种独特的观众研究方法，其目的是根据像计量器之类的直接评估系统，或标准化的调查表和记日记的方法，提供能用数量表示的证据。这类方法在某些方面，在提供可靠和有效的数据时，效率尤为强大。不过，它们也有缺点。第一，它们不是把电视经历作为一个整体来触及的，而是触及单个的节目或特定的系列节目。值得商榷的是，一般说来，观众不观看电视节目。他们观看的是'串播'，晚上电视机被打开后，一家人坐到电视机前，或许不怎么专心地随意享受一下电视流动的感受而已。有些观众甚至可能快速转换频道，不特别注意任何一个节目。第二，现在大量的证据说明，观众以非常不同的方式，在不同的时间看电视。有时候，他们全神贯注地看；有时候，他们却不是那样。他们经常把电视开着，人却不在房间里。到目前为止，笔者所描述的观众研究方法，尚不能区分这些非常不同的分配注意力的方式。第三，也是最重要的，大部分关于电视观众的极其重要的问题与观众实际理解他们所观看的节目以及他们赋予这些节目的意义有关。首先，我们想了解：人们如何谈论电视，电视如何影响他们，以及他们如何解释他们所看的节目。即使人们接受了电视是一种浅参与的媒体这个观点，这些问题仍将适用。"[①]

而澳大利亚文化研究学者伊恩·昂则进一步指出在收视率话语的操弄下，电视受众这一概念的"虚妄性"："收视率话语的知识客体'电视受众'并非先在的实际受众的确切呈现。……在此意义上，就像被收视率话语所构建的那样，'电视受众'是一种虚幻的实体。当然，这并不

---

① ［英］尼古拉斯·阿伯克龙比：《电视与社会》，张勇嘉等译，南京大学出版社 2002 年版，第 184—185 页。

是说，收视率无中生有地创造了受众。收视率是建立在有多少、谁在看以及看什么，这样的实际数据基础之上的。相反，因其具有将某一经验事实的确定领域进行定义的能力，收视率在精确性方面不可小视。但是，无论如何，那个经验事实的领域是虚幻的，收视率所使用的术语所覆盖的经验事实必然导致对受众的如下描述：对确定因素过分强调但压制了其他因素。"① 既然就其对象而言，收视率导向的社会学基础都并不十分稳固，遑论将其作为电视节目评价体系的统帅了。

正像恩格斯所指出的那样："社会一旦有技术上的需要，这种需要就会比十所大学更能把科学推向前进。"② 对收视率在实践中的具体运用来说，技术创新似乎为收视率克服自身缺憾预备了更为先进的装备："美国尼尔森公司最近采用了一种新型设备'被动测数器'，这是一种类似摄像机一样的探测装置，与计算机连在一起，无须观众自己动手，它能判断房间里看电视的人有多少、谁在看、看了多长时间、谁在做别的事情、室内人员的进出走动情况、宠物以及家庭成员以外的人等。"③

美国学者丹尼尔·贝尔告诉我们，任何技术装备的进步都不单纯是"人体的延伸"那么简单："技术已经为合理性创造了一个新定义，一种新的思想方式，它强调功能关系和数量。它的行动标准是效率和最佳标准，即利用最便宜和最省力的资源。功能合理性的这种新定义，对新的教育方式产生了影响，现在，工程学和经济学中的定量技术，在这种教育方式中排除了推测、惯例和说理的那些老方式。"④ 显然，现在这种技

---

① I.Ang, *Desperately Seeking the Audience*, London and New York:Routledge, 1991. p.60.

② 《马克思恩格斯选集》第四卷，人民出版社 1995 年版，第 731 页。

③ 张同道：《收视率与电视节目评估尺度》，《电影艺术》2000 年 6 月。

④ ［美］丹尼尔·贝尔：《后工业社会的来临——对社会预测的一项探索》，高铦等译，新华出版社 1997 年版，第 208 页。

术的合理性已经以收视率导向的面目逐步延伸至电视节目评价的过程之中。

加拿大学者金·索查克对法国思想家波德里亚的解读对我们进一步认识收视率数据统计过程之中的种种"扰民"现象的出现是十分有帮助的，这种现象只是从不同的角度揭示了收视率导向的大众市场营销手段的特征："大众市场营销已经被更为高级的市场细分技术所取代了，这种技术对于消费市场进行确认并'定为目标'，以开发、生产并销售着体现了抽象愿望或者潜在渴望，特别是与大部分人相关的潜在渴望的产品。虽然波德里亚明确地指出，大众已经'受尽了调查之苦'，他还含蓄地假定社会学同这种趋势已有串通，但是与之相应的是，大众作为一种'沉默的大多数'或吸收一切的'黑洞'也只好全盘接受。"①

然而，问题还不止于推销术的生意经。英国学者费瑟斯通的提醒值得我们警惕："如果抛弃那些诸如'电视就是世界'、电视就是为实际的电视观赏实践提供一套又一套'游弋漂浮的花花绿绿节目'的观念（最贴切的例子就是二十四小时不停地播放的 MTV 节目），那么我们会注意到，公共领域与私人领域之间的疆界已然无存。这在集体一起观看节目时尤为如此，观众绝不是被动的，而是积极地投入到事件、场面和仪式的宗教意义中，并且人们有时可能还盛装打扮，使观看本身也仪式化了。"②

前述"被动测数器"的安装，已经使体现在作为旁观者的电视观众身上的公私领域的融合从心理上进一步上升为样本观众对个人私域的

---

① ［美］道格拉斯·凯尔纳编：《波德里亚：批判性的读本》，陈维振等译，江苏人民出版社 2005 年版，第 137 页。

② ［美］迈克·费瑟斯通：《消费文化与后现代主义》，刘精明译，译林出版社 2000 年版，第 183 页。

出卖，这样的收视率收集已经沦落为对公民个人行为的赤裸裸地监视和对公民自由的露骨剥夺，奥威尔在其名著《1984》中的"老大哥"借助技术手段对公民个人生活进行控制意象在这里已经成为了活生生的现实。这种所谓研究，与其说是"科学"，倒不如说是"商业法西斯"。在收视率导向寻求数据精度和质量的无尽的技术努力中，美国学者丹尼斯·朗悲观地夸大包括电视在内的大众传播力量的论述开始变得不那么危言耸听了："印刷机、广播和电视发射机、扬声器和扩音设备的所有者和控制者对个别公民拥有巨大的说服优势。个别公民的答辩，只能是关掉电视或收音机，或者拒绝购买特定报纸。而在现代城市生活条件下，他无法避免完全成为暴露于控制无所不在的通信媒体的那些人的大量说服之下的一名'受制听众'。通信技术革命已经建立了新颖、复杂的说服工具，使用这些工具构成至关重要的权力资源。"①

我们认为，在这里引入法国思想家福柯关于"检查"的思想用以审视收视率导向所带来的对电视观众收视行为的干预是颇有裨益的，福柯写道："检查把层级监视的技术与规范化的技术结合起来。它是一种追求规范化的目光，一种能够导致定性、分类和惩罚的监视。它确立了个人的能见度，由此人们可以区分和判断个人。这就是为什么在规训的各种机制中检查被高度仪式化的原因。检查把权力的仪式、试验的形式、力量的部署、真理的确立都融为一体。在规训程序的核心，检查显示了被视为客体对象的人的被征服和被征服者的对象化。权利关系和认识关系的强行介入在检查中异常醒目。"②

① ［美］丹尼斯·朗：《权力论》，陆振纶等译，中国社会科学出版社2001年版，第38页。
② ［法］米歇尔·福柯：《规训与惩罚》，刘北成等译，生活·读书·新知三联书店1999年版，第208页。

　　这样，在收视率导向所营造的"受众中心"的幻象也只是权力运作的某种转换而已，只是规训的形式发生了某种嬗变而已，并不能就此认定借助收视率，电视受众就获得了对电视节目的决定权。福柯认为："由于检查是同时从仪式上和'科学'上对个人差异的确定，是用每个人的特点来确定这个人（与典礼不同，典礼是用具有各种标志的场面展示地位、门第、特权和职务），检查就清晰地标示了一种新的权利运行方式的出现。在这种方式中，每个人都获得自己的个性并以此作为自己的身份标志，他通过这种身份与表现他和使他成为'个案'的特征、计量、差距、'标志'联系起来。最后，检查处于使个人成为权力的后果与对象，知识的后果与对象的程序的中心位置。由于检查将层级监视与规范化裁决结合起来，就确保了重大的规训功能：分配和分类，最大限度地榨取力量与时间，连续的生成积累，最佳的能力组合，以及随之而来的对具有单元性、有机性、创生性和组合性的个性的制作。"[①]

　　可惜的是，这种对"先进"技术的使用，仍然难以帮助收视率克服其与生俱来的洞察力匮乏的缺憾。在那些同意出卖个人生活空间的受调查对象付出售卖个人隐私的代价之后，其客观效果似乎难以如人所愿，正如伊恩·昂所说的："但是所有这些数据收集，所有这些更好的评估技术和流程的预备，可能自有其悖论。对观众的愈加精微的全景监控，就越难说清'收视行为'，也就越难为收视率话语廓清'电视受众'的流水线化的面目。"[②]

　　要了解受众对电视节目乃至传播媒介内容的接受情况，并作出确切

---

① ［法］米歇尔·福柯：《规训与惩罚》，刘北成等译，生活·读书·新知三联书店1999年版，第216页。

② I.Ang, *Desperately Seeking the Audience*, London and New York:Routledge,1991. pp.92-93.

的把握和分析，还需要把受众作为人来看待，就像马克思所指出的那样："我们开始要谈的前提不是任意想出的，不是教条，而是一些只有在想象中才能加以抛开的现实的前提。这是一些现实的个人，是他们的活动和他们的物质生活条件，包括他们已有的和由他们自己的活动所创造出来的物质生活条件。因此，这些前提可以用纯粹经验的方法来确认。"①

可是，具体到传播领域"纯粹经验的方法"似乎并没有得到适当地运用，英国学者汤普森指出："除了分析接受活动和背景的空间、时间以及社会性质以外，重要的是应强调接受活动是复杂的社会行动，它涉及不同程度的技能与注意力，它伴随着不同程度的乐趣与兴趣，它和主要接收区进行的其他活动与互动复杂地交叉。传媒理论家与评论家们常常认为接收传媒信息是相当直接和不成问题的过程，这样设想使他们集中于分析传媒信息的内容，或许再补充一些关于受众观看水平与反应的统计数字。可是，似乎清楚的是，这种看法严重地低估了一些过程和方式的复杂性，借助这些过程，传媒信息实际上被处在特定背景中的个人所接收和占用，由于这些方式，这些接收活动与日常生活其他方面相交叉。"②

收视率导向所带来的对受众情况的统计，哪怕就是暂且将其所蕴涵的商业意识形态搁置一旁，也不能为人们增进对传媒与受众关系的认识，这是由于正是收视率导向所津津乐道的统计数字遮蔽了作为个体的电视受众。法国文化理论家米歇尔·德赛都认为："统计数字实质上不可能告诉我们这个理论上由体制性的框架控制的海洋中潜流的情况，事

① 《马克思恩格斯选集》第一卷，人民出版社1995年版，第66—67页。

② ［英］约翰·B.汤普森：《意识形态与现代文化》，高铦译，译林出版社2005年版，第259页。

实上，这些框架在逐步地受到腐蚀和置换。其实，与其说它是一种液体在固体间隙中的流动，不如说是不同运动对地形要素的利用。统计研究满足于对诸如'词汇'单元、广告词、电视图像、工业产品、建筑空间等要素进行分类、计算和表格化，它们使用的范畴和分类学方法与工业和行政管理的生产所使用的是相一致的。因而，此类研究只能抓住消费者实践使用的材料——它显然是由生产强加给每个人的——而不能抓住这些实践的形式化方面，即它们私底下的巧妙'运动'，或者说'权宜之计'的活动本身。分类计算的优势在于它们的分析能力，但这种分析能力减少了再现战术轨迹的可能性，它们按照自己的标准从生产的整体中选取片段，再用之编写新的故事。"①

这种对统计数据的滥用本身具有深刻的理论风险，美国学者斯沃茨曾经指出："由形式化的模型、图表、统计表等提供的对社会世界的科学视野，不同于实际参与社会世界的行动者的视野。这些行动者不具备完备的信息，不能清楚地阐述他们的目标，也不能清楚地预见结果。这种理解社会世界的学术模式把实际的知识转化为有意识的、系统的、超时间的理论知识。不能把反思性视角用于实际知识与理论知识之间的认识论差异，就会导致社会科学家把理论的实践与实际的行动混淆，并犯布尔迪厄所说的'唯智主义'的谬误。因此，这些社会科学家就会通过把关于理论实践的认识论假设投射到日常的实践中而错误地再现实践的实际特征与倾向特征。"②

---

① 米歇尔·德赛都：《"权宜之计"：使用和战术》，转引自罗钢、王中忱主编：《消费文化读本》，中国社会科学出版社 2003 年版，第 99 页。

② [美] 戴维·斯沃茨：《文化与权力：布尔迪厄的社会学》，陶东风译，上海译文出版社 2006 年版，第 308 页。

这一现象的产生与收视率导向所承担的终极目的密切相关："除了迅速抓住公众的好奇心并获得短期效益以外，没有谁会忠实地生产任何事物。例如，在开发黄金时间的电视节目过程中，制片商、广播网络官员、电视台决策人和广告商都在研究并挖空心思猜测观众愿看什么。"① 如此看来，这个问题并不是借助了先进的技术装备和"科学"的统计学符咒就可以轻而易举地在同电视受众所进行的这场"猜心游戏"中获得胜利，因为收视率导向所面对的是"沉默的大多数"，在很大程度上，用数字去测量这个群体的态度简直是"不可能完成的任务"。法国学者古斯塔夫·勒庞早就告诫人们："今天，密切关注各种意见，已经成为报社和政府的第一要务。它们需要在没有任何中间环节的情况下知道一个事件、一项法案或一次演说造成的效果。这可不是件轻松的任务，因为没有任何事情比群众的想法更为多变，今天，也没有任何事情，能够像群众对他们昨天还赞扬的事情今天便给予痛骂的做法更为常见。"② 这种情况倒成了中国先秦的法家代表人物韩非所谓"凡说之难，在知所说之心"的现代版诠释，而日渐先进的技术装备也难以使收视率导向摆脱这一悖论。

我们不会忘记马克思这样的名言："批判的武器当然不能代替武器的批判，物质的力量只能用物质力量来摧毁。"③ 理性思辨作为一种收视率导向的"批判的武器"，任何时候都不能代替收视率调查这种"武器的批判"。于是，对收视率调查本身统计方法的质疑便成为顺理成章的

① [美] 詹姆斯·罗尔：《媒介、传播、文化——一个全球性的途径》，董洪川译，商务印书馆2005年版，第191页。

② [法] 古斯塔夫·勒庞：《乌合之众：大众心理研究》，冯克利译，中央编译出版社2004年版，第126页。

③ 《马克思恩格斯全集》第三卷，人民出版社2002年版，第207页。

事情。我们注意到，全力促成"收视率"样本结构的调整，促进调查方法的改进，建立分众定性研究分析，已逐渐成为人们的一种共识。提出"收视率是万恶之源"的李晓枫认为："作为拥有13亿人口的发展中国家，电视产业怎么能、同时也不可能按照西方国家的市场标准来要求、来发展。盲目使用西方国家样本方法就是引导电视文化的'西化'，完全不符合中国的现实国情。我们应当从电视文化发展、民众健康的文化需求、舆论导向的需要诸方面考虑，建立自己的国家标准样本，要求无论什么媒介机构必须使用同一标准样本，否则取消市场进入权。新的样本结构应改变根据家庭购买力分层，按自然人口结构取样的办法，把高文化水平、高经济收入、大中城市、管理及文化科研机构以及成熟人群（就业年龄以上）五类人口在样本结构中的比例设计大一些，作为决定样本分层的决定性变量。"他还提出，要进一步改进电视收视调查的研究方法，在定量研究的基础上，更多地进行定性研究；要在全社会总体样本研究的基础上更多地进行分众研究分析。

我们认为，促成收视率样本的调整这一关键的意义在于：收视率调查是为电视台提高电视节目质量所用还是为广告商投放广告服务？这其中改进的努力方向是：收视率调查的样本中具有话语权、管理权、决策权的观众，和老少边穷地区的观众，都应当成为收视率调查样本中不可或缺的组成部分。

三、21世纪传播技术的进步与电视网络传媒安全

20世纪末以来，数字技术正在驱使人类的传播发生前所未有的变革，充满活力的数字新媒体的应用，已经成为社会经济增长，特别是新经济发展的强劲动力；日新月异的新媒体传播方式，也正在影响与改变

社会文化的形态与人们的生存状态。世界越来越多的国家和政府对发展数字新媒体给予了战略高度的重视，争先恐后建设卓越的数字新媒体体系；英美等发达国家更力图借此继续保持他们在21世纪全球传播中的主导地位，亚洲地区的不少国家和地区也把数字新媒体的发展，确立为国家发展战略的组成部分和参与全球综合国力竞争的要素之一。

20世纪80年代以来，集传输文字、声音、图像、数据等为一体的互联网（Internet）已成为继报纸、广播、电视三大主要传统媒体之后的"第四媒体"，这意味着互联网已经跻身于报纸、广播、电视、杂志、书籍、电影等传统大众媒介之列，它与报纸、广播、电视等传统新闻媒介一样能够及时、广泛地传播新闻信息。同时，互联网又是具有数字化、多媒体、实时性和交互性的完全区别于传统大众媒介的又一新兴大众传媒，全世界越来越多的人通过互联网获取信息及进行交流、购物等社会活动。据中国互联网信息中心进行的调查显示，截至2005年6月30日，中国互联网上网用户已突破1亿户，为1.03亿人，仅次于美国，居世界第二位，宽带上网用户为5300万户。

国内外的一些研究者认为，传播全球化迅速崛起的原因就是互联网的发展。互联网超越时空的特性，注定了它是全球化的最理想的工具。信息传播全球化主要表现为网络传播迅速向全球蔓延，传统媒体抢滩互联网，以及以网络媒体为核心的跨地区、跨媒体、跨行业的超级媒体集团正在形成。

2000年3月，时代华纳与美国在线的跨行业"联姻"已揭示了集互联网技术、内容、电视、影音、电子商务于一体的传媒产业巨无霸将在未来信息传播竞争中显示强劲的实力。我国的互联网研究者对美国在线与时代华纳的合并评价是传播业的"信息原子的聚变"：即同样的信息、同样的内容，由于实现了跨媒体传播而变得无处不在。美国在线与时代华纳的合并还意味着互动式传播方式到来。时代华纳旗下的艺术家、最新电影、电视节目，都将以数字信号出现在电视网、卫星网、电信网，并传送到用户的电视机和个人电脑上，用户将可以进行视频节目点播、任何层次的信息选择、多样化的信息服务，实现互动传播。

在美国，互联网正在以前所未有的速度冲击着传统行业，其中包括传统大众媒体产业。美国电视行业认真审视了自身的行业特色和所面临的局面后，采取了利用新型数字化信息技术实施自我革新，大力拓展新的业务功能，以紧跟时代变迁的步伐，适应信息革命的挑战。

由于压缩技术的开发使频道带宽能够允许视频信号进入网上，人们也可以在网上浏览到大量的电视图像新闻。由此，美国电视业除了出现行业大兼并外，还开始纷纷抢滩触网，寻求在互联网上的新的利润增长。美国广播公司，哥伦比亚广播公司，福克斯广播公司，CNN 等大广播电视新闻网的竞争都已扩大到互联网上，这些电视媒体的网站建立后在技术与内容上都互比高低，为受众提供了及时丰富的新闻内容。1996 年，微软与全国广播公司结盟成立了 MSNBC，其互动性的网站不仅可以提供文字信息，还可以传送声音图像信息，具有真正多媒体的特征。除了全天 24 小时在电视中播出新闻外，还在该网站上设置了"光缆调制解调器"，使用户可以极快速度看到大量新闻画面。福克斯与雅虎、微软与全国广播公司结盟，不仅意味着为微软的网络技术与 NBC 的声誉实力的结合，而且代表了电视新闻传播的网络化与通信高科技的结合。

电视与网络的融合促进了信息传播的网络化与传播手段的高科技化，由此深刻影响了新闻传播的内容与形式的变化，它使人们接受信息的方式越来越立体化，结合了传统媒体在内容的优势及新媒体在技术上的优势，使电视媒体与网络能向人们提供大量的信息，如福克斯每周提供信息量为 700 万网页，CNN 为每周 2500 万网页，而 MSNBC 达 2800 万网页之多。网络空间还为记者提供了用之不竭的"新闻版面"，如 CNN 记者在全球的 30 个记者站每天为网页提供 50 页到 100 页的新内容。同时，电视记者现在越来越多地把互联网作为自己采集信息、检索、考证资料、编辑新闻的重要资源，甚至利用电子邮件进行远程采访、查看网上的专题讨论，让观众借助网络技术参与新闻报道，大大提高了新闻的时效性与吸引力。

为了满足用户的不同需要，美国的各路新媒体不断改进，CNN 的新闻栏目从 1997 年就细分为欧洲、亚洲、非洲、亚太地区拉美和中东地区等 5 个分栏目，许多重大事件首先是通过互联网而非电视媒体发布，而互联网则利用有线电视铺设的宽带网络传播，使受众有更多的选择性。2001 年，美国广播公司探索推出一些互动式游戏节目，如"奔跑者"是一个以亡命者为主题的模拟现实游戏节目，在游戏中，竞争者出发进入一个 30 天的跨国旅行中，并要在旅途中完成一系列的任务而获得奖金，同时观众也可以在网站上注册参与该游戏并获得积分。

在数字化发展的浪潮中，我国与世界站在了同一起跑线上。1994 年春，中国正式接入了国际互联网。1995 年 1 月 12 日，中国第一个上网媒体《神州学人》网站开通。经过 10 年的发展，已经形成了各有鲜明特色的中国各类新闻媒体网站的影响力与日俱增，一些有实力的媒体网站已经向综合性新闻网站的定位发展，而不仅仅局限于是传统媒体的"网络版"或"电子版"，在重大事件和突发事件发生时，互联网成为受众的首选媒介。据中国互联网信息中心发布的统计调查报告显示，截至 2006 年 7 月，中国内地网民已经达到 1.23 亿人，其中，网络与电视已依次成为中国网民获取新闻与信息的主要途径。

　　在我国新闻传播媒体网络化的进程中，电视媒体的网络化发展也十分迅速，不甘落伍。全国的各级电视媒体都纷纷上网，许多电视网络媒体已引入互联网的各种服务功能，成为有一定实力和竞争力的网络新闻媒体，参与到全国乃至全球网络新闻的竞争发展之中。2004 年 5 月 31 日，中央电视台 CCTV 网络电视在北京开播，首批通过 CCTV 网站开播的有新闻、影视、儿童、纪录、经济、音乐等 17 个频道，目前已经在北京、上海、江苏三地开展收费服务，每日节目订量达到 30—50 小时，覆盖人群为 400 万户，注册用户 22 万户。

　　同时，传播新技术的飞跃发展，给大众传播的媒介形式与传播方式带来根本性的变革。20 世纪 90 年代以来，以数字化技术、多媒体技术和网络技术为核心的信息技术开始向所有的传播领域推进，即通信领域、大众传播领域内的传播技术手段，开始向以数字制式全面替代传统模拟制式转变。

　　进入 21 世纪，广播电视的全面数字化已是全球媒体变革的新趋势。数字电视主要分为地面无线传输（地面数字电视）、有线传输（有线数字电视）和卫星传输（卫星数字电视）三类。在欧美发达国家，数字电视产业有不同的模式，并且各有不同的数字电视有线网络传输标准。美国主要推广高清晰度数字电视，实施地面、有线和卫星传输的同步跟进；英国则推广标清电视，日本是通过卫星覆盖推广高清数字电视。

　　在技术方面，美国一些科研机构与企业早在 1990 年就提出了四种数字电视方案，但由于内部的长期纷争，这些方案都没有被采纳。后来经过政府部门的协调和努力，这四种方案合而为一。1996 年 12 月，联邦通讯委员会颁布了地面电视发送标准，规定了采用国际通用的压缩标准。1997年4月，联邦通讯委员会又颁布了无线电视覆盖网数字化的行政法规，该法规计划在2003年数字电视与现在的模拟电视同时播出，到2006年之后，正式终止模拟电视广播。随后，美国10家电视台在1998年11月正式开播了数字电视节目。

虽然美国FCC计划在2006年关闭电视信号的模拟播出，前提是有85%以上的用户可以收看数字电视，但目前这一比例仅达到55%。2006年年初，美国把关闭模拟的时间推后到2009年2月17日。芬兰、瑞典、挪威、意大利关闭模拟的时间表为2007—2008年，澳大利亚、韩国、法国、西班牙、德国、丹麦等国计划于2010年关闭模拟。（我国的时间表定在2015年。从目前各国的进展来看，不少国家都有可能像美国一样将时间表向后推）

美国电视为了占领更多的市场份额，在竞争中立于不败之地，对数字电视业务投入了大量的人力与物力。1998年11月，美国各大电视台正式开始了数字电视的播发，但效果不甚理想，数字电视机的销售量不足两万台。因为美国的电视观众需要花时间来了解这一新鲜的传播媒介与传播方式，但更重要的是，数字电视机的难以普及在于其价格偏高，而且，观看数字电视，除了要买一台数字电视机之外，还要购买相关的附属设备。为了改变这一状况，2001年美国联邦通讯委员会又决定拨给数字电视公司一个额外免费频谱供播出数字化高清晰度电视之用，条件是电视台必须在5年之内归还这个频谱。尽管数字电视的开发遇到了一些挫折，美国的高科技公司与电视公司并没有偃旗息鼓，如微软公司几年来已陆续在数字电视的研制方面投入了60亿美元。

据统计，2005年全球数字电视用户达到1.7亿户，比2004年增加了 4000 万户左右。全球数字电视平均普及率超过 16%。目前英国是数字电视普及率最高的国家，已经达到了 70%，其次是美国，普及率为 55%，日本的数字电视普及率为 50%，欧洲的数字电视平均普及率约为 30%。2005 年，我国有线数字电视用户虽然从 2004 年的 106.7 万户发展到 439.3 万户，总体普及率仅为 1.2%，有线电视的数字化比例也仅达到 3.5%。

应该说，我国在除互联网以外其他各种数字新媒体的应用与发展中，数字电视走在了最前列。从 20 世纪 80 年代的技术考察开始到进入 21 世纪，我国也加快了发展数字电视的步伐。21 世纪初的两年，我国一些地区开始进行传输与播出实验，2003 年 7 月，在国家广电总局发起和组织下，我国的有线数字电视发展进入了试点阶段。截至 2005 年 7 月，我国已经有 49 个有线电视示范网，其中包括 8 个省、4 个直辖市、17 个省会城市（21 个有线电视网）和 4 个计划单列市。"十一五"期间，我国广播电视业的发展目标就是在城市重点推广数字电视，在农村重点解决"村村通"的实现。到 2010 年，全国大中城市要基本实现有线电视数字化，以及 2008 年实现北京奥运会的高清晰度电视的转播。

由于目前互联网提供的电视图像质量不如数字电视，因此数字电视市场仍然十分广阔。而随着互联网宽带技术的发展，互联网提供的图像视频服务将进入更多的家庭。毫无疑问，数字电视与互联网各有优势，数字电视能够提供高质量的图像与声音，而互联网技术则能提供较好的数据传输，并且人们也正在设法开发提高电视图像和声音质量的技术，现在较多的是电视机构都在自己的网站上提供某种形式的流式电视图像。而其实这两种技术目前正在某种程度上融合。与此同时，数字电视与电信网络传输的电视——即互动电视之间的竞争也激烈展开。

广义上讲，电视数字化和网络化产物的互动电视（也称 IPTV 或网络电视），是指基于 IP 网络协议，以电信网络为传输通道的，集互联网、多媒体、通讯等技术为一体的，向用户提供个性化、交互式服务的数字化新媒体。根据传输平台和接收终端的不同，互动电视又分为以电视机、PC 机、手机为接收终端的三种形式。以 PC 为接收终端的通常被称为"宽频电视"；而狭义上讲，一般所说的"IP 电视"是指以电视机加 IP 机顶盒为接收终端，其传输通路可以为电信的宽带网，也可以为电视广播的双向 HFC 网。相对于传统电视，它可以同时传输和接受多路视频信号和其他数字化信息，同时令大量信息数字化存储，以便观众随时调用，其内置嵌入平台还实现了与互联网的对接，利用电视机配置"机顶盒"，即通过电视进入互联网，浏览互联网所提供的丰富内容。

为了将网络带入电视市场，美国在线以 15 亿美元投资于休斯公司，与时代华纳合并后即推出了与网络互动的美国在线电视节目。2001 年，最具声望的电视"艾米"奖已增加了"互动电视艾米奖"这一奖项，按照美国国家电视艺术科学院国际委员会主席乔治·勒克乐的说法，"互动电视实现了从传统媒体到新媒体的完美的转化"。

2005 年以来，欧洲和北美的电信运营商们，对必将继续改变人们获取信息与娱乐方式的新一代数字媒体，已经率先加大投资力度，掀起了推进 IPTV 产业发展的高潮，欧洲是 IPTV 的发源地，几乎所有的电信运营商均已尝试 IPTV，并在意大利和法国取得成功经验；由于欧盟国家运营商的业务是在全欧洲展开，统一 IPTV 的技术标准对他们来说意义重大。在开放与竞争的双重理念下，目前欧盟正在推进数字互动电视在其成员国的发展与技术的兼容。为回应有线电视公司的竞争，现在美国已经有 100 多家电信运营商涉足 IPTV 服务；然而，IPTV 也给美国 1996 年《电信法》带来新的挑战，原有的管制模式已经显示出不适宜新媒体的传播方式。

对于传统电视业来说，一方面，IPTV 的出现使其优势地位受到挑战，导致传统电视用户的流失；另一方面，IPTV 也为传统电视业发展提供了长足的机会，IPTV 可以彻底盘活电视行业巨大的内容库存，让它们流动起来，变成可以带来利润的资产。借数字电视启动之东风，美国几大传媒集团、五大广播电视公司依靠强大的传统实力，在 IPTV 的发展中先行一步，走在了全球的前面。

随着互联网发展，网络安全越来越受到我国的重视。2015 年 6 月，十二届全国人大常委会第十五次会议初次审议了《中华人民共和国网络安全法（草案）》，并于 7 月、8 月向社会征求意见。国家对网络安全作出制度性安排，从网络设备设施安全、网络运行安全、网络数据安全、网络信息安全等方面建立和完善相关制度。

网络视听新媒体网络安全是影响业务可用性的重要因素之一，随着国家出台管理办法和指导意见，全行业对网络安全提高了关注度和重视力度，网络安全意识水平逐年提高。最近一些网络视听 APP 应用增加了直播自定义功能，用户可以导入、组织自己的直播频道链接集合，如智能家居的监控视频，这就对网络视听的管理提出了新的要求。[1]

新媒体区别于传统媒体的特征之一是新媒体坚持微创新，不断引入新技术、新应用及服务。这些新技术、新应用和服务由于出现时间晚、生命周期短，经常缺乏周密、完善的安全考虑，并且新技术的引入给现

---

[1] 何晶：《网络视听新媒体网络安全态势跟踪》，《广播电视信息》2015 年第 12 期。

有的安全逻辑带来了极大挑战，如何在不妨碍发展生产力的条件下实施有效的安全管理是一个新的课题。

尽管广电行业网络化起步较晚，短期内无法引领网络安全技术潮流，加强和完善措施是不断应对广电行业网络安全问题的有效办法。考虑到黑客攻击的不确定性，应避免理论框架的约束，注重对实际情况和技术的掌握，安全地使用各种工具，及时避免问题的连带损失。

第五章　中国文化与中国电视

在 21 世纪，中国电视必须遵循坚定不移地反映和表现中国先进文化的前进方向，按照"四个自信"的要求，与时俱进，勇于创新，不断创造和推进有中国特色的新型的社会主义电视文化，推动中国电视事业的不断发展与持续繁荣。

第一节　中国电视应体现中国先进文化的前进方向

一、中国电视承担着传播中国文化的功能

中国电视是中国当代文化的一部分。走进新世纪的中国文化，必将在电视这一强大的媒体中找到自己新的生长点。

中国传统文化中并没有电视的踪迹，但从一定意义上说，电视的文化承载不多和历史不长，却恰恰为电视的发展提供了先天的有利条件。这正应了毛泽东同志的那句名言：一张白纸，没有负担，好写最新最美的文字，好画最新最美的图画。从传播学的角度看，电视媒介的特点在于它消除了文字符号对大众的限制，使文化通过声像的形式得以传播，因为不管是谁，也无论其所受教育的高低，任何人都可以通过电子媒介的声音和图像与文化接触，这是电视成为有史以来影响最广泛的传播方

式的根本所长。"电视的兴起，在人类文化史上也是一次革命，它以强大的传播威力，高度的逼真性和即时性等方面，形成电视时代的一种文化情势和氛围。"①

从文化建设及其在我国社会主义精神文明建设中的作用看，中国先进文化至少有这样四个功能：凝聚功能、融合功能、提升功能、批判功能。中国电视在这四种功能中，无一例外地承担着不可推卸的责任。

中国先进文化的凝聚功能，突出地表现在我们的精神文化产品一定要凝聚人心，一定要坚持"以人为本"的原则，充分尊重人民群众的欣赏习惯和不断提高的欣赏品位。先进文化通过它在社会中占主导地位的思想道德观念和规范体系，整合和统一其他思想道德观念，促进民族意识和民族精神的形成。中国文化中历来有"文以载道"和重"教化"的传统，这表明了我们的精神文化产品具有引导作用，是有着深厚的历史底蕴的。中国文化建设的首要任务，就是用"三个代表"的重要思想为指导，注重文化产品的先进性和方向的正确性，把我们党的正确主张渗透到精神文化产品中去，以科学的理论武装人。同时，还必须注意在强化文化产品严肃的思想性前提下，力戒枯燥无味的说教，既要陶冶情操，又能愉悦身心，鼓舞和激励中国人民沿着建设有中国特色的社会主义道路不断开拓创新。

中国先进文化的融合功能，就是发挥文化的融合性，以更大的文化自觉意识，以更加开放的眼光和恢宏的气度，整合人类社会创造的一切文化资源，使我国文化的建构具有鲜明的时代特色。应当看到，20世

---

① 田本相：《电视文化学》，文化艺术出版社1990年版，第51页。

纪源于美国又扩散到世界各地的所谓后现代文化现象，本质上是西方商业资本主义文化侵略和霸权的一种特殊表现形式。在我们警惕和反对文化帝国主义和文化霸权主义的同时，还必须积极吸收外来文化精神中的平等意识、法治意识、独立奋斗精神和爱心精神等。而取其精华、去其糟粕，不断进行文化创新，则是我们对待中华民族传统文化的基本态度。中国传统文化中的"天行健，君子以自强不息"的进取精神，"天下兴亡，匹夫有责"的爱国主义精神，"先天下之忧而忧，后天下之乐而乐"的奉献精神，"天时不如地利，地利不如人和"的团结精神，"富贵不能淫，贫贱不能移，威武不能屈"的浩然正气，"历览前贤多少事，成由谦逊败由奢"的勤劳简朴精神等，都是建设中国特色社会主义事业所需要的精神素质。重要的是，中国电视在这些优秀传统文化基本要素的形象化、优美化、崇高化的传播过程中，在以优秀的作品鼓舞人方面，将发挥巨大的影响和作用。

中国先进文化的提升功能，集中表现在精神文化产品对中华民族综合素质的提高上，以高尚的精神塑造人，像江泽民同志指出的那样："引导广大人民群众从思想上精神上正确武装和不断提高起来。"胡锦涛同志也指出："我们要坚持从我国国情出发，坚持以我为主、为我所用，辩证取舍、择善而从，积极吸收借鉴国外文化发展的有益成果，更好地推动我国文化的发展繁荣。一切有利于加强我国社会主义文化建设的有益经验，一切有利于提高我国人民精神境界的文化成果，一切有利于发展我国社会主义文化事业和文化产业的管理方式，都要积极研究借鉴。"①

---

① 《政治局第七次集体学习　胡锦涛强调推进文化建设》（新华网北京 2003 年 8 月 12 日电），网络来源：http://news.xinhuanet.com/newscenter/2003-08/12/content_1022845.htm。

2014 年 10 月，习近平总书记主持召开文艺工作座谈会并作重要讲话。习近平总书记指出，文化是民族生存和发展的重要力量。人类社会每一次跃进，人类文明每一次升华，无不伴随着文化的历史性进步。实现中华民族伟大复兴需要中华文化繁荣兴盛，中国精神是社会主义文艺的灵魂，要创作无愧于时代的优秀作品，坚持以人民为中心的创作导向，加强和改进党对文艺工作的领导。

先进文化具有开放型的特点，它必然要吸收和借鉴人类社会创造的一切文明成果，市场意识、竞争意识、自立意识、效率意识、民主法制意识、开拓创新意识等，这些具有鲜明时代特征的精神力量，都是先进文化的应有之义。注重和强调先进文化的提升功能，就要结合新的实践和时代的要求，结合人民群众精神文化生活的需要，积极进行文化创新，努力繁荣先进文化，把亿万人民紧紧吸引在有中国特色社会主义文化的伟大旗帜下。

中国先进文化的批判功能，就是要以正确的舆论引导人，坚决反对和抵制资本主义、封建主义和各种腐朽文化思想的侵扰，警惕和抵御西方一些国家对我国实行的"西化"、"分化"的方针。先进文化赋予一个民族与社会发展的特色和方向，提供科学的思维形式，以此提高人们认识世界的能力。中国先进文化的批判功能，决定了中国电视必须始终不渝地坚守基本的思想文化立场。中国电视传播的任务，就是站在时代的高度，积极地提高工作和引导工作，提倡主旋律精神产品，扶持高雅文化，支持严肃的、健康的、有益的文化产品的生产，不断增强电视的思想文化力量。同时，要采取行政和法律手段，抵制和打击那些伪文化、反文化的东西在社会上的流行，更不允许进入电视这个大众传播领域。

二、建设和发展新型的电视文化

中国电视要坚定不移地反映和表现中国先进文化的前进方向，建设新型的电视文化，就必须坚持以马列主义、毛泽东思想、邓小平理论为指导，以培育有理想、有道德、有文化、有纪律的社会主义公民为目标，为发展面向现代化、面向世界、面向未来的民族的科学的大众的社会主义文化而竭尽全力。我们必须清醒地看到，在世纪之交，科学技术发展日新月异，思想文化相互激荡；先进文化与落后文化、科学与迷信、崇高道德理想与腐朽没落思想的争斗仍很激烈。电视作为当今影响最广泛的大众传媒，在为改革开放和社会主义现代化建设提供强有力的精神动力、智力支持和科技保障中，负有特殊的使命。

电视是现代文化的重要组成部分，国内外许多学者都将电视文化视为一种新型的大众文化。电视在提高中华民族的文化素质，影响当代中国人的行为方式和价值取向，培养跨世纪的一代人等方面，有着其他文化表现方式所不可比拟的影响力和辐射力。现在，没有哪一种文化艺术形式可以排斥或藐视电视，拒绝与电视携手合作。现代文化发展的趋势之一就是：借助电视这种现代传播手段和媒体，最大限度地吸引并影响群众，以期扩大自己的传播疆域，在机遇和挑战中寻求可持续发展的道路。这一点，无论是文学、戏剧，还是电影、音乐，抑或是其他文化艺术门类都概莫能外。正因为这样，电视在中华民族文化重构过程中的地位和作用也就非同小可。

中国是一个电视文化的生产和消费大国，在整个电视节目的播出总量中，有60%以上是文艺节目。仅从这一量化指标上看，电视对中国公众的影响最主要的是通过电视文艺节目产生的。我们特别应当看到，当电视对社会的影响越来越大时，也恰逢中国社会处于从计划经济向市场经济的转型时期，处于大众文化方兴未艾的发展时期，这一特定历史时期的电视影响，既有发达国家电视传播所经历过的共性问题，又有鲜明的中国特色。我们应当以当代中国电视传播的实际问题为中心，以我们正在做的事情为中心，着眼于新的实践和新的发展，探讨有中国特色的电视文化的理念和范型。

江泽民同志在中共十五大报告中指出："发展文学艺术、新闻出版、广播电视事业，是文化建设的主要内容。"文化建设是一个国家文明程度的标志，建设有中国特色的社会主义新文化，这是事关中华民族振兴的大问题。作为社会主义文化建设中最年轻的一个分支，中国电视传播的不断发展和持续繁荣，对改革开放和社会主义现代化建设起了巨大的推动作用。中国电视的思想文化力量，绝不是仅仅反映现代传媒自身的文化品位和层次，更重要的是电视的传播会影响到中华民族文化素质的提高。为社会主义文化建设服务是中国电视的历史责任，电视传播要对下一代负责，对 21 世纪负责，对中华民族的明天负责。

江泽民同志曾指出，五千多年来，中国各族人民在改造自然、改造社会的过程中，在共同抵御外侮的斗争中，相互帮助，增进友情，融汇为统一的、团结的中华民族，创造灿烂的中华文明。经济、政治、思想文化，无数人物和事件，都波澜起伏、可歌可泣，每一块砖瓦、每一捧泥土，都记载着祖先们的勤劳、智慧和创造。中国电视节目发展与繁荣的最深刻根源存在于中国人民的历史创造活动之中，中国的电视节目应当植根于中华民族几千年创造的优秀文化传统的沃土，植根于中国人民在改革开放中创造新生活的伟大实践的沃土。中华民族悠久的文化传统和丰厚的历史遗产是中国电视取之不尽、用之不竭的创作源泉。中国的戏曲、民歌、民乐、舞蹈、曲艺、杂技、武术以及各少数民族的民族民间文化艺术，都是丰富的文化宝库，中国的诗词、歌赋、书法、绘画、篆刻等，在世界文化中都具有独特的文化审美价值。正如胡锦涛同志所概括的那样："在五千多年的历史演进中，在祖国这片广阔神奇的土地上，勤劳智慧的我国各族人民自强不息、百折不挠，在改造山河、改善生活的不懈奋斗中，创造了饱蕴中华民族思想精髓和价值追求的灿烂文化。"①中国传统文化中的这些优秀资源，赋予中国电视节目的创作和制作以无限广阔的空间。在中华民族优秀传统文化基础上创造出的现代的民族电视文化，在建设和发展有中国特色的社会主义文化中占有极为重要的地位。中国电视必须大力弘扬中华民族的优秀文化，以现代意识正确对待传统，深入民族传统的底层，在电视作品中开掘出国人之魂，为世界电视作品之林贡献出无愧于我们伟大民族的华夏奇葩。

文化是一种历史形态，弘扬中华民族的优秀传统文化绝不等于将历史上早已死亡的东西统统作为"文化"来挖掘和展示，更不能允许打着文化的幌子招摇过市。那些重演封建皇帝三宫六院的"嫔妃文化"，那些再现旧时君主一席百肴的"饮食文化"，那些为了满足某些人对于中国"文化"的歧视和变态心理的"小脚文化"等，他们以反历史、反现实的面貌污染了当代社会的文化环境，败坏了当代观众的审美情趣，所以，不论这些所谓的"文化"有怎样的"卖点"和收视率，不论被什么人当成中国文化的"正宗"而慷慨解囊，也不论是获得了国外什么奖，都不能将这些行径视为"繁荣荧屏"，而只能定性为一种反文化、

---

① 胡锦涛：《在中国文联第八次全国代表大会、中国作协第七次全国代表大会上的讲话》（2006年11月10日），网络来源：http://news.xinhuanet.com/politics/2006-11/10/content_5315058.htm。

反文明的倒退。在我们坚持先进文化的时代，对于让小脚的老人大跳迪斯科以供国人"观赏"、以引洋人发笑的电视传播，必须予以坚决的制止。

一定的文化是一定社会的政治和经济在观念形态上的反映。从计划经济向市场经济转轨的中国社会，也使电视文化面临一个全新的生态环境，社会主义市场经济新体制建立初期的无序和混乱，必然极大地影响电视文化产品的生产和市场，诸如草台班子拼凑的电视剧，粗制滥造的一些晚会，只要出钱就能到转播现场亮相的各种节目，闹哄哄的游戏娱乐类节目等，都降低着电视传播的文化品位，影响到中国电视的健康发展。

电视文化具有大众、普及、通俗的基本特征，加之我国人口多、底子薄，各地区之间经济发展不平衡的基本国情，我国的电视文化在相当长的时期内都具有趋众性的特点。这种趋众性是指电视文化产品具有符合大众的社会心理、民族习性以及他们的收视水平、接受习惯、期待视野、审美情趣的一种属性。根据有关专家的研究，从 20 世纪 90 年代开始，中国文化的合俗、趋俗特征在其文化产品的内容和形式两方面均有着极其鲜明和充分的体现，其具体表现为正面主人公塑造的平民化，历史题材改造的现代化，情节构造的煽情化，叙事模式的程式化①。这种文化产品的趋众化趋势，在我国电视文化产品的生产和消费中表现得尤为明显。电视观众在收看这类电视节目时，的确无须承担过多的沉重与艰涩，也很少能体会到伟大与崇高，其接受过程的心理期待是轻松、愉悦、解脱和满足。

---

① 参见夏潮：《90 年代文化产品的趋众性探析》，《新华文摘》1999 年第 11 期。

应当看到，我国电视文化发展的这种特点是有着广阔时代背景并受到电视发展自身规律制约的。从时代背景上说，中国进入改革开放的历史新时期后，中国的社会生产力有了极大发展，中国的综合国力有了全面的增强，党和政府对文化政策不断调整，人民群众的休闲时间也大大增加，从 1997 年开始，我国政府规定实行周工作 40 小时，中国老百姓的休闲时间获得了法律的保障。所有这一切，都标志着电视文化的娱乐、趋众、通俗等功能有着巨大的社会需求和发展空间。同时，随着文化产品产业化和市场化进程的加快，电视文化产品的商品属性和价值获得了广泛认同。在市场经济条件下，电视文化产品的生产、流通和消费，都不再仅仅是一种单纯的精神行为，也是一种价值交换行为，也要受到市场法则的支配。电视文化产品走进了市场，这是中国电视产业化和集团化的发展趋势的客观要求。

我们更应看到，以满足观众文化娱乐和消费为特征的电视产品市场的形成与发展，在推动电视产业发展的同时，也构成了对精英文化和严肃文化的巨大冲击。因此，要保证中国电视体现中国先进文化的发展方向，就必须经常进行这样的学理警告和伦理追问：电视节目的丰富，是否必须以消解意义、躲避崇高、无序竞争、乱播滥放为前提，甚至以牺牲社会公正和公众利益为代价？这既是一个具有根本意义的电视伦理问题，更是一个带有普遍性的社会学、政治学问题。电视事业发展中的资源浪费、缺乏自律、调控不力、管理滞后是社会代价，电视传播中的节目贫乏、粗制滥造、乱播滥放、偷录盗版、格调不高也是社会代价。对这种社会代价的学理批评和伦理追问，理所当然地应当成为中国电视体现先进文化前进方向的先决条件。

三、建设新型电视文化的基本要求

中国电视要完成体现先进文化的前进方向的重任，就必须有一种科学的发展观作为实践的统领。

科学的发展观，用我们十分熟悉的邓小平同志的提法就是，物质文明和精神文明都要抓，两手都要硬。其实，经济发展和社会代价的关系，中国共产党和政府已经注意到了。在中共十四届六中全会的《关于加强社会主义精神文明建设若干重要问题的决议》中，已多次严厉批评"以牺牲精神文明去求一时一地的经济效益"这种短视行为，一再强调"任何时候都不能以牺牲精神文明为代价换取经济一时的发展"。不仅如此，这个决议中指出的针对中国新闻出版业存在的一些问题，就更加符合综合发展观的基本思路："加强对新闻出版业的宏观调控，采取有力措施解决目前总量过多、结构失衡、重复建设、忽视质量等散滥问题，努力实现从扩大规模数量为主向提高质量效益为主的转变。认真整顿违反规定屡出问题和不具备基本条件的新闻出版单位，达不到要求的必须停办。"

"一心一意谋发展，聚精会神搞建设"始终在中国共产党人的意识日程中占有重要位置，因为这是决定中国社会向何处去的最终决定因素，而科学发展观是以胡锦涛为总书记的党中央对发展问题思考的重要成果。2003 年 10 月，党的十六届三中全会明确提出："坚持以人为本，树立全面、协调、可持续的发展观，促进经济社会和人的全面发展。"科学发展观也就是坚持以人为本，全面、协调、可持续的发展观，从"发展才是硬道理"到"发展是第一要务"，再到"科学发展观"，这是一条清晰的红线。

　　而这条红线也贯穿于文化领域，以胡锦涛为总书记的党中央充分认识到了树立科学发展观，进行文化体制改革，进而解放文化生产力的重要意义。在 2004 年 9 月，中国共产党第十六届中央委员会第四次全体会议通过的《中共中央关于加强党的执政能力建设的决定》指出："坚持树立新的文化发展观，不断深化对文化发展的地位、方向、动力、思路、格局和目的的认识，冲破一切束缚文化发展的思想观念、做法、规定和体制机制性障碍，不断解放和发展文化生产力，促进文化与经济、政治、社会协调发展。"①

　　2014 年 10 月 15 日，习近平同志在文艺工作座谈会上的重要讲话中指出，没有中华文化繁荣兴盛，就没有中华民族伟大复兴。一个民族的复兴需要强大的物质力量，也需要强大的精神力量。没有先进文化的积极引领，没有人民精神世界的极大丰富，没有民族精神力量的不断增强，一个国家、一个民族不可能屹立于世界民族之林。

　　既然如此，被一些学者认为属于主流文化的这种对影视创作中某些问题的诘问，在新的文化发展观的统摄下，实际上就越发显得振聋发聩："是使人更加热爱党、热爱社会主义祖国，还是产生疑虑和不满？是有利于陶冶情操、激励人们以饱满的热情创造美好的新生活，还是污染心灵、对人生感到迷惘？是为正义压倒邪恶、光明战胜黑暗的浩然正气所感染，还是对社会失去责任感，'过把瘾就死'？是得到美的享受、带来欢乐，还是在胡编乱造、荒诞无聊的情节中耗费时光？"②丁关

---

① 《中共中央关于加强党的执政能力建设的决定》（2004 年 9 月 19 日中国共产党十六届中央委员会第四次全体会议通过），网络来源：http://news.xinhuanet.com/newscenter/2004-09/26/content_2024240.htm。

② 《光明日报》1998 年 5 月 26 日。

根同志这里提出的问题，不应当仅仅理解为是决策管理层的"体制内"的要求，而应当看到这样一个既深刻又有趣的现象：主流文化和精英文化在市场经济条件下的高度一致和融合，在体现先进文化前进方向的基本立场上的默契和合作。

在构建社会主义和谐社会的过程中，我们到底需要什么样的文化？国家《"十一五"时期文化发展规划纲要》给我们作出了有力的回答，明确了国家对包括电视在内的各种文化形式在"十一五"时期的发展方向，该"纲要"指出："到 2010 年，文化发展的总体目标是：完成'十一五'时期全面建设小康社会赋予文化建设的任务，文化为人民服务、为社会主义服务的能力显著增强，为经济发展、政治稳定和社会进步提供强有力的思想保证、精神动力和智力支持；文化的创新能力和整体实力明显提高，文化产品更加丰富，更好地保障和满足人民群众的基本文化需求，促进城乡和区域之间文化的共同发展；中华文化在世界上的影响力不断扩大，文化在综合国力竞争中的地位和作用日益突出，文化发展的水平与我国的经济实力、国际地位相适应。"①

胡锦涛同志关于"繁荣社会主义先进文化，建设和谐文化，为构建社会主义和谐社会作出贡献，是现阶段我国文化工作的主题"的重要论断进一步明确了中国电视文化的发展方向，结合前述"纲要"中所提出的具体目标，我们认为，按照"三个代表"重要思想的要求，建设新型的电视文化，为构建社会主义和谐社会作出贡献，这是中国电视文化发展战略的核心内容和根本目标。

中国电视要按照"三个代表"重要思想的要求，建设新型的电视文

---

① 《国家"十一五"时期文化发展规划纲要》，网络来源：http://news.xinhuanet.com/politics/ 2006-09/13/content_5087533.htm。

化，就必须始终坚持解放和发展生产力的正确方向，不断调整和完善生产关系，根据经济基础的发展自觉改革和调整上层建筑中不相适应的部分，全面促进电视生产力的发展。科学技术是第一生产力，文化也是生产力，以胡锦涛为总书记的党中央所提出的"不断解放和发展文化生产力"①的论断，就反映了中国和世界文化产业不断发展、壮大，成为当代社会生产力重要组成部分的现实。

作为科技和文化的结合物，电视既是先进的科学技术的结晶，全面反映了人类在传播领域的革命性变革。同时，电视信息传播也是文化生产力的一部分，是整个生产力的重要因素，而生产力不仅是最活跃、最革命的因素，而且是社会进步和发展的最终决定因素。

面对 21 世纪，我们只有更加敏锐地把握先进生产力发展的特点趋势和要求，并在正确路线方针政策和体制基础上采取有效的措施，才能真正跟上时代而始终代表先进生产力的发展要求，从而保持党和国家的生机和活力。电视的发展也是如此。我们只有不断提高中国电视的综合实力，不断增强中国电视对于包括精品制作在内的资金保证和支持能力，才能保证电视事业与整个社会生产力的同步发展和持续繁荣。特别是在我国已经加入 WTO 的形势下，发展电视生产力就有着更为特殊的意义。中国电视要应对国际传媒巨头的挑战，要自立于世界电视之林，就绝不能闭目塞听，故步自封。"发展才是硬道理"，我们要用改革和发展来解决前进道路上的问题，"一切有利于加强我国社会主义文化建设的有益经验，一切有利于提高我国人民精神境界的文化成果，一切有

---

① 《中共中央关于加强党的执政能力建设的决定》（2004 年 9 月 19 日中国共产党十六届中央委员会第四次全体会议通过），网络来源：http://news.xinhuanet.com/newscenter/2004-09/26/content_2024240.htm。

利于发展我国社会主义文化事业和文化产业的管理方式，都要积极研究借鉴"。①"冲破一切束缚文化发展的思想观念、做法、规定和体制机制性障碍"②，建立和完善符合中国国情的电视事业的运行体制。因此，不断进行中国电视的制度创新，为中国电视体现先进文化的前进方向提供制度保障，这是一项长期而艰巨的任务。我们应当时刻都保持这样的清醒认识：中国电视生产力的发展，必须坚持正确的政治方向。不断满足人民群众日益增长的信息和文化需求，提升全民族的精神文化水平，这才是中国电视的根本任务之所在。

先进文化建设同先进生产力的发展一样，都是国家实力不可缺少的组成部分，同时也是中国最广大人民群众根本利益的重要组成部分，具有无可比拟的重要性。中国先进生产力的发展要求是动态的、不断变化的，它必然要求文化建设也要呈现出不断发展变化的特征。始终代表先进文化的发展方向，就要求中国电视必须坚持"两手抓，两手都要硬"，弘扬主旋律、提倡多样化，"努力宣传科学真理、传播先进文化、塑造美好心灵、弘扬社会正气、倡导科学精神"③。中国电视要坚持百花齐放、百家争鸣的方针，在健康有益的前提下，鼓励电视节目在风格、样式、体裁、观念、题材等方面的多样化，以适应社会各个阶层、观众各个方面的需要，不断丰富屏幕和丰富人民群众的精神文化生活。中国

① 《政治局第七次集体学习　胡锦涛强调推进文化建设》（新华网北京 2003 年 8 月 12 日电），网络来源：http://news.xinhuanet.com/newscenter/2003-08/12/content_1022845.htm。

② 《中共中央关于加强党的执政能力建设的决定》（2004 年 9 月 19 日中国共产党十六届中央委员会第四次全体会议通过），网络来源：http://news.xinhuanet.com/newscenter/2004-09/26/content_2024240.htm。

③ 《政治局第七次集体学习　胡锦涛强调推进文化建设》（新华网北京 2003 年 8 月 12 日电），网络来源：http://news.xinhuanet.com/newscenter/2003-08/12/content_1022845.htm。

电视要不断增强自身的思想文化力量，牢牢把握电视文化向精致方向的发展，处理好社会主流意识形态与商业娱乐形态之间的关系，为社会的稳定、繁荣、文明，不断提供更多的优秀作品。中国电视要始终以形成全社会的共同理想和精神支柱为己任，促进全社会成员树立正确的世界观、人生观、价值观，努力继承和发展中华民族的一切优秀文化传统，努力学习和吸取一切外国的优秀文化成果，坚决摒弃腐朽的、落后的、低级庸俗的文化，抵御境内外一切文化糟粕的传播和侵害。一句话，始终代表先进文化的发展方向，不断推进社会主义文化的繁荣发展，是时代赋予中国电视的神圣使命。

建设新型的电视文化，就必须将广大人民群众的根本利益置于至高无上的地位，一切从实际出发，关心群众生活，倾听群众呼声，全心全意地为人民服务。中国电视一定要将人民高兴不高兴、赞成不赞成、答应不答应、拥护不拥护作为安身立命的根本所在。

胡锦涛同志非常重视人民群众在中国新闻媒介中的地位和作用，2003 年 3 月，胡锦涛同志在中共中央政治局会议上，研究进一步改进会议和领导同志活动新闻报道等工作。这次会议指出："新闻单位要坚持正确的舆论导向，大力宣传党的理论路线方针政策，多报道对工作有指导意义、群众关心的内容，力求准确、鲜明、生动，努力使新闻报道贴近实际、贴近群众、贴近生活，更好地为人民服务、为社会主义服务、为党和国家工作大局服务。"①

这充分说明，中国电视要满腔热情地讲述老百姓自己的故事，永远保持人民群众在电视传播中的主体地位。

---

① 转引自《人民日报》2003 年 3 月 29 日。

第二节　中国电视文化传播中的主旋律与多样化

一、弘扬主旋律，提倡多样化的内涵

进入 20 世纪 90 年代以后，商业文化大潮对严肃文化、精英文化产生了巨大冲击，诉诸官能的消费文化泛滥，诉诸心灵的严肃文化陷入困境。无主流、无深度、一次性、平面化的消费文化呈现泛滥的趋势。这些东西反映在电视传播领域中，集中地表现为电视剧的文化品位低俗和游戏娱乐类节目大量"克隆"的倾向。脱离生活、远离现实、题材雷同、内容重复、情节虚假、人物模式化的所谓文化快餐，不仅倒了观众的胃口，而且严重干扰了主旋律的弘扬。因此，电视界内外对高品位、高水平的电视精品的呼唤和生产，不仅充实着电视这种现代传媒的思想文化力量，而且也是实现电视以优秀作品鼓舞人的正确途径。

电视娱乐节目是电视文化的四大功能之一，通过收看电视娱乐节目获得休息和消遣，这是人民群众非常普遍的一种生活方式，也因此，电视艺术成为今天最有群众性的一种艺术。电视给人们带来娱乐的这种广泛性，决定了电视文艺节目必须从满足观众多层次、多方面的要求出发，努力做到丰富多彩、雅俗共赏。我们应当清醒地看到，以电视剧和文艺晚会为主要方式的电视娱乐节目，在思想内容和艺术表现两方面俱佳的精品之作还显得太少，大量平庸的电视剧冲淡甚至淹没了电视佳作。在"电视剧就是通俗艺术""电视剧的商品化趋势不可阻挡"等所谓"理论"的误导下，有些电视剧出现了偏离文化的倾向，表现出一种拒绝其文明教化作用而纯粹要供人消遣的所谓"潇洒"。于是，在电视

屏幕上，种种有悖于社会主义初级阶段实际生活的"活法"，冲击着电视剧这种现代艺术本来就必不可少的底层感和平民情结，动摇着电视剧对民族生存状态的当下关注和对民族命运的殷切关怀。在影视界有人声称"要气死历史学家"的影响下，戏说一个皇帝，演绎一个宰相，编造一个皇后之类的东西在屏幕上大行其道。深刻和理性受到嘲弄与冷落，媚俗和浅薄博得了认同与喝彩，而这些都可以冠之为"老百姓喜欢看"，"电视剧就是游戏"。有人公然声称拍电视剧是"玩电视"，就是为了"过把瘾"，只要能拉来赞助，从剧本的品位到演员的质量都是次要的，以至于什么虚假的本子都敢拍。所有这一切都在警示我们：中国每年多达几千部集的电视剧产量当然是惊人的，但数字诞生不了美，艺术繁荣的标志是质量而不是数量。一部艺术精品产生的社会效益，是几十部乃至上百部平庸之作都不可比拟的。平庸之作再多，屏幕也不能繁荣。

中国电视娱乐节目已有的成就和种种的不尽如人意告诉我们：弘扬主旋律，提倡多样化，多出电视精品，这不仅是完成中国电视任务的根本措施，而且也是中国电视事业的发展方向。

弘扬主旋律，在现阶段就是努力反映中国各族人民在中国共产党领导下建设有中国特色社会主义的伟大事业，反映改革开放和现代化建设的伟大实践，反映中华民族全面振兴的伟大时代精神。弘扬主旋律，是时代进步的内在要求，也是文化发展的内在要求。一个时代总是具有自己的时代精神，一个发展的社会总是具有时代的思想主流，主旋律就是这样的精神和主流，它代表了时代精神。唱响主旋律，打好主动仗，全面反映中华民族伟大振兴时波澜壮阔的现实，热情颂扬催人奋进的革命英雄主义和革命理想主义，生动地表现人民群众投身社会主义现代化建设事业的伟大实践和丰富的精神世界，这些都是中国电视弘扬主旋律的应有之义。

　　提倡多样化，就是坚持百花齐放、百家争鸣的方针，在健康有益的前提下，鼓励电视节目在风格、样式、观念、题材、体裁等方面的多样性，以适应社会各个阶层、观众各个方面的需要，丰富电视屏幕，丰富人民群众的精神文化生活。电视节目要努力采用老百姓喜闻乐见的艺术形式和手法，表现丰富多彩的现实生活。正如江泽民同志所指出的那样："历史与现实，雄伟与细腻，严肃与诙谐，抒情与哲理，喜剧与悲剧，只要是能够使人们得到教育和启发，得到娱乐和美的享受，都应受到欢迎。"①

　　弘扬主旋律，提倡多样化是中国电视传播的指导方针之一，是文艺为社会主义服务、为人民服务的总的指导思想和"百花齐放、百家争鸣"文艺发展方针的具体体现。弘扬主旋律与提倡多样化，这两者是辩证统一的关系。电视传播中既要有英雄曲，也要有小夜曲。因而，只讲主旋律不讲多样化，屏幕就会太单调；只讲多样化而放弃主旋律，屏幕就缺少了灵魂和支柱。我们必须注意，强调弘扬主旋律不是简单地重复一些干巴巴的政治口号，不是生硬地为某项政策作模式化的图解。电视精品是思想性和艺术性完美统一的产物，是教育、认识、娱乐和审美的综合体现。电视节目反映主旋律的精神产品不仅思想内容应健康向上，艺术表现也应多样化，在艺术标准追求精益求精的同时，形式一定要生动活泼，这样的作品才有强烈的吸引力和感染力，也才能在整个文化市场的竞争中赢得优势。中国电视精品不仅要有积极健康的思想内涵和正确的舆论导向，而且要有饱满的激情来表现时代主流和时代精神，表现

---

① 　转引自《人民日报》1997 年 5 月 26 日。

中国人民在改革开放中的艰辛和创造。因此，提高质量，多出精品，是人民群众对电视节目的迫切要求，是繁荣电视节目的关键所在。努力创作出思想性、艺术性和观赏性高度统一，深受广大群众欢迎，并能经受历史检验的优秀作品；努力创作出更多思想精深、艺术精湛、制作精良，具有强烈吸引力、感染力的优秀作品，这应当成为我们创作精品的标准。把握时代脉搏，描摹改革开放的历史进程，反映当代生活的风云变幻，揭示改革过程中不可避免的矛盾、曲折和阵痛，这是从更高的层面讲述老百姓自己的故事，这是中国电视文化产品创作和创新的"重头戏"，也是众多现实题材作品中的主旋律。

电视作为一种文化媒介，不能仅仅满足于用所谓"快餐文化"和游戏娱乐去充斥观众的休闲时间，电视传播应当承担一种文化使命，这就是要以一种真善美的境界去陶冶和净化人的心灵，真正做到以高尚的精神塑造人，以优秀的作品鼓舞人。我们还必须看到，电视节目在面向大众、雅俗共赏的同时，还承担着用高雅文化引导观众和影响观众的使命。人类文化的发展是一个动态的过程，不能完全根据接受者的数量来判断电视作品的优劣。在电视作为大众文化主要载体之一的现时代，应该鼓励和扶持那些具有思维个性和艺术个性的电视节目，并以此去有意识地、逐步地引导广大电视观众，从而提高全民族的精神文化素质。

我们坚持以经济建设为中心的社会主义现代化建设，努力发展物质文明和精神文明，目的就是不断地满足人民群众日益增长的物质文化需求。这里必须特别注意的是，满足观众需要不是低水平重复，更不是有意迎合，故意媚俗。中华民族的审美水平和鉴赏能力需要电视去提升，中华民族的文化素质需要电视去提高，中华民族屈辱的历史和人民不屈的奋斗需要电视去正视，中华民族当代的伟大复兴需要电视去表现。因此，弘扬主旋律，提倡多样化，这不仅是完成中国电视任务的根本措施之一，而且也是中国电视的历史使命之一。

改革开放以来中国电视事业的高速发展，使中国一跃成为世界瞩目的电视大国。随着全民族文化水平和审美能力的不断提高，广大电视观众对电视文化不断增长的需要同电视节目数量少、质量差、格调低的矛盾日益明显。近年来，在中国电视的产业化、集团化得以迅速发展的同时，电视的商业化、同质化、庸俗化、贵族化倾向也愈演愈烈，其主要表现有两个方面：一是一些收视率高的电视剧受到许多电视台的追捧，出现了数十家省级电视台同时播出一部电视剧的"电视奇观"，而这些电视剧的思想性和艺术质量又比较低劣；二是游戏娱乐类节目被大量的"克隆"，尤其是在节假日的黄金时间里，屏幕上大呼小叫，争相搞笑。至于屏幕上的"豪华风"、"滥情风"、"戏说风"、"猜奖风"、"破案风"，更是受到了社会各界的广泛批评。正如有研究者指出的那样："那些华丽的信号究竟给社会心理输送了多少健康生长的维生素和营养？尤其是高踞信号榜首的中国电视剧，又到底给本来就漂移不定的大众心理灌输了多少人生的定向、审美的规指、心灵的依靠、信仰的关怀？"

二、电视文化传播多样化的现象辨析

1. 提倡多样化，必须警惕和反对电视文化的商业化

人类文化发展到今天，不仅原有的文化形态找到了自己在电视传播中的落脚点，而且借助广播电视的表现方式扩大了各自的领地和影响。至少，电视在文学、艺术、音乐、舞蹈、电影等文化形态方面的普及和传播中功不可没。从文化发展的意义上说，电视传播是文化传播的革命性变革，电视文化对人们的影响已经远远超过了当今其他任何文化形

态，电视成为改造社会的一种全新的文化力量。然而，电视对文化的影响并非只有积极作用，许多有识之士早就指出了收视率、销售量等市场营销术语引入"电视文化生产"，其本身就是文化的一种异化。在市场经济大潮的冲击下，消费文化形成了对传统文化、精英的巨大冲击，"物质丰裕，精神痛苦"这种"病态社会"中人们被异化了的生活也通过电视表现出来。美国著名经济学家瑟罗深刻地指出："人类的文化和人类的价值观有史以来第一次为追求利润最大化的电子媒介所左右。人类社会几乎彻底地让商业市场来决定他们的价值观和模仿的榜样，这是前所未有的。无论从深度（看电视花去的时间）还是广度（看电视的人口比例）上说，电视创造的文化渗透力也是前所未有的。"[1]

电视这种现代化的大众传媒，其运转过程与现代大工业生产极为相似，电视事业发展的成果之一就是使文化工业迅速成熟，使文化市场日趋丰富。从更广阔的社会背景上看，包括电视在内的文化艺术向商业化靠拢，实际上表明了整个中国社会纳入市场体制运行轨道的深刻变革。我们之所以说电视文化处于发展的初级阶段，各种怪现象不可避免，是因为中国市场经济的发展中还有许多无序甚至混乱的现象，非理性的东西还有相当大的市场。从社会宏观角度看，市场经济作为一种资源配置和交换形式，其本质是一种理性化的经济行为。电视产品的生产过程有强烈的经济行为表现，这是正常的；中国电视文化的完善更是一个漫长的历史过程，这也不难理解，但如果总是跟着感觉走，以耻言理想、躲避崇高、消解价值、游戏人生为潇洒和乐事，以对艺术的冷落为代价，那么感性化、平面化、媚俗化、游戏化将永远

---

① 莱斯特·瑟罗：《资本主义的未来》，中国社会科学出版社 1998 年版，第 80 页。

是中国电视文化无法逾越的严重障碍。

发展才是硬道理，但不等于赚钱就是硬道理，更不等于以牺牲电视的人文关怀和生态环境为发展前提是硬道理。中国电视不能再走"先发展后治理"的老路。那种认为只要彻底实现市场化、全球化，只要完全与欧美发达国家的体制实现"接轨"，一切问题自会迎刃而解，这实际上把问题想得太简单了。

电视事业的发展，归根结底并不是它的融资和挣钱能力，电视台永远不具有国营大中型企业的性质，电视事业的综合能力中最重要的是它的信息传播和文化娱乐功能。用丰富多彩、生动活泼、雅俗共赏的电视节目，去不断满足观众的文化娱乐需求，这才是电视事业发展的根本所在。人是目的而不是手段，增长是为人的生存服务而不是人的生存为增长服务，因此，坚持电视事业的可持续发展方针，就必须坚持以人为本的原则。面对包括中国加入 WTO 等在内的新的生存环境和发展机遇，中国电视肯定会付出一定的代价，但这种代价不能是以消解意义、躲避崇高、无序竞争、拼命媚俗为前提，甚至以牺牲社会公正和公众利益为代价。

在社会主义市场经济条件下，精神产品的商品属性日益凸显出来，某些广播电视节目具有商品性，要讲求经济效益。但是，电视毕竟不同于一般商品，它作用于人们的心灵，对于人们的思想观念、道德情操、兴趣爱好和人生观、价值观的形成具有很大的影响，这就更应该强调电视节目的社会属性，坚持把社会效益放在首位。中国电视的发展告诉我们，社会效益与经济效益是完全可以统一的，真正社会效益好的电视节目，经济效益也是好的。中国电视的产业化和集团化，决不等于电视的商业化。

在这里，我们应当特别注意中国电视商业化倾向的体制根源，认识中国电视商业化倾向在制度安排上的弊端，从而从制度创新的高度纠正电视商业化的不良倾向。

中国是一个名副其实的电视大国，中国的电视台、电视从业人员、电视受众堪称世界之最。然而，电视大国不等于电视强国，数量大不等于质量高，一些电视台为维持生计，乱播滥放，格调低下，这不仅对主流媒体的主导地位形成冲击，而且反映了更深层次的问题，这就是在媒体间竞争日益激烈甚至是残酷的情况下，电视台的强大生存压力和强烈发展欲望。从历史发展的基本线索来看，我国在改革开放以后实行"四级办电视，四级混合覆盖"的发展电视事业的方针，是在改革开放初期特定的历史条件下提出和实施的，它对于弥补国家财政投入的不足，发挥中央和地方的两个积极性，迅速扩大电视的人口覆盖率产生了巨大作用。可以说，没有"四级办电视"的方针政策，就没有中国电视的今天。从制度创新的角度看，"四级办电视"为中国电视在改革开放初期的跨越式发展提供了制度保证，不失为一次具有深远历史意义的革命性变革。

但是，中国电视事业发展中大量的重复建设、重复制作、重复播出、重复覆盖，导致了重复投入，增大了支出成本，造成了很大的社会浪费。由于各级电视台之间的无序竞争，相互瓜分观众群，致使覆盖效益降低，"散"、"乱"成为现阶段中国电视事业发展的一个严重障碍。

电视的无序竞争必然是以电视资源的浪费和电视节目的品位低下为代价的。现在，即使是普通观众都能经常目睹这样的电视播出现象：黄金时段的电视剧播放中间插入广告而使电视剧的完整性受损，中央电视台的节目画面在不少地方的转播中被打上本地的滚动小广告，电视节目中的在场观众明显的企业色彩和广告效应，等等。人民群众对电视文化不断增长的需求，与电视节目数量少、质量差、格调低的矛盾，在新的形势下仍然存在。中国电视事业现存的规模数量型和粗放型的特点，决定了距优质高效和集约型的有序发展目标还相距甚远，决定了电视文化的整体水平还不高，决定了电视对大众文化发展所产生的负面影响的原因是多方面的。同时，我们也应清醒地看到，任何资源都是有限的，中国的电视资源养不起更养不好现有的这几千家电视台，而要想从制度上筑起警惕和反对电视文化商业化的堤坝，就必须切实减少中国电视台的数量，把没有可持续发展能力的小电视台坚决清除出电视序列。

就中国电视走向国际市场而言，那种认为电视的商业化程度愈高愈是与国际接轨的看法是片面和有害的。中国电视界的新派人物杨澜的一番话颇给人以启发："到底是不是做文化就一定得在商业上失败？为做文化就非要献身到鞠躬尽瘁死而后已？可后来多走了几个国家我却意外发现，事情并不都像我在国内讲的那么悲观，国外恰恰就有很多既做高品位电视文化，又在商业运作上非常成功的例子。比如美国电视的历史频道，它所获得的商业利润甚至远远超过了很多综合频道。所以我就不相信咱们这么大一个国家，就真的一点没有这种节目（指专题片和纪录片）的市场和观众需求，而事情一定是在什么地方出了问题或是我们没有找对路径。"[①] 无论如何，围绕人这个主题去制作电视节目的电视人，应当获得人们的应有尊重。我们深信，优秀电视文化产品本身所蕴涵的对人类生存与发展的终极意义的探求，对电视应有的文化意义的挖掘和追求，以及电视表现手段上极具精英色彩的人文关怀，等等，不

---

① 参见《大众电视》2000 年第 17 期。

仅处于 21 世纪中国电视的主流地位，而且肯定有既叫好也叫座的光明未来。

2. 提倡多样化，必须警惕和反对电视文化的贵族化

党的十一届三中全会以后，伴随着改革开放和社会生产力的发展，作为我国社会结构重要方面的社会阶层结构也发生了十分深刻的变化。从安邦治国的角度来看，一方面，一定要以科学、积极和务实的态度对待社会阶层结构出现的新变化，要首先考虑并满足广大工人、农民群众的利益要求，切实保障他们的合法权益，解决好他们的实际困难和问题；另一方面，要正确认识和看待我国经济社会生活中出现的新的社会阶层，应当坚信私营企业主阶层不会也不可能发展成为一个独立的阶级。我们的任务，是在充分发挥新的社会阶层作用的同时，加强引导，增强他们的历史使命感和社会责任感。

应当看到，对社会结构出现的新的变化以及这种变化对社会生活的影响，我们的电视传播还存在一些偏差，这表现在两个方面：一方面，从总体上看，电视传播中工人、农民这些普通劳动者的形象数量少、质量差，"讲述老百姓自己的故事"的电视节目还太少，而且，电视传播中对下岗职工等社会弱势群体生活窘迫的展现，并不能反映出工人阶级的价值和尊严。同时，一些反映工人、农民生活的电视剧，又把这些普通劳动者的创业过程塑造成了"暴发户"的生活轨迹，有的电视剧给人的印象是多亏了下岗，下岗了才变成了个大老板。这种"落难公子中状元"式的电视作品，不可能真正反映工人、农民的生存状态和他们身上的闪光点，粉饰太平实际上也是一种误导。另一方面，对私营企业主等新的社会阶层的屏幕形象，也存在不少扭曲。例如私营企业主的一掷千金和纸醉金迷，他们与女秘书的情感纠葛，甚至包括成为黑道头子后"看上去很美"的善解人意和极尽孝道，都可以找到对社会新阶层的了解和把握浅尝辄止的创作弊病，更暴露出了电视传播中缺乏站在时代的、历史的、发展的、民族振兴的高度的分析和处理能力。

工人阶级始终是推动我国生产力发展的基本力量，是国家的主人，是我国改革开放的排头兵，他们与资本主义国家的所谓"蓝领"或"白领"有着本质的区别。应当看到，工人阶级为经济和社会转型，作出了巨大的牺牲。当前下岗职工再就业这一社会现象就是一个客观反映，这是我国社会转型所付出的成本，是我们无法回避的一个现实。所以，违背现阶段中国的基本国情，脱离社会主义初级阶段普通百姓的生活实际，去勾画一幅幅虚假的"清明上河图"的电视传播理念和做法，都是与中国电视发展的根本目标和文化战略背道而驰的。

曾几何时，众多情节离奇的肥皂剧和爱得寻死觅活的言情剧，让无数中国的普通百姓不由自主地发出抱怨自身命运的悲凉感叹。问题的关键在于：别墅、美容院、大酒店……这与中国绝大多数的老百姓的生活实际相距甚远，而且，不论是政府的目标，还是百姓的希望，都不会将这些场所作为自己理想的园地。那里发生的一切在观众起初的新奇过后，随之而来的是一种巨大的隔膜感，这种隔膜如果是冷静的自我告诫不可攀比，那还算幸运，因为灯红酒绿、纸醉金迷便成了一个被审视、被批判的对象，它没有形成对人们原有的艰苦奋斗、勤劳致富等信念的冲击。然而不幸和威胁恰恰在于，当富丽堂皇与穷乡僻壤或现实生活形成巨大反差时，这种屏幕豪华的副作用便原形毕露：观众会抱怨命运的不公和人生的无奈，一种巨大的失落感挥之不去，特别是当中国的下岗职工日渐增多时，屏幕上的一掷千金与实际生活的窘迫反差太大，这实际上就是社会不安定的诱因之一。

星级宾馆、腰缠万贯、极尽奢华，在其中出现一些死去活来的故事，这当然也是多样化中的"一样"，在中外电视剧中，这种题材并不少，这种场面就更多，正是从提倡多样化的角度考虑，这本身无可非议。弘扬主旋律的真谛，也绝不是一味展现农舍院落的破败、下岗职工的艰辛之类的画面就让人肃然起敬了。但正像描述普通人的酸甜苦辣是透视着电视的心灵关怀一样，对高消费一隅中发生的一切，电视应当表露出一种批判的眼光和倾向。那种半是欣赏、半是自愧弗如的屏幕信息，对我们的民族没有丝毫终极关怀的意味，而只能是终极伤害。

仍然是那位对当代资本主义的缺陷进行了猛烈抨击的瑟罗指出："如今，最经常被邀请来你家的邻居并不是你真正的邻居。电视上的家庭比真实的一般美国家庭大约要富裕 4 倍，这就误导了许多真实的美国家庭，给他们留下一个夸大了的概念，好像一般美国家庭真有多富裕。把自己的家庭和这种虚构的家庭相比，结果大家都有一种丧气的感觉。"[1]"4 倍"这一数字足以使人获得一种简单的清醒，4 倍放在中国会是几倍呢？相信人们会作出自己的正确判断。

中国是一个发展中的社会主义国家，中国现在处于并将长期处于社会主义初级阶段。在社会主义初级阶段中，农业人口占很大比重，这是中国的基本国情之一。社会主义初级阶段理论对中国电视传播具有巨大的警示作用，中国的电视传播必须对宏观的社会大背景有一个清醒的认识和准确的把握，必须对当代中国有一个实事求是的聚焦和观照。在中国这样一个刚刚起步走向富裕的国度里，目标尚在远方，贫穷就在身

---

① 莱斯特·瑟罗：《资本主义的未来》，中国社会科学出版社 1998 年版，第 84 页。

后，中国的电视传播决不能对这一基本国情视而不见。

确立人民群众在电视传播中的主体地位，让他们成为荧屏聚焦和艺术表现的主要对象，这是中国电视的基本属性之一。以民为本，这是中国电视安身立命的法宝之一，须臾不可忘记。中国电视只有从中国人民的需要出发，首先赢得中国广大观众的喜爱，具有中国特色、中国风格、中国气派，而后才能堂堂正正地走向世界。

中国电视的发展，同样存在一个如何处理改革、发展、稳定的关系问题。从世纪之交中国电视的总体态势来看，发展是目的，改革是动力，稳定是前提，中国电视的传播必须把改革的力度、发展的速度和社会可以承受的程度统一起来。社会承受程度的大小，最根本的是取决于经济发展水平的高低，电视准确地反映社会生产力发展的水平和人民生活的水平，这实际上对改革的力度和发展的速度都起着潜移默化的积极作用。而当一掷千金被诱导为潇洒，挥金如土被隐喻为有"派儿"时；当赢得观众演变为媚俗和迎合，并常为一种"满足观众需要"的冠冕堂皇所掩盖时；当勤俭、节约等字眼在媒介中难寻其踪，艰苦奋斗被认为是 20 世纪的事情时，中华民族安身立命的根基就被动摇了，社会主义初级阶段的国情就被歪曲了，中国电视的基本定位就出现了严重的错位。

因此，中国电视注定了要从本质上拒绝贵族化的倾向，注定了底层感和平民情结要作为其基本的价值取向，注定了必须体察历史和时代的需要，注定了必须时刻勿忘黄土地，勿忘人民，勿忘社会主义初级阶段。

3. 提倡多样化，必须警惕和反对电视文化的同质化

所谓电视文化的同质化指的是在经济全球化的背景下，世界范围的电视节目出现的某种程度的"互文本"现象。形象地说，就是所谓"克

隆"，通俗地说，就是"扒过来"。从表面上看，电视文化的同质化是十分迅速的，甚至像瘟疫般流行，其突出的表现是，受境外电视文化的影响，近年来我国的电视谈话节目、游戏娱乐类节目等在屏幕上颇为流行。例如，节假日黄金时段的《玫瑰之约》《相约星期六》等节目，不过是台湾的《雅嘉非常男女》在此岸市场的翻版；而收视率颇高的《开心辞典》《幸运52》《超级大赢家》则是国外的《百万富翁》的"克隆"。于是，"媒介文化同质化"的论点也随之而起，并得到了一定程度的传播。依照这种观点，"在当前的媒体环境中，发展中国家不可能发展出纯粹的本土媒体文化去抵抗西方的媒体文化，也不可能以本土的肥皂剧来冲销《达拉斯》这类肥皂剧的影响，因为一进入媒体文化的大环境，文化的同质化现象就会加剧，也就是我们只能以比《达拉斯》更《达拉斯》的电视剧来取代前者，而不可能依照民族原有文化特点来制作所谓的'中国特色的肥皂剧'，因为真正中国特色鲜明的可能是京剧或各种地方戏剧。"①

"电视文化同质化"的观点是全球化语境中的一种反映。经济全球化的一个最显著的特点就是它会影响和辐射到其他各个领域，经济全球化已使每一个国家不可避免地进入到一个以市场为主导的经济大循环中去。很明显，经济全球化不仅仅是对一个国家的主权提出挑战，而且会导致文化文明、思想观念、人权标准、道德准则的尖锐冲突。我们应当承认，在发展中国家经济力量处于弱势的情况下，面对强大的西方文化的冲击，本国的民族文化将面临着被同化甚至被异化的可能。因此，文化全球化和电视全球化已不是危言耸听，而是中国电视面临的实实在在

---

① 参见《文汇报》2002年6月22日，蒋原伦文。

的一种压力和威胁。全球化背景下的电视文化，其输出者都具有强烈的主动性和进攻性，所谓文化渗透、文化霸权、文化侵略，无一不是借助于经济实力的强势文化使弱势文化向其趋同，而电视文化的嬗变无疑又在其中扮演了首当其冲的角色。

所以，在信息传播全球化的大气候中，我们的电视传媒是否需要民族文化的自信和自觉，又如何通过电视节目加以体现？这就不仅是一个电视传播多样化的技术问题，更是关乎中国电视生存与发展的根本问题。文化是一个民族的"身份证"，我们必须坚持文化多元化的基本立场。从维护和发展民族文化、价值观念、伦理道德和社会稳定的基本点出发，对于外来文化的引进必须在比较、选择和批判的氛围中进行，为了保护民族文化的个性和特点，对不符合本国价值体系的外来文化必须进行抵制和禁止。而且，在当今世界上，还没有一个主权国家会毫无限制地让其他国家在本土上建立电视台或其他媒体。

实际上，作为电视传播的另一极的电视观众，在本质上最终不会失去自我，尽管他们可能在外来文化及其具体的电视传播形态和样式面前会表现出短暂的接受热情。"流在心里的血，澎湃着中华的声音"，中国电视观众的情感体验不可能脱离中华民族的文化情结，他们对电视盲目追随和模仿外来文化的举措不可能产生终极的认同。一个民族的文化意念、文化自尊、文化价值取向是无法彻底替换的，就算美国的电视文化非常强大，但正像不可能完全将欧洲文化"美国化"一样，中国电视不可能出现真正的"美国化"。

与电视文化的同质化相反，我们赞同和呼唤电视文化生产与传播的本土化。正如有研究者指出的那样：电视文化生产的本土化受到我国特定的电视组织类型的制约，为我国特定的文化场域结构所限定，是全球化语境中中西文化交流的需要①。中国的电视是扎根于中华民族文化肥沃的土地上和吸收着世界上优秀电视文化的基础上成长起来的，不但有效地整合了世界电视文化的成果，更形成了具有中国特色的中国电视文化，"吸取精华，去其糟粕"是对具有中国特色的电视文化形态的最佳总结。我们应当时刻铭记：中国的电视文化拥有五千年丰厚的文化历史资源，有着遍布全球的十多亿华语电视观众，这是中国电视文化发展的巨大财富。在我国加入 WTO 和文化多元化的时代背景下，中国电视文化要实施本土化战略，与时俱进，面向国际，不断创新，用具有鲜明民族特色的电视文化产品，去拓展民族文化的海外市场。

加入 WTO 是一个双向市场开放过程。在我国对外国产品和企业开放国内市场的同时，也会为中国产品和企业带来进入世界市场的商业机会，中国电视也是这样。今天，中国电视的"上天"问题已基本解决，而"落地"却还存在诸多障碍。特别是中国电视进入西方主流传媒，仍然任重道远。既然 WTO 具有双向性，信奉平等交流的对等原则，那么，中国电视便可充分利用这一游戏规则，为自己争得世界电视市场。事实上，这样的实践和成果已经向人们显示出了其巨大的可成长性。

应当看到，目前中国电视产品在海外的市场，主要局限在东南亚的华人圈子里，产品的类型以电视剧和文艺类节目为主，这与中国电视走向世界的目标相去甚远。事实上，进入西方主流传媒的中国电视产品只能是中国的优秀电视作品，只能是具有鲜明的民族和地域特色的"这一个"。因此，这就给中国电视的节目质量提出了更高的要求，那些流水线式的工业化生产的节目、"克隆"类的节目不可能有国际市场。

---

① 参见《文汇报》2002 年 6 月 22 日，王昕文。

中国电视的可持续发展必须认真对待和解决在全球化、一体化的历史关头的本土化问题，必须警惕殖民化的威胁。中国电视绝不能成为外国电视的录放机和传声筒，这是因为，失去了自己的特点，结果一定是人财两空。我们必须明白，正像总有人鼓吹"中国威胁论"一样，世界电视行业的"龙头老大"们，也是决不希望看到一个强大的中国电视的。男儿当自强，看好我们自己的家园，做好我们自己的事情，这才是明智之举。

当我们讨论电视在当代文化发展中的特殊地位时，不能不提到经济全球化和社会信息化的问题。我们知道，在经济全球化中，电子化的信息沟通手段的飞速发展和日新月异起着举足轻重的作用。特别是在世纪之交，电视不仅是信息传播和文化交流的媒体，而且本身就是一个大有可为的信息产业。以美国为首的西方发达国家在电视产业领域加速发展的咄咄逼人之势，不仅使人们看到了东西方电视文化的差异，而且强烈地感受到了东西方电视产业的差距。我们应当认清，改革开放的过程，就是中国主动并逐渐深入地加入到经济全球化进程中的过程，也是中西方文化不断交流吸收、冲突和撞击的过程。同时，我们也必须明确，经济的全球化并不意味着各民族文化的泯灭，更不会产生某种普世文化。

我们深知敞开文明大门是强国之本，中国文化与文明同样具有吸收和采纳他方文化和文明的特点。在中国电视文化面临被同质化的危险时，躲避、龟缩的态度是绝对不可取的，"御敌于国门之外"也是不可能的。一方面，我们要认清"文化帝国主义"一心想着要克服、战胜、吃掉、消灭他方的文化和文明的霸权主义实质，另一方面，我们必须坚持对外开放、大胆交流、迎接挑战的既定方针，通过电视的传播，让中国走向世界。

第三节　精品电视节目与提高全民族的文化素养

一、电视精品代表着国家电视发展水平

电视精品是一个国家电视事业发展水平的标志，代表了电视事业繁荣的方向。精品生产带动了电视事业的全面繁荣，而全面繁荣又为精品生产提供了基础，二者相辅相成，互相促进。把抓精品放在电视传播的首要地位，强化精品意识，这不仅是提高电视传播的社会效益和经济效益的关键，而且也是同境外卫星电视竞争，使中国电视进入世界电视市场的有效途径。让中国走向世界，让世界了解中国，电视在此所发挥的作用是其他手段都无法代替的。面对境外电视的竞争，中国电视工作者必须有一种紧迫感和危机感，因为电视的竞争归根到底是节目质量的竞争，只有让我们的电视节目精品迭出，才能在竞争中立于不败之地，才能无愧于我们伟大的时代。

电视精品要有精深的思想主题，要选取广大观众普遍感兴趣的精当题材，要有设计新颖独特的惊奇立意，要集中电视艺术的精致方法，唯有如此，才能创作出以强烈视觉冲击力撞击时代主题的精美之作。多出精品是中国电视的一项艰巨任务。只有精办节目，精办栏目，精办频道，才能创作出更多的思想精深、艺术精湛、制作精良的优秀作品，也才能真正做到"以科学的理论武装人，以正确的舆论引导人，以高尚的精神塑造人，以优秀的作品鼓舞人。"

江泽民同志曾谈道，我们为什么不能出现一些长篇的、经典性的不朽之作，像俄罗斯的《战争与和平》《安娜·卡列尼娜》、中国的《红

楼梦》《三国演义》这样的传世之作。提出这样的问题是十分重要、十分深刻的,我们的时代应该出这样的不朽之作,我们的时代应该有能力出这样的不朽之作。作为当代最重要的文艺形式之一的中国电视剧同样应该有自己的不朽之作问世。

电视在当代文化发展中具有特殊的地位。美国著名学者丹尼尔·贝尔断言:"当代文化正在变成一种视觉文化,而不是一种印刷文化。"[1] 电视是独特的文化形态。电视的影响与作用,电视的功过与是非,电视的层次与品位,所有这一切都可以视为是一种文化现象。而电视的文化地位又不是一种孤立的现象,它必然反映了特定时期的时代特征,构成特定社会的文化缩影。大众文化是与电视结伴而生的,在电视成为人们日常生活的文化代理的当代,在大众文化呼啸而来的今天,离开了电视,大众文化的发展是难以想象的。以现代传播媒介特别是电视为载体的大众文化成为许多人的一种生活方式,成为他们休闲时间娱乐和消遣的主要内容,这有其合理性和积极意义。片面地将电视传播中大众文化的发展趋势等同于资本主义的大众文化加以批判,或贬低广播电视节目中对人们"享乐的合理性"的满足,这都是不足取的。

但是,电视文化要向精致的方向发展,中国电视节目总体水平的提升必须依赖于电视精品的制作,首先形成精品市场,用精品市场来牵引电视节目市场,使其进入健康发展的轨道。我们应该坚定这样的认识:制作精品是提高社会效益和经济效益的关键。没有精品就没有社会效益和经济效益,就不可能走向国际市场,就会被社会淘汰。处于新世纪的中国电视事业,必须具备强烈的国家意识和民族意识,增强社会责任感

---

[1] 〔美〕丹尼尔·贝尔:《资本主义文化矛盾》,三联书店 1989 年版,第 157 页。

和历史使命感，正确处理好社会主流意识形态与商业娱乐形态之间的关系，为不断满足人民群众日益增长的文化需要，为社会稳定、繁荣、文明，进一步提供更多的优秀作品。

电视文化属于社会性而非技术性的范畴，电视文化的动态发展过程包含了体制、时尚、手段等因素的变迁，不注意经济现象、社会现象的变化，就无法正确地把电视文化的发展。标志电视文化发展程度的，不仅是文艺节目的数量和样式的增多，更重要的是电视对人们精神生活的丰富和道德水准的提高所产生的积极影响。中国电视事业的飞速发展，使电视媒介被推向市场，主要是为大众消费而制作的文化产品，在当代社会表现出产业化生产的特点，它们严格遵守着工业生产和市场运行的规则。这种文化产品的生产，无论是对大众文化产品的直接生产，还是对高雅文化的再生产，在我国电视传播中早已为人们所熟悉，某些收视率不低的室内剧和改编自名著的电视剧的成功，十分形象地向人们昭示出市场这只无形的手的巨大魔力。然而，工业化的电视节目生产决不能以牺牲电视的美学属性为代价，任何商业化的包装也不应该使电视传播失去其应有的人文关怀与诗性品格。这一点，理所当然地应当成为中国电视运作过程中必须坚守的原则之一。

钟呈祥认为："电视文艺作品的思想内涵深刻、文化意蕴丰厚、审美情趣健康，作用于广泛的国民鉴赏心理，则培养造就一种深邃、沉稳、幽默的社会文化氛围和环境；反之，则势必形成一种浅薄、浮躁、媚俗、油滑的社会文化环境和欣赏陋习。"[1] 如果说，当电视机刚刚飞入寻常百姓家时，观众对电视节目还有饥不择食的温饱心态的话，那么，

---

[1] 转引自《人民日报》1997 年 11 月 13 日。

今天电视观众的欣赏品位已经有了极大提高，他们对于思想贫乏、格调低下、胡编乱造、无病呻吟等电视病态是不予认同的。电视文化作品的质量直接反映了电视人的文化品位和审美旨趣，你若拿不出思想性与观赏性高度统一的作品，拿不出能够反映我们时代的高度和民族心灵深度的作品，拿不出足以证明你是有文化的作品，那么，面对指责你"没文化"的声音，你的委屈和不服气就越发显得底气不足。电视文艺是一种综合艺术，其涉猎之广、门类之全、影响之大，都是其他文艺形式所难以匹敌的。但这种先天优势如果运用不当，却反而会弄巧成拙，甚至成为其他门类的文化人士乃至普通观众的笑柄。

坚持民族化、大众化、多样化、精品化的方向，推动中国电视文艺的健康发展，营造良好的文化环境，关键在人。当中国电视文艺一度出现趋时、媚俗、浮躁、浅薄、庸俗的倾向时，当灯红酒绿、大款富婆、白领丽人之类的"活法"充斥电视屏幕时，当有人公然声称拍电视剧就是"玩电视"时，人们真切地听到了让人振聋发聩的声音：剧作家的关怀在哪里？编导的关怀在哪里？于是，弘扬主旋律、提倡多样化，多出电视精品，就不再被狭义地理解为"政治的需要"，而是变为行动的自觉和创作的追求。出精品与出人才是一致的。那些创作了思想精深、艺术精湛、制作精良的优秀作品的电视文艺工作者，他们的职业操守和艺术追求获得了社会的普遍敬重与推崇。从民族文化的重构和文艺创作的高度，诚如有研究者指出的那样："我们要感激《外来妹》、《神禾源》、《戏剧人生》、《情满珠江》的剧作家们，他们用真诚的文化良知和优秀的文人操守艰难地寻找一个民族散落或潜在的人文精神。他们用沙哑的嗓音在敦促我们身边的每个人尽快地端庄和成熟，来接近一个更加理想化的人生。真希望这样的剧作家越来越多，领导起中国电视剧的全新走向。"①我们期待的是在发展社会主义电视文化的过程中，也能收获一支有深厚文化底蕴和文化素养的电视工作者队伍。

当我们为今天党的文艺政策的开明和创作环境的宽松而庆幸时，当我们为一些优秀电视文艺作品的轰动而拍手时，甚至当我们不知不觉间感到对电视"没文化"的责备已渐渐远去时，我们却仍然不能回避这样的问题：年产量几千部集的中国电视剧，究竟有多少可圈可点的精品？耗资动辄几十万元、几百万元，甚至上千万元的各类电视文艺晚会，究竟有多少是物有所值？我们能否贡献出无愧于这个被人们称为"电视时代"的电视文艺的代表人物？也因此，"电视剧在获得经济效益之外，还应对中国文化做些什么？"这样的诘问就不仅是针对电视剧的，而且也是针对整个电视文艺界的。较之于其他文艺形式的悠久历史和文化积累，电视文艺的创作队伍毕竟缺乏知识文化的陶冶和理性精神的积淀，真正的艺术大家和艺术精品的产生还需时日。如果仅仅看到电视文艺的人员庞大和作品数量的堆砌，而看不到数量与质量的巨大反差，那么陶醉于热热闹闹的表面，其实是恰恰成为阻碍中国电视进步的心理障碍。

二、坚持电视节目的民族化和本土化

站在中国电视文化发展战略的高度，我们不难发现，通过电视精品节目的创作和精品电视节目的传播，去提升中华民族的文化素质，坚持电视节目的民族化和本土化道路至关重要。

当代中国蓬勃发展的先进文化，仍然是具有独立品格和鲜明个性的民族文化。中国电视走过的道路，是一条具有鲜明中国特色的民族化之

① 张宏森:《中国电视剧告诉我们什么》，转引自《新华文摘》1995 年第 10 期。

路，中国电视的成功与成就，正是民族化和本土化探索与追求的成功与成就。就科技手段和工具理性而言，中国电视是典型的舶来品，但作为一个文化品种，却不能是欧美电视的翻版。中国电视文化属性和功能的表现，离不开民族文化的土壤和支撑，可以说，电视作为一种文化输入中国的历史，正是它逐步本土化的过程。历史悠久的中国民族文化资源，是中国电视文化取之不尽、用之不竭的宝藏，民族化的思想、情感和艺术表现特质，构成了中国电视文化特有的美学范畴。建立富有民族特色的电视文化主体，将是中国电视今后的发展方向。

民族文化是在世代传承中积累和发展的文化。中华民族有五千年的文明历史，有优秀的传统文化，同其他精神产品一样，在电视传播中，越具有民族性的东西，也越具有世界性。中国的电视事业在为中国人民提供丰富多彩的精神食粮的同时，还应当以中国特色、中国风格和中国气派发扬光大中华民族的伟大精神，表现出鲜明的民族特色和地域特色，在中华民族优秀文化传统的基础上创造出现代的民族电视文化。

中国电视文化的发展创新是否充满生机和活力，至少具有两个标志：一是在世界电视文化的相互激荡、激烈竞争中，能否在人类文明进程中具有和中国五千年灿烂文明相称的地位和作用；二是在世界电视文化多样化带来的电视文化消费选择多样化的趋势下，特别是我国加入WTO后，中国电视文化的本土化产品能否成为中国广大人民群众进行电视文化消费的主体。中华民族在五千年历史发展中创造了灿烂的文化，形成了自己的伟大民族精神，这就是团结统一、独立自主、爱好和平、自强不息的精神。在当代中国，爱国主义、集体主义和社会主义精神是中华民族精神的集中体现，是中华民族的宝贵精神财富，同样也是中国电视的一笔巨大财富。而且，与时俱进的中国人民建设有中国特色的社会主义的伟大实践，更是中国电视文化创新的源泉。因此，积极进行电视文化创新，努力繁荣电视文化，为经济发展和社会进步提供强大的精神动力，是社会主义文化建设的一个重要任务，对于中华民族的伟大复兴具有特殊的重要意义。

在我们讨论中国电视的本土化问题时，将中国电视的发展置于中华文明和中国文化演进的历史大框架中是十分必要的。中华文明的特点之一就是倡导文明的和合，中国传统文化主张的就是和谐论。中国历史的发展有这样一个特点：中国历届统治者总是眼睛向内的，集中精力办好国内的事情是他们的治国之本，对外扩张和征服世界是被排除在他们视野之外的。这与西方强国的侵略扩张形成了鲜明的反差。而在文明的差异和冲突的背后，最主要的还是物质利益的冲突和物质力量的对抗，近代以来对中国传统文明造成威胁的并不是西方文明自身的力量，而是坚船利炮和鸦片。所以，中西文明和中西文化的冲突这样的大问题，实际上只是中华民族和西方列强之间根本利益冲突的副产品，在"文明的冲突"这类大的吓人的问题背后，有着终极的经济根源，这就是，西方列强入侵中国的目的是为了掠夺中国的财富。一百多年前的鸦片战争是这样，今天"文化帝国主义"的"胶片战争"也是这样。中国有世界上人数最多的电视观众，是世界上最大的电视节目消费市场和电视技术设备市场，在这个市场上所能够获得的赚钱效应是有目共睹的。

中共十五大报告告诫人们："冷战思维依然存在，霸权主义和强权政治仍然是威胁世界和平和稳定的主要根源。"在电视越来越普及的今天，我们更应十分警惕西方文化对中国文化大举入侵的严重威胁，坚决反对和抵制资本主义、封建主义和各种腐朽文化思想的侵扰，把中国的电视办成建设社会主义精神文明的坚强阵地。

我们要清醒地看到，在各种文化相互激荡、信息传播异常快捷的今天，提升中华民族的文化素质面临着异域文化的严重挑战。本民族文化与异质文化的关系问题，在现代条件下更为尖锐、更为复杂了。以电子计算机网络为媒介的文化方式的迅速发展，使各民族间的交往更加广泛和紧密，这又使文化问题变得更加错综复杂。不同民族的文化要保持自己的独特性，任何国家和民族都不能把自己的文化观念、价值原则强加于其他国家和民族，搞文化殖民主义和文化霸权主义。某种文化观念通过汲取异质文化的积极成分，通过对与自身相异文化的整合使自身得到发展，形成一种新的文化观念，原有的文化观念以扬弃的形式在新的文化观念中得到保留。文化不能以一种消极的方式与其他文化相互作用，而必须主动吸取其他文化来补充和发展自己，从而获得自我发展的新形态。

电视的普及是一种国际现象。历史上，伴随电视设备的引进，西方一些发达国家的电视文化对发展中国家的文化造成了强大的冲击。有些国家的领导人担心本国的文化价值观念将会因电视的引进而被发达国家的商业文化所吞没，有的学者甚至认为随着贫富国家之间的差距更加加剧，殖民化将首先借助电子和图像进行。尽管电视创造出了一种崭新的文化形式，丰富了公众的文化生活，电视的普及率也已相当高，但由电视传播而引发的意识形态、文化观念等方面的冲突却始终存在。因此，抵制西方文化，保护民族文化，这不是一个个别现象，而是国际现象；不是某家电视台的行为，而是一种政府行为。这种对电视既发展又控制的趋势，从一个侧面反映出国际政治的时代特点。

全球化对文化主权提出了挑战。在当今世界，文化的全球化主要是美国凭借着它的经济和科技优势，将以好莱坞、迪斯尼、麦当劳、CNN为代表的大众文化，以工业方式大批量生产和复制，迅速地传播到世界各国和各地区，成为超越国界的全球文化。这种文化渗透，使各民族原有的特色越来越被挤到边缘，某些民族的文化面临着逐渐弱化甚至消失的危险。这就是近年来各国学者经常讨论的文化认同危机问题。特别是成为今日文化传播交流最首要手段之一的因特网，对一个民族语言和生命力造成某些消极的影响。因为网上信息使用的语言90%都是英文，而世界上讲英语的人还不到10%。对于那些弱势民族来说，他们的语言文化在西方的话语霸权面前更濒临灭绝的威胁。已有语言学家发出警告：目前世界上每星期就有一种语言从地球上消失。另外，冷战结束以后，以美国为首的西方加强了文化扩张和渗透的全球攻势，为此还提出了所谓的"历史终结论"、"文明冲突论"、政治经济文化"无国界论"、"人权高于主权"等，为文化扩张和渗透披上了一层合法的、道德的外衣。所有这些都告诉我们，在当今世界，文化已经被政治化、经济化，已被深深渗透于国际关系的各个方面。

因此，当我们今天讨论电视精品与提高全民族的文化素质的问题时，我们应当将视点放在中国加入WTO的背景和语境下，具有一种全新的中国电视文化发展的战略眼光和举措。中国电视要不断增强自身的文化感召力和吸引力，在与时俱进中寻找自己的文化方向，了解和借鉴国际电视产业运作的经验和策略，使中国电视文化始终具有世界眼光，始终具有强大的历史活力和科学魅力。在这里，我们结合打造电视精品与提高全民族的文化素质，提出中国电视文化发展中具有全局性战略意义的路径。

三、中国电视文化传播的对策

1. 推出中国人自己的电视频道品牌，扩大中国电视的文化市场

推出中国人自己的电视频道品牌，是坚守和扩大中国电视文化市场的战略之一。品牌必然是精品，电视频道品牌的打造必须建立在高质量的电视节目的基础上。电视品牌的背后是文化，观众接受一个电视频道的品牌必须要接受它所宣扬的文化。国外大牌的 CNN、DISCOVERY、MTV 等频道表现的正是美国文化中的自由、乐观、冒险、进取的特点，而目前我国的一些电视频道也开始了对自身频道品牌的文化塑造。比如云南卫视的宣传片所展现的就是云之南的广袤和秀美，以及西南边陲的风土人情，加之片中歌曲所唱的"山水和民情，古今和未来，在这里都在这里，大有可观"，使得拥有多民族聚居的滇文化极具一种文化的魅力和张力。再如浙江电视台以水墨画为标识做的宣传片，展示的正是江南如画的自然风光和含蓄隽永、韵味十足的江浙文化。中国的每一个省、市、自治区都有一个全国都可收看的上星频道，这是中国特色的电视传播的体制特点之一，这理应成为中华民族的丰富文化的展现窗口之一，办成中华文化瑰丽宝库中的"这一个"既有必要性，更有可行性。

2. 强化电视剧中中国文化多样性和丰富性的展现，让海内外观众领略中国文化不同流派的差异

目前，中国电视剧可称为流派的只有三家，即北京、上海、广东，他们分别可以称为京派、海派、粤派。京沪粤电视剧呈三足鼎立之势，的确令国人刮目相看。有关研究表明，粤派电视剧的异军突起，表明了"广东人的当代精神——对英雄人物的呼唤，对理想主义的追求，对人的自我价值和奉献精神的认定"。① 特别是当《情满珠江》《和平年代》等粤派电视连续剧完全征服了观众时，人们不禁感叹：珠江三角洲不仅出现了经济奇迹，而且还有文化的突起。岭南文化不是电视的产物，但广东电视剧的魅力之源却体现了岭南文化的特征。无论是专家还是普通观众，都能从广东电视剧中看到对通俗文化的奋力提升，看到通俗文化的精致形态，这不能不说是难能可贵的。与京派、海派等电视剧相比，粤派电视剧显得大气磅礴，洋溢着英雄式的、史诗般的气度与力度。

京派电视剧有两部在中国电视剧发展史上占据制高点位置的优秀作品，一部是 28 集的《四世同堂》，另一部是 50 集的《渴望》。前者为日后通俗电视剧的大发展竖起了一个成功的路标，后者则标志着中国电视连续剧向大众化、通俗化的方向发展进入了一个新的阶段。《四世同堂》作为京味小说的代表作，那种以胡同世界中平民百姓生活为素材的风格和语言，生动活泼、诙谐幽默，这不仅成为京派文化的典型话语，而且极大地影响了其后京派电视剧的创作。从京味文化发展的意义上说，《渴望》被学者称为"突出了作者对于'京味'的文化自觉"。但是，京派电视剧有一个严重的缺憾，那就是少有能够弘扬主旋律的大制作。在京派电视剧的发展和影响中，有一个现象显得很独特，这就是新闻批评的独树一帜。京派文化兼容并蓄、广纳四方的特点，构成了京派电视剧发展外在环境的特点之一，这是京派电视剧的幸运。

海派文化源起于清末民初，今天看来，也可以称之为历史久远。新中国成立以前，上海曾经有过中国最大的资本主义社会经济体系，大上

---

①　张木桂：《当代岭南文化特征的生动表现》，《南方电视学刊》1998 年第 2 期。

海的崛起，成就了海派文化的雄极一时，至少，半个世纪前的文化遗产为 20 世纪末时的电视剧创作准备了基础丰厚的蓝本。不过，进入 20 世纪 80 年代以后，"大上海沉没"却越来越成为一个不争的事实，1987 年，上海作家俞天白的长篇小说《大上海沉没》揭示了上海"衰弱巨人综合症"的严重痼疾，引起了强烈的社会反响。到了 90 年代前后，上海的传媒已开始直面"上海人精明但不聪明"这一令人尴尬的问题。与这种"美人迟暮"的景象相对应，从 80 年代中期起，上海的文艺创作被称为"又多又快，不好不坏"，一语道出了海派文化的尴尬处境。海派电视剧与京派、粤派电视剧一样，也多采用一个或几个家庭为蓝本去展开故事情节，但其风格和着眼点却又大相径庭。事实上，京派、海派电视剧也因循了这种戏剧冲突的老路，因而有些电视剧干脆沿着室内剧的轨道前进，人际关系、伦理道德的成分占据主导位置，或者说，这种电视剧的动人之处就在于那种"小家子气"。而粤派电视剧却以家庭的变迁为基本故事线索，极力去展示这种变迁中历史和时代的急剧变化，从而赋予电视剧以更高的文化品位和历史价值。

中国电视剧传达了不同地区文化的生动表征，让观众领略了不同文化流派的差异，并通过电视剧的风格样式，表现了不同地区的政治、经济、文化发展中的特殊性，中国文化的多样性在电视剧中可见一斑。从电视在 20 世纪人类生活中的作用来看，21 世纪将是电视文化更加威武雄壮的年代。走向新世纪的中国文化，必将在电视这一强大的媒体中找到自己新的生长点。而京、海、粤电视剧能否在更大的舞台上上演新的"三国演义"，将在很大程度上反映京派文化、海派文化、岭南文化的发展态势。这是一个十分有趣而又寓意深刻的文化现象，相信对此关注的人会越来越多。

3. 充分认识中国西部电视文化的独特价值，发挥西部电视文化的独特优势

中国电视的文化发展战略与中国国民经济和社会发展的全局性战略部署应该是一致的。在这里，我们着重谈谈西部电视的文化发展问题。因为，西部大开发是世纪之交党和国家的一项重大战略任务，是国家总体政治经济发展战略中的重要组成部分，包括西部电视在内的整个西部传媒不仅能够成为西部大开发中的经济亮点，而且可以演出威武雄壮的中国电视文化的"西部大片"。

中华民族的发祥地在西部，中国西部承载着中华民族的文化、传统、灵魂和精神，蕴涵着这个民族历经苦难、生生不息、奋斗不止的追求，记录着这个民族为摆脱贫苦与苦难、融入时代潮流的、奔向现代文明的艰苦卓绝的奋斗历程。长期以来，中国西部处于中原文化和西部少数民族文化的不断交融和碰撞之中，处于中华文化与南亚、中亚、东南亚、西亚、北亚以及东欧文化的不断的交融和碰撞之中，形成了自身文化的多样性和独特性。西部电视的最大优势，在于它有着世界上难以比拟的深厚的文化背景和极为丰厚的文化资源，这是西部电视的最大资本。"作为中华文明发轫成长的摇篮、东西方文化交会的桥梁、51个民族的民俗荟萃的斑斓乐土、万水千山的始脉源头以及观之不尽、赏之不绝的动植物王国，中国电视产业发展的文化优势却非西部莫属。而电视纪录片和电视剧，正是发挥这种文化优势的绝好工具。"[1]

因此，我们不会怀疑这样的判断：引领中国电视这艘大船走向世界的，永远不会是灯红酒绿的奢华和哼哼唧唧的爱情，而一定是黄土高

---

[1]　陆地：《崛起中的西部电视》，中国广播电视出版社2002年版，第84页。

坡、西域雪山、巴山蜀水、沧山洱海传来的历史回声。事实上，能够最先冲出亚洲、走向世界，进入西方主流传媒的中国电视产品是专题片和纪录片。有资料表明，仅在四川电视节上，一批有强烈的时代气息、独特的民族风格和精良制作工艺的纪录片，成为适销对路的精品。美国的华纳兄弟影业公司、日本的 NHK 广播电视协会等机构，都把纪录片视为抢手货。纪录片和专题片这两大板块将成为最具国际"卖点"的电视产品，并极大地影响国内电视市场的价格涨落。但是，能够进入国际市场的电视产品只能是中国的优秀电视作品，只能是具有鲜明的民族和地域特色的"这一个"。因此，这就给西部电视的节目质量提出了更高的要求，那些流水线式的工业化生产的节目、"克隆"类的节目不可能有国际市场。

第六章　构筑中国的电视文化版图

当今世界，经济全球化与社会信息化已经使文化主权与文化安全问题日益突出地呈现在我们面前。对于我国这样的发展中国家来说，这也是一个关乎国家主权和国家安全的重大问题。由于文化安全是一种特殊的安全，其目的是要维护本国文化主权，防止他国文化对本国民族文化的侵蚀，以及抵制相对立的意识形态和价值观念、行为方式的渗透与影响。它没有直接的武力冲突，也没有直接的对抗与对峙，是一场没有硝烟的"无形的战争"。因而，对于"文化入侵"和"文化渗透"不可能用武力加以制止，而只能有针对性地运用文化手段，保护本国文化，倡导本国文化，发扬光大本国文化，确保本国文化占主导地位，为应对外来文化的挑战提供强大的竞争力量，为本国文化的生存发展与兴盛发达创造良好的社会环境。

第一节　构筑中国电视文化版图的必要性和重要性

一、电视文化传播与维护文化安全

美国文化学者 E.拉菲洛曾经说："文化是受价值引导的体系。由于文化同人类生物需要的满足无关，同人类再生产的需要无关，由此可见，文化满足的不是躯体的需要，而是价值标准的需要。"① 作为一种社会文化形态的电视，它的文化核心即是其创造者的价值体系。电视以直接的视觉形式形象地体现了不同社会人们的价值观念和价值取向，因而世界各国的电视文化形态呈现出不同的文化禀性和不同的民族文化特征，也反映出其所包涵着的不同社会的政治经济制度与意识形态的影响。我们知道，即使是迅速崛起的互联网等新的大众媒体与新的传播技术已具有广泛影响，但电视依然还是今天人类跨文化交流与传播的一种强大的文化力量。电视通过自身特有的传播方式对社会文化产生巨大影响，并从许多方面对人们的生活方式、行为方式和思维方式产生了影响。

任何一种文化都是在一定社会过程中发展变化的。社会过程包括传播过程、冲突过程、社会群体形成过程、变迁过程等。所谓文化传播是文化特质或文化元素从一个社会传递到另一个社会，从一个区域传递到另一个区域，是文化向外传递、扩散而超出其产生地区的一种流动现象。跨文化传播即是来自不同文化群体的个人、组织、国家之间进行的文化传播活动。20世纪初，文化人类学者在关于文化传播的研究中即开始注意到不同文化传统和文化族群之间的相互影响。他们发现，不仅在同一文化体系内人与人沟通时会产生误解，在不同文化之间的互动交往中，尤其是人们试图跨越价值体系差异较大的文化进行沟通时，产生的误解就更大。这不仅给个人之间带来心理情感的隔膜和文化身份的疏离，而且还引起文化族群之间的关系失偕与冲突。

20世纪中期，当电视这一电子媒介出现后，这一传播手段的形象

---

① 钟大年等：《电视跨国传播与民族文化》，北京广播学院出版社1998年版，第3页。

直观可视性为全人类的交流建立了共同理解的基础，人们可以通过电视（特别是卫星电视）这一现代传播媒介，跨越地域和语言文字所引起的"传播阻隔"进行对话与交流。虽然视觉艺术的魅力使电视所传播的文化更容易使不同国家、不同民族和不同文化的人们所接受和理解，但承载着不同社会价值体系的电视跨文化传播，也必然对别国或其他民族带来极大的文化冲突与文化震荡。

同时，我们今天依然处在不平衡的国际传播格局中，世界各国之间的电视文化交流也是不平衡和不对等的，强势文化国家的跨国传播必然构成对弱势文化国家的"文化渗透"。而为了促进我国的对外开放与跨文化交流，我们需要通过电视媒介引入世界各国的电视节目并扩大电视传播的对外合作与交往，并且，随着传播全球化的发展及我国的加入WTO，西方强势媒体通过电视传播携带而来的西方文化还将不断涌入我国。

在我国，电视作为一种信息传播手段，其社会功能是多方面的。改革开放以来，我国的电视媒体一直负有做党和人民的重要喉舌的使命，也是社会主义重要的思想文化阵地，同时电视成为对中国老百姓最有广泛影响力的大众传播媒体，为中国人民提供着必需的精神文化食粮。由此，电视传播关乎我国的国家利益，即关乎国家的政治安全和文化安全。因而，如何应对日益加剧的全球化与国际传播竞争带来的文化冲击，以及如何防御加入WTO所带来的对我国电视文化安全的威胁，已是迫切需要我国电视工作者作出回答，并寻找对应策略的挑战性问题。

在政治地理学的范畴中，"版图"这一概念指的是国家领土和空间疆域，任何一个国家都要争取领土、领空、领海的完整，以捍卫自己的国家主权和人民的安全。而"文化版图"这一概念，则指的是一个国家或一个民族的文化的完整性与延续性。为此，"文化版图"与国家的领土版图有所区别。在文化传播的动态过程中，维护国家与民族"文化版图"的安全，就要保持文化的特性和文化的传承。所以，我们既要固守"文化版图"完整，又要拓展"文化版图"的疆域，使国家或民族的文化得以继承和发展。

当人类创造的信息技术越来越使传播媒介能够跨越国家管辖的疆界，甚至冲破国家主权的藩篱进行跨文化传播时，我们不仅仅面临着国家的领土或领空被跨国传媒的传播网络所覆盖的危险，更面临着民族文化的"领土"、"领空"被外来文化侵占的威胁。为此，要守卫国家民族的"文化领土"或"文化领空"，对于中国电视事业来说，我们的对应策略只能是构筑自己的电视"文化版图"，守护这一电视"文化版图"的安全，从而在参与全球化语境下的跨文化交流中保持充分的主体性和保有自己的民族文化个性，以此作为抵制文化霸权或传播霸权的前提和条件，在与世界文化的交流和对话中，争取中华文化的生存与发展，使中华文化昂首立足于世界文化之林。

因此，构筑我国的电视文化版图，即意味着我们既要在跨文化交流中守护或拓展本土电视传媒应该覆盖的传播面积，也要在跨文化传播过程中保持我们的民族文化个性，保护我们的民族文化遗产，发扬光大我们民族文化的优良传统，并通过电视传媒向世界传播中华文化，使中华文化走向世界，为人类文化的交融与全球文化的多元化和多样性发展作出贡献。

二、弘扬民族文化，捍卫文化安全

历史学家汤因比说："文明就是对挑战的应对。"我们知道，文明是人类社会发展中各种相互关联的高级属性和特征的集合体，也是一种社会文化的共同体，它表示着人类社会物质和精神生活不断发展、进步的状态；而文化既是人类精神价值的体现，也是一个民族的精神生存形态。汤因比先生的这个论断既向我们揭示了人类文明形成的根本动因，也告诉了我们文化力量是人类应对挑战的最好武器。我国的国家文化安全需要靠强大的文化力量来支撑，而形成这种文化力量的基石就是中华民族传统和中华民族精神。同样，我们构筑国家电视文化版图的目的与方式，也就是依托于弘扬民族文化与民族精神，捍卫我国的电视文化的安全。

所谓文化的民族性，主要就是指人类不同民族的不同思想、意识、感情、心理等精神特质。人类的每一个民族不仅共同参与一种文化制度，而且还共享一种文化制度，久而久之就形成了一个民族的人们共同的精神形态。正如斯大林指出的："各个民族之所以不同，不仅在于他们的生活条件不同，而且，在于表现在民族文化特点上的精神形态不同。"因而文化的精神形态既是一个民族共享的一种文化制度的结果，又是一个民族区别其他民族的重要标志。由于不同民族生活区域的生态环境不同、社会和经济生活不同、各个民族的文化积累不同等，各个民族文化就有很大的差异，并表现为民族精神的差异。

所谓民族精神，是指一个民族在形成发展的历史过程中，在共同语言、共同地域、共同经济政治生活的基础上形成的共同文化、共同社会心理、共同价值体系、共同思维方式、共同审美情趣等的总称。民族精神也就是民族文化的基本精神，它反映了一个民族的独特性格和风貌。中华民族精神是中华民族形成的基本条件，也是中华民族生存与发展的现实需要。没有中华民族精神，中华民族就很难自立于世界民族之林。

中华民族精神集中体现了中华民族的思想观念、价值取向、理想信仰和道德规范，是中华民族凝聚力的灵魂，在一定程度上是中国人民，包括散居在世界各地的炎黄子孙彼此认同的思想文化纽带，海外华人华侨无不受到华夏民族精神的感召而认同于中华文明。党的十六大报告也指出："民族精神是一个民族赖以生存和发展的精神支撑。一个民族，没有振奋的精神和高尚的品格，不可能自立于世界民族之林。在五千多年的发展中，中华民族形成了以爱国主义为核心的团结统一、爱好和平、勤劳勇敢、自强不息的伟大民族精神。我们党领导人民在长期实践中不断结合时代和社会的发展要求，丰富着这个民族精神。面对世界范围各种思想文化的相互激荡，必须把弘扬和培养民族精神作为文化建设极为重要的任务，纳入国民教育全过程，纳入精神文明建设全过程，使全体人民始终保持昂扬向上的精神状态。"

在跨文化传播活动中，我们弘扬民族文化与民族精神，也就是要弘扬中华民族优秀的传统文化。我们知道，中华民族要保持自己的存在与发展，就必须固守和发扬光大自己的文化传统。每一个国家和民族都有自己的历史和传统文化。传统文化是一个国家和民族在长期的历史发展过程中所创建、改造、传承的物质、制度和精神的总和。传统文化是民族文化的重要组成部分，体现了民族文化的主要特征。同时，民族精神的形成和发展受到了传统文化的深刻影响。在世界各种古老文化中，唯有中国文化表现出强大的生命力，历经数千年各种内忧外患不曾中断过，一直保存、延续、发扬光大到今天。在这强大的生命力的延续中，中华民族精神强大的根基和内聚力就来源于中华民族的优秀传统文化。

中国传统文化是一个丰富而又复杂的体系，具有益于社会发展进步的精华，也有不利于现代化建设的糟粕。因此，我们所弘扬的中华传统文化应该是中华民族精神内涵中的积极层面，如自强不息、革新进取的精神；注重人格尊严、强调道德自觉；务实求是、豁达乐观、宽容大度、以义为重的义利观；生态平衡、天人协调的精神等，既在中国历史上有时代性，同时又有超越各个时代的普遍意义和永恒价值。还有中华传统文化中蕴涵着的值得弘扬的精华，如来源于氏族民主制的人道精神和人格理想；重视现实、经世致用的理性态度；乐观进取的实践精神，等等。

传统文化既然是一个民族在历史上存在过的观念体系和知识体系，那么它必然打上了特定时代的烙印，具有一定的时代性。传统文化在形成初期对当时的社会而言是新文化，代表了当时社会的发展方向，而对现代社会来说，传统文化就是旧文化，它总体上属于旧的时代，因而传统文化与现代文化存在着相矛盾相冲突的一面。中国传统文化其历史的局限性决定了它难以同今天新的时代发展相耦合，在思想观念上、价值取向上，必有与发展市场经济和现代化建设相冲突的一面，如尊卑有序的封建观念；小农意识所反映的平均思想；因循守旧的惰怠心态，以德代法等缺乏健全的法制传统等。

固守和弘扬民族文化与民族精神，也是我们在跨文化传播过程中建构我们自己的文化身份的前提与保证。文化身份是一种文化与另一种文化相区别的品格和处在该文化中的人们对它的文化身份的认同。在现代社会，文化身份的建构取决于三个因素：（1）该民族在某一特定的历史时代的文化特征；（2）该民族内部人们的心理结构；（3）该民族的外部形象。这三种因素其实就是民族文化的体现，因此"通常人们把文化身份看作是某一特定的文化特有的、同时也是某一具体的民族与生俱来的一系列特征。①

　　文化身份的民族性和独特性决定人们在面对一种其他文化时，首先应该考虑的是自己的文化是否承认这种其他文化的"他性"？或是否反对这种"他性"？自己的文化是否允许其他文化的破坏性因素入侵而不去改变它们？而文化全球化的发展，已经将文化身份置于了一种新的语境之中，人们的民族性和主体意识受到了挑战，文化身份的自觉意识与自我认同也就受到影响，从而民族的集体无意识和精神向心力受到削弱，国家与民族的文化抵抗与文化发展也就失去了动力和方向。因而在文化全球化背景下的跨文化交流中，有文化自主性和的国家都更加有意识地不断寻找或明确自己的文化身份，决不放弃自己的民族传统文化，以守护自己的文化版图。即使是那些文化强势国家，它要求别人以"开放"的姿态接受自己的文化，但他们自己对引进外国文化却是步步设防。

　　在我国电视领域，电视工作者已经在实践中开辟和探索构筑中国电视文化版图之路。他们意识到："在当今不平衡的文化传播环境中，如果弱势文化缺乏主体性，缺乏固守文化版图的意识，久而久之，我们就只会用别人的眼睛去观察事物，从而实际陷入了文化的殖民陷阱。所以，对传播者来说，我们就不能顺着别人的眼睛去看世界，而是要用自己的眼睛看世界；引进外来电视节目时，要用本土文化之网加以过滤或扬弃，用本土文化的眼光去诠释或改造对象。"②

　　因此，"用自己的眼睛看世界"，成为了中央电视台国际部的电视工

---

① 参见［荷］瑞恩·赛格斯：《全球化时代的文学和文化身份建构》，《跨文化对话》（二），上海人民出版社 1999 年版。

② 夏德勇：《全球化语境的跨文化传播策略——张子扬"文化版图"说解说》，《现代传播》2002年第 5 期。

作者在做引进外来节目时的理性自觉，并且他们在工作中也自觉实践着
他们的这个准则。在引进外来电视节目时，他们用本土文化之网加以过
滤或扬弃，用本土文化的眼光去诠释或改造对象。审编引进的文化历史
专题片《千年沧桑》时，他们发现，该片虽然内容浩繁，思想深邃，但
是它对一些重大历史事件和人物的界定和评价又与我国学术界的许多观
点方法大相径庭。如在谈到东方文化的事例上，该片对日本的文学名著
《源氏物语》极为推崇，而对同时期我国的文学成就如《西游记》《水浒
传》《三国演义》等却只字未提，并且在对元代中国的一些评价上也颇
多微词，特别是对郑和下西洋的历史背景和性质，给予的是西方简单、
片面的评价和定论。他们感到这是西方学者认识的局限，理解的局限。
在这种情况下，如何固守我们自己的文化？他们不是简单化地去伪存
真、为我所用，而是充分考虑文化多元化的现实，对不同文化理解的差
异抱必要的宽容态度。同时，他们更考虑到媒体的社会责任，没有放弃
通过媒体交流与对话来揭示历史真相的可能。于是他们请来了中国社会
科学院的优秀学者或其他领域的有关专家出镜讲解，以他们的学识、理
念，点评或全新讲述有关历史阶段的真实情况。

三、坚持文化的开放、交流、互鉴

对中国电视来说，构筑以中华民族文化和民族精神为基石的电视文
化版图，还面临着如何处理好开放与固守、全球化与本土化的问题。从
根本上讲，我们的电视文化版图应构筑的是对传统文化的继承与超越。
电视文化的民族性就是如何在电视节目的内容中体现民族文化的问题。
越具有民族性的也才越具有世界性。抛弃了自己本国文化传统，不在发
扬自己优秀文化的基础上学习和吸收、借鉴其他民族文化，而是盲目地

一切照搬外来文化，其结果只能是本民族文化的衰落、灭亡，乃至整个民族的衰亡。

同时，我们认为，文化版图的固守应是有原则的多元包容中的固守，而决不应是狭隘的封闭式的筑堤守护。我们应以开放的姿态避免陷入狭隘的民族主义。我们并不能因为那些电视作品与我们的观念不同而将之拒之门外，而是让它与我们的文化对话，在对话中碰撞各自的立场，实现文化版图的固守与拓展。当然，拒斥也是固守的一种策略，但长此以往容易使视野越来越狭隘，不利于全方位的文化交流和吸取其他文化的有益养分。而且，在全球化传播背景下，使得简单的拒斥变得越来越不可能。只有以开放的文化进行对话，在交流与碰撞中显示自己的文化精神，实现固守文化版图的目的。

21世纪是多元文化并存的世纪，不同的文明和不同文化的相互影响已不可避免。中华文化应以积极的态度寻求文明的对话，促进不同文明之间的理解与宽容，不同文明的交融有利于人类文明的繁荣，借孔夫子的话"和而不同"才是人类文化发展的可行出路。我们既要抵制文化霸权，也要坚持多元文化的互补共荣。"文化全球化"不应该是简单的文化通用和文化的同化，"而应是更有自己的个性、特色（国家、地区），使自己的民族真正在精神世界中也能自立于世界民族之林，在国民心灵中固守住本民族的'文化版图'——这里既有本土传媒所覆盖的面积，更应有本土文化的本质与内容。唯有如此，才能保持与发展民族优秀的文化基因，并真正体现全球文化的多元化与多样性。"①

文化版图的固守也不应是敝帚自珍，在跨文化交流中，我们要清楚

---

① 　张子扬：《"文化版图"的固守与拓展——电视人面对21世纪新媒体的思与虑》，《人民日报》2000年4月1日。

哪些应该舍弃，哪些应该守护，哪些文化适合现阶段的国情与有利于社会文化的健康发展和民族文化的整体进步。总之，要以我为主，坚持在固守中拓展，在固守中扬弃，并且与世界平等对话。坚持追求高品位的文化、符合现代人的理念与国际先进文化。我们的拓展是在拓展自己文化视野的同时将中国广博的文化、中国的真实面貌推向世界，在世界上塑造一个古老又开放，稳定又进取的中国形象。我们的拓展应是双向互动的，是与别的文化平等对话基础上的拓展，中国电视必须纠正别人对我国国际形象的丑化与误读，还一个真实的中国形象给世界。我们必须强化这样的主动意识，应该下大力气把我们的电视节目推向世界。

各民族文化及其宗教、人文精神虽千差万别，但却是平等的，应该在平等的基础上开展对话和交流，求同存异，中西方及其他各种文化各有所长，应加强彼此的对话、交流与合作、互学互鉴而共同发展，提倡互补而不应相互排斥。同时，应把现代化与优秀传统文化结合，而不是相互脱离。因此，我们进入WTO的更为重要的文化意义在于：它要求一种新的民族认同和民族性格的形成。这意味着我们应该改变百年屈辱而悲壮的历史造成的重负，更加自信和从容地面对世界，这种新的民族认同一方面不是消极封闭，狂放自大地"俯视"世界，另一方面也不是放弃自我，卑屈迎合地"仰视"世界，而是寻求与世界"平视"的关系。

第二节　坚定不移实施"走出去"战略

一、新形势下电视文化传播的战略任务

构筑中国电视的"文化版图"包含着固守与拓展两个缺一不可的方

面。对中国电视"文化版图"的固守，意味着我们在跨文化交流中对本土文化或民族文化的自主与继承；而拓展中国电视的"文化版图"，则意味着我们还应在防守的基础上，大力传播中华文化，弘扬中华民族的优秀文化传统。一个民族的文化唯有通过传播，才能世代相传，绵延不断；而也只有通过传播，才能使我们源远流长的中华文明在与世界文明的交流和整合及竞争中发展和更新，并且为全人类的进步与发展作出贡献。

虽然我们今天面对的现实，是以美国为主的西方传媒的不断扩张和西方影视文化对世界文化越来越大的影响，乃至西方文化占领和宰制了全球文化的空间，东方文化在夹缝中生存，中华文化也面临着巨大挑战。但我国改革开放以来经济的持续高速发展，国力的不断增强，特别是加入 WTO 后市场的日益开放，崛起的中国的国际影响显著扩大，民族凝聚力极大增强。如果说要改变 21 世纪的世界传播的"文化版图"为英语文化称霸的局面，就需要我们借助国家日益强盛的力量，通过拓展中国电视的"文化版图"，努力使中华文化崛起在世界传播的"文化版图"之上。

1999 年，江泽民同志在全国对外宣传会议上发表的重要讲话中就指出："在新的形势下，对外宣传工作的地位和作用更加重要。我们应该站在更高的起点上，分析形势，审时度势，把外宣工作做得更好，我们要在国际上形成同我国的地位和声望相称的强大的宣传舆论力量，更好地为改革开放和现代化建设服务，为促进祖国统一、世界和平和人类进步作出更大的贡献。"在 2002 年 11 月初的党的第十六次全国代表大会上，江泽民同志所做的《全面建设小康社会，开创中国特色社会主义事业新局面》的报告中再次强调："我们党必须坚定地站在时代潮流的前头，团结和带领全国各族人民，实现推进现代化建设，完成祖国统一，维护世界和平与促进共同发展这三大历史任务，在中国特色社会主义道路上实现中华民族的伟大复兴。"

胡锦涛同志也高度重视广播影视对外工作，胡锦涛、温家宝、贾庆林、李长春、刘云山等中央领导同志多次就广播影视对外工作作出重要批示；2003 年召开的全国宣传思想工作会议和 2004 年的中央对外宣传工作会议，都对广播影视的对外工作进行了重点部署，明确提出广播影视对外工作的重点就是要大力推进广播影视"走出去"，将中国的声音传到世界各地，为实现跨世纪的宏伟目标，正确和充分运用电视传媒这一手段，创造一个良好的国际国内舆论环境。总而言之，目标是充分利用现代化传播手段，促进"让世界了解中国，让中国走向世界"的传播战略。

2005 年 2 月 2 日，国家广电总局发布《2005 年广播影视宣传工作要点》，在第六项"增强广播影视对外宣传的实力和影响力，树立我国在国际上的良好形象"中提出，统筹和整合广播影视外宣资源，形成外宣合力，大力实施广播影视对外宣传"走出去"工程，抓好境外落地工作，促进广播影视国际交流与合作，积极参与国际市场竞争。2006 年 9 月，国家"十一五"时期文化发展规划"纲要"中明确列入了"走出去"重大工程项目，从国家文化发展战略的高度，强调整合资源，突出重点，实施"走出去"重大工程项目，加快"走出去"步伐，扩大我国文化的覆盖面和国际影响力。

最近几年，我国中央和地方各级广电部门认真贯彻落实中央的部署和要求，大力实施"走出去工程"，积极拓展对外交流与合作。2004 年汇聚中央电视台和地方电视台一批精品节目的中国长城卫星电视平台在美国开播和我国第一座海外自建自管的无线广播发射台在阿尔巴尼亚正式投入使用，大大强化了我国广播电视节目在海外的有效落地和覆盖效果。

大力实施广播影视"走出去"工程，是新形势下加强广播影视对外工作的重要战略任务，是广播影视对外工作的重中之重。广播影视"走出去"工程要在已有成绩的基础上，进一步推动广播电视频道及节目的海外有效落地和电影走向世界开展工作。具体来说，就是要着力扩大中国国际广播电台节目在美国、加拿大、英国、法国、俄罗斯等重点国家城市电台的直接落地；扩大中央电视台第四套、第九套和西班牙语法语频道在海外的落地入户；积极推进部分省市广播电视节目在中亚、东南亚、中国台湾和朝鲜半岛的落地工作；扩大国产电影在海外的票房和市场份额。要在继续利用好广播影视对外宣传原有渠道的基础上，积极拓展互联网等现代信息传播技术的新渠道，为广播影视"走出去"提供新的手段和途径，积极采用在国外租机播出和购买电台播出时段，以及向转播我国节目的境外机构提供设备等方式，推动我国节目的海外落地。

同时，"走出去"工程也要强化"走出去"的市场运作。长城卫星电视北美平台采用招投标等方式运作，取得了很好的效果，受到了中央领导的肯定，今后应继续推广这一市场机制的引入。在强化市场运作的同时，政府应加大支持力度，着力培养一批能够参与国际竞争的广播影视市场主体和知名品牌。"走出去"工程的实施不能各自为政、各搞一套，要切实加强统筹协调，形成合力，要在继续发挥中国国际广播电台、中央电视台、中国电影集团公司等"国家队"优势的同时，充分调动地方广电部门的积极性，共同实施"走出去"工程。地方广电部门要进一步强化对外意识和"走出去"的意识，切实把"走出去"作为自己的重要职责和任务，积极主动、想方设法参与"走出去"工程的实施。要进一步完善中央和地方的合作机制，不断推出新举措，形成上下合力，扩大广播影视在海外落地的成果。

总之，加强我国电视对外传播的战略意义在于：第一是实现跨世纪的宏伟目标的需要。新世纪国际形势正在发生深刻的变革之中，世界多极化和经济全球化的趋势正在深入发展，科技更新日新月异，综合国力竞争日趋激烈。跨入新世纪后，围绕我国的改革开放的深化与创建和谐社会的新的奋斗目标，需要全面地了解世界，也需要让世界更好地了解中国，以创造和保持一个良好和谐的国际环境。第二，是为了更好地展示我国良好的国际形象，进一步扩大对外开放的需要。要让世界更全面、准确、及时地了解中国历史、现实和发展，了解中国的国内外方针、政策。第三，是维护民族尊严和国家统一的需要，是反击西方对我国进行"西化"、"分化"的需要。

从另一个意义上来说，拓展中国电视的"文化版图"，既是我们以文化开放的姿态应对面临的挑战、捍卫民族文化安全、弘扬民族优秀文化的重要策略，也是在新形势下，我们通过电视传媒的文化传播，凝聚海外华人、促进祖国统一的重要举措。

由于历史的原因，据统计，目前世界华侨华人已有5000多万人，分布在140多个国家和地区，形成了一个庞大的群体。他们既与中华民族一脉相承，保持着血缘亲情，又融入当地社会，为所在国的经济发展和社会进步作出了贡献。这里，所谓海外华人包括华侨和华人两种称谓和概念。华侨一般是指在国外定居的中国公民，而华人是指已加入所在国国籍的原华侨及其后裔和已取得所在国国籍的新移民。为此，人们把由中华文化的中心和主体所在的祖国大陆，与传承和受中华文化影响的海外 5000 多万华人所构成的文化圈称为"大中华文化圈"。因此，我们要拓展中国电视的"文化版图"，即首先要能够通过电视把中华文化辐射到祖国大陆之外的"大中华文化圈"，让中华文化迸发在两岸三地及世界各个角落的华人之中，使富有凝聚力的中华文化在"大中华文化圈"的土壤中生生不息，发扬光大。

为此，从中国电视对外传播的战略目标出发，中国电视对海外报道的方针政策及根本任务就应是：以马克思列宁主义、毛泽东思想和邓小平理论为指导思想，为党在新世纪新阶段的全面建设小康社会的奋斗目标服务，全面、真实地宣传中国，介绍我国政治、经济、文化、社会生活等方面的发展情况，增进世界对中国的了解，为改革开放和现代化建设创造良好的国际环境，为祖国统一、世界和平和人类进步作出积极贡献。

自中国电视诞生后，中国电视的对海外报道即是我国对外传播的一个重要部分。20 世纪 50 年代末开始的中国电视海外报道，那时的对外传播的方式主要是向社会主义国家和一些发展中国家寄送节目。党的十一届三中全会后，我国进入改革开放和现代化建设新时期，为追赶世界电视的发展步伐，70 年代末我国在大力建设国内电视网的同时，紧跟世界正在兴起的卫星电视发展潮流，我国电视的对海外传播也实现了卫星传送节目。1984 年中央电视台对外部正式成立，随后，全国各省级电视台也陆续建立了对外部，全国性的对海外电视传播系统初步形成，一批针对海外观众的中、英文电视栏目相继开办。如中央电视台对外部开办了第一个对外电视中文专题节目《华夏掠影》，1986 年又开办了英语新闻。

20 世纪 90 年代是中国对海外电视传播长足发展的时代，1991 年中央电视台成立了对外报道中心，全国各地方电视台也充实了对外传播的报道力量。1991 年 9 月 1 日，中央电视台正式租用亚洲一号卫星，将面向全国的第一套节目送上卫星，其信号可覆盖东南亚、东欧、中东、南非等地的国家以及港澳台地区，"揭开了开办中国国际频道卫星电视的序幕"。① 同时，中央电视台又提出创办中国国际频道卫星电视并在海外"落地"，即"天上、地下"并举的发展战略。1992 年 10 月 1 日，中央电视台第一个以港澳台同胞、海外华人华侨和外国观众为收视对象的全天 24 小时播出的中国国际频道卫星电视（CCTV-4）正式开播，通过亚洲一号卫星和 96.5 度卫星覆盖东南亚、东欧、中东、南非等地的国家以及港澳台地区。1996 年 4 月，中央电视台又租用"亚洲 2 号"和美国泛美卫星公司的"泛美二号"、"泛美三号"、"泛美四号"等四颗卫星，将国际频道信号传送到世界各地。1997 年，香港回归和党的十五大召开之际，中央电视台又试办了全天 24 小时的向世界播出的英语传送频道。2000 年 9 月 25 日，中央电视台全天 24 小时播出的英语节目频道第 9 套节目正式开播。至此，我国的对海外报道已形成了以中央电视台为龙头，联合全国地方电视台共同搞好对外报道的格局。

中央电视台国际频道在海外落地播出战略也得到实施。自 1989 年中央电视台就在海外与美国、英国、新加坡等华人电视台建立或恢复了合作关系，或联合创办海外电视台，或直接与外国电视台合作，以整套中英文频道节目的方式进入外国电视台。如 2002 年，CCTV-9 频道通过美国 Fox 电视网进入美国，能收看到的有线电视用户近 70 万户，能

① 杨伟光主编：《中国电视论纲》，中国广播电视出版社 1998 年版，第 212 页。

通过卫星收看的用户为 50 万户。中央电视台还联合地方电视台在世界各大城市建立了节目销售网，进一步开拓海外市场。

2004 年 10 月 1 日"中国长城卫星电视平台"在美国正式开播，这个平台由中央电视台牵头，中央电视台所属的中国国际电视总公司作为中国电视频道的代理商和集成商，一共有 17 个频道，包括中央电视台中文、英语国际频道、西班牙语法语频道、戏曲频道、娱乐频道和电影频道，湖南卫视等 7 个省级地方频道，以及境外的几家华语电视台。这个平台的开播，将从多角度传播中华文化，向北美及南美全方位展现当代中国的良好形象。

现在，中央电视台国际频道节目信号已基本覆盖全球，并在美、英、法等 104 个国家和地区以及境外 200 多家高档酒店实现整频道有效落地；我国的电视节目和影片在国际影视节展上频频获奖，海外销售形势越来越好；我国广播影视机构与国外广播影视机构的友好合作与交往日益增多。广播影视对外工作的影响不断扩大，水平不断提高、效果不断增强。

二、用中华文化凝聚港澳台同胞和海外华侨华人

20 世纪 50 年代末以来，海外华侨华人就是我国电视对外传播主要对象之一。20 世纪 90 年代后中国电视实施"走出去"战略的第一步即是进入港澳台地区和世界华人华侨社会，进而进入国外主流社会，完成拓展中国电视"文化版图"的使命。要实现这一目标，首先就要建立覆盖全球的中文频道，即主要是把中央电视台国际频道 CCTV-4 传送到全世界，为全球的华人华侨服务。据中央电视台 2001 年对国际频道"中国新闻"进行的网上收视调查显示：该节目海外观众的身份构成中

华人华侨已占了 55.4%。① 通过对外传播，中国电视要进入常年生活于异国他乡和生存于异邦文化中的海外华人的视野，唯有承载着乡情乡音的中华文化及华语能够成为凝聚海外游子的"磁力"。2006 年年初，中国电视台国际频道推出了 30 分钟杂志性节目《华人世界》，致力于搭建全球华人的话语平台和全球华语媒体的战事平台，以此作为"世界华人"的家园，构建全球华人共享的电视交流平台。

　　着眼于两岸三地乃至全球华语电视市场，吸引了全球海外华人"眼球"的凤凰卫视已经为我们创造了一个用电视媒介拉近全球华人距离的成功范式。创办于 1996 年的凤凰卫视现在已经从一个单一频道的电视台成长为一个拥有 5 个频道，覆盖亚太、欧美多个国家的华语电视台，在国际电视传媒以英文为通行证一统天下中，打开了一片华语的新天空，取得了骄人的成绩。1999 年，在美国《财富》杂志的盖洛普"中国消费观念和生活方式"的调查中，凤凰卫视当选为中国人最知名的国际品牌之一，并且是唯一入选的传媒机构；2000 年，凤凰卫视又跻身于"2000 年国际华商 500"排行榜，名列第 155 位；2001 年，在央视调查咨询中心进行的观众满意程度的调查报告显示，该年第二季度，凤凰卫视在中国大陆拥有 4200 多万收视户，近一亿 6 千万观众。在 45 个接受调查的大陆和港澳台地区频道中，凤凰卫视居于十大最高观众忠诚度的第二位；在十大最高观众满意度频道中居第三位；在十大最高人气指数频道中名列第三。

　　回顾凤凰的成功，凤凰卫视主席兼行政总裁刘长乐认为，第一是有一个准确的市场定位——全球华人市场。分布在全球的华人，可能日常

---

① 参见钟清铃：《中央电视台国际频道"中国新闻"海外观众收视状况分析》，《电视研究》2002 年第 7 期。

用不同的语言交流，但他们最感亲切的仍然是华语。刘长乐先生还认为，在 20 世纪 90 年代的电视传媒市场，一方面经历着一场西方跨国媒体集团全球扩张；另一方面，一个电视的地缘化、地区化的概念也正在形成。所谓的地缘文化其实也就是具有相同的历史、语言、文化、宗教的人群在文化产品消费上的趋同性、接近性。目前华人世界上正在形成的地缘文化市场就包括西欧、阿拉伯、拉美及华人等的电视文化市场。这些区域市场并非单纯由地理来划分，而是由语言和文化所决定。在这张传媒市场的版图上，华语市场也被跨国传媒视为最具潜力的市场。对于全球各地的海外华人来说，凤凰卫视填补了当时没有一个面向全球的华语电视的空白，并且在今天已经拿到了在世界媒体市场上与西方强手角逐的"入场券"，他们现在已经在亚太、欧洲、美洲的各个电视市场与国际主流媒体展开了竞争。

在节目的取向上，凤凰卫视不以华人受众圈中任何一个单一地区为主流，而是遵循一个"泛中国化"的概念，因为"凤凰"主要以两岸三地为目标市场。所以，"凤凰"将采取以北方文化为主体的内地文化与南方的港台文化融合、中华文化与西方文化交汇的策略。就像是"凤凰"的名字与台标一样，借喻凤与凰的阴阳交汇，宣示东西方文化、传统与现代文明的历史性整合。

从进入新世纪的第一分钟开始，凤凰卫视信息台的开播，又开创了华语电视的几项先河：全球第一个覆盖两岸三地的全天候华语信息频道；第一个跨越亚洲、欧洲、美洲进行同步联播，并在亚、欧、美拥有制作基地和记者站的华语电视台；第一个在京港台每天联机制作节目的华人电视媒体；第一个采用数码网络采集、编辑、播放节目的华语电视台。凤凰信息台的使命是成为沟通两岸三地及全球华人的信息高速公路，信息台每天传递的是来自华人媒体的对国际政经时事的华人观点，以摆脱对西方传媒的信息依赖。凤凰信息台开播之后，西方媒体反应强烈，认为这是一个了不起的创举，因为中国人作出了一个华人的 CNN。与此同时，凤凰卫视又通过与美国最大的卫星电视平台 DIRECTTV 的合作，通过凤凰卫视美洲台面向最大的海外华人社区——北美超过 100 万户的华人家庭，24 小时播出立足于两岸三地的普通话和粤语节目，而这种节目是目前该地区普遍需要的。借助美国主流卫星电视的网络，"凤凰"开始了进军世界传媒帝国核心地带的布局。而此前，凤凰卫视欧洲台已经踏出"凤凰"进入国际传媒舞台的第一步。

如同刘长乐先生所期待的，在大中华圈中，"凤凰"已代表着一种沟通的力量、一种融合的力量。"凤凰"的自我期许是拉近海峡两岸的距离、拉近全球华人间的距离，"凤凰"的这种沟通作用在未来仍将无限发挥，"凤凰"仍有不可限量的市场潜力。

"一个国家，两种制度"是邓小平理论的一个重要组成部分。其基本内容就是：在祖国统一的前提下，国家的主体坚持社会主义制度，同时在香港、澳门、台湾保持原有的资本主义的制度和生活方式。这一构想，既坚持了祖国统一、维护国家主权的原则性，又充分考虑了香港、澳门、台湾的历史现实，是推动祖国和平统一大业的基本方针。香港和澳门的回归祖国，丰富了"一国两制"的构想和实际。现在，我们正在为早日解决台湾问题，完成祖国的统一大业而继续奋斗。

党的十六大报告中也再次指出："实现祖国的完全统一，是海内外中华儿女的共同心愿。""我们坚持'和平统一，一国两制'的基本方针和现阶段发展两岸关系、推进祖国和平统一进程的八项主张，同台湾同胞一道加强两岸人员往来和经济文化等领域的交流，……解决台湾问题、实现祖国的完全统一，我们寄希望于台湾人民。台湾同胞具有光荣的爱国主义传统，是发展两岸关系的重要力量……两岸应该扩大交流交往，共同弘扬中华文化的优秀传统。"

"一国两制"的科学构想，有力地推动了祖国和平统一的进程，也是我国对香港、澳门特别行政区和台湾地区电视报道的指导方针。对台宣传是我国对海外传播的重点和难点。我们党的方针政策一直强调要"寄希望于台湾的民众"，"做好台湾民众工作"。所以，我们的报道方法应以民族文化为纽带，寻两岸同胞的根，并找到一定的针对性。我们对海外报道一定要适合海外观众的收视习惯，按他们的习惯制作节目，让他们爱看，让他们接受，才能达到潜移默化地引导观众的作用。

电视目前是我国最有效、最有力的入岛传媒。无论从电视的形象生动、直观、快速等特点看，还是从目前我国电视在岛内的落地影响看，在今后的对台宣传中电视都应发挥更大作用。台湾岛内的观众已经形成习惯，每当祖国大陆发生重要新闻时，首先就锁定中央电视台的国际频道 CCTV-4。目前我电视进入台湾岛内的渠道主要有：（1）中央电视台的国际频道 CCTV-4；（2）一些祖国大陆电视机构与台湾电视机构的节目交流；（3）一些台湾电视机构播放的通过商业渠道购买的大陆电视专题节目或电视剧；（4）若使用卫星接收设备，部分省市卫视信号也可覆盖到台湾；（5）一些地方省市外宣部门邀请台湾电视媒体来进行采访报道。

1997 年 5 月，中央电视台的第四套节目（现国际频道）已经进入台湾 112 家有线电视台并在全岛播出，《中国新闻》、《天涯共此时》等栏目，已在香港、澳门、台湾地区产生了广泛影响。与此同时，全国各省、市电视台也陆续开展了对香港、澳门、台湾地区的电视报道，反映本地区改革开放与香港、澳门、台湾地区经济贸易、科技、文化等的交往情况，促进了祖国内地与香港、澳门、台湾的经济、科技、文化的交流，推动了海峡两岸关系的发展，加强了沟通，增进了共识，为促进祖国统一大业发挥了重要的舆论桥梁作用。

近年来，台湾对大陆的投资又大幅度增加，两岸经济贸易往来更加频繁，为两岸双方，尤其是现今处境艰难的台湾经济带来了极大的支撑作用。来往大陆与台湾间的商人及观光人士越来越多，到 2001 年，已有 30 万台商移居上海，在大陆生活、投资、经商的台商则近 300 万人。为此，我们应该改变以往的有关对台湾报道以软性题材和社会新闻以及以突发性天灾人祸等的负面报道为主的做法，代之以更多的报道反映台湾本土民众生活的各类新闻，同时增加报道台商在大陆的工作与生活情况的报道，从而满足现在生活于两岸的台湾同胞能够通过电视媒介实现信息沟通的需要。

中央电视台国际频道在台湾的固定合作伙伴是台湾年代公司，CCTV 国际频道通过该公司进入台湾有线电视网，并已拥有一批稳定的观众。但是作为中央电视台对外宣传的国际频道，其节目信号覆盖全球，节目对象的定位包括全世界的华人华侨及我国港澳台同胞及关注中国的外国人。由于对台节目只是其中一部分，节目对象宽泛，虽然也有专门的对台节目栏目，但从整体来看，针对性必然不够。甚至有使台湾问题"国际化"的疑问，即为何将对台节目用国际频道播出去覆盖台湾地区？而我们又一直反对将台湾问题国际化。由此，适时开办专门的对台频道，作为对台宣传的有效手段，是一个可行的发展策略。[①]

---

① 岳飙：《在做好台湾民众工作中发挥电视的更大作用》，《电视研究》2002 年第 4 期。

第三节　充分发挥电视文化传播在增进民族团结和维护边疆稳定中的作用

一、加强电视文化传播，努力增进民族团结

今天的中国，是一个包括了 56 个民族及辽阔的陆地和海疆的国家，中华民族是中国各个民族的总称。汉族人口占全国总人口的 93%（据 1982 年统计），是世界上人口最多的民族，其他 55 个少数民族，人口约占全国总人口的 7%，分布地区约占全国总面积的 50%—60%，全国形成了以汉族为主体的各民族大杂居、小聚居的局面。各个民族在历史和文化上虽然发展程度不同，但互相交往，互相影响，友爱团结，共同进步，对伟大祖国的发展都有重要贡献。许多少数民族分布在边疆地区，对巩固祖国的边防发挥了重要作用。

我们都知道，司马迁在《史记》中不仅将华夏族说成是黄帝的子孙，还把中国的少数民族也说成是黄帝的子孙，认为少数民族与华夏族有着重要的渊源关系。司马迁的这个说法，对后世产生了深远影响。后来的少数民族大多沿袭司马迁的说法，强调自己是炎黄子孙。所以，"历史上的中原民族与边疆民族不仅在政治上存在着隶属关系，联系紧密，而且在思想文化上也存在着'华戎'一族的文化认同。"① 虽然中国历史上的各个民族均主张自己的始祖出于炎帝和黄帝，而炎帝和黄帝都是出于少典氏，又与盘古开天辟地有关，但这种中华民族起源于一个祖

---

① 参见赵永春：《中国历史上疆域问题的几点认识》，《中国边疆史研究》2002 年第 3 期。

先的一源论说法，在今天看来是不科学的。"因为中华民族和文明的起源并非一源，而是多源，具有多元一体的特点，这已为中国长江流域、黄河流域、燕辽地区丰富的远古人类考古及其文化所证明，已经成为学界的普遍认识。"①关于"华夷同祖"的中华民族起源的"一源论"说法，虽然是不科学的，但它却反映了中华各民族在发展过程中中原民族对边境民族自古以来就是一家的思想认可，也反映了中国历史上少数民族对炎黄文化的心理认同和中国历史上各个民族在思想文化方面具有一定的同一性。中原文化不断向边疆地区辐射并不断吸收边疆文化中的有益成分；边疆民族也崇尚以中原文化或儒家思想为主要内容的汉文化，他们自己的文化也成为中华文化的有机组成部分。

　　历史上中华各民族文化的相融共通，是国家团结统一与中华文化灿烂丰富的重要原因的话，那么，跨入21世纪，我们要继往开来，实现中华民族的伟大复兴，更加需要我们在尊重各民族的文化传统与挖掘民族文化资源的基础上，促进我国各民族之间的文化交流，推动我国文化的多元发展和共同进步，从而以文化为凝聚力，全国56个民族团结和睦，在祖国这个大家庭的怀抱，共同创造幸福生活与美好未来。正如江泽民同志所指出的："加强民族团结，维护祖国统一和社会稳定，这是全国各族人民的共同愿望和根本利益所在。这是我们战胜各种困难和风险、推动建设有中国特色社会主义事业不断前进的重要保证。没有民族地区的稳定就没有全国的稳定，没有民族地区的小康就没有全国的小康，没有民族地区的现代化就不能说实现了全国的现代化。"因而，我们电视工作者也要从事关国家长治久安和振兴中华民族、从事关国家前

---

① 参见王钟翰主编：《中国民族史》，中国社会科学出版社1994年版，第33—42页。

途和命运的高度去认识维护边疆地区稳定与民族团结的重要性，增强推动民族团结进步事业的政治责任感和时代紧迫感，大力推进民族团结进步事业。

因此，我们还要认识到，构筑中国的"电视文化版图"，还意味着：我们固守的民族文化，是中华各民族文化构成丰富多彩的大中华文化，而中华电视文化版图的拓展，还应该推动中华各民族文化的传播与各民族文化的相互交流，并由此促进中华文化的多元性与同一性的和谐共存，从而增进全国各民族人民的团结和社会的稳定发展。

其实，诞生于20世纪50年代末的传播与发展研究，早就揭示了大众传媒在促进社会发展中的作用，其中，特别强调媒介的文化传递功能为传播的基本社会功能之一。20世纪末期以来，人们更加肯定大众传播及其信息新技术对于推动社会现代化的重要作用，并视大众媒介为整个发展系统的重要组成部分，社会的发展已经不能与传播和信息技术的进步分开。

为此，我们负载着承传与沟通中华各民族文化的使命，也负载着推进中国社会现代化发展与促进安定团结、社会稳定的使命。我们要构筑中国的"电视文化版图"，首先就要大力发展和普及我国的电视传播，尽力消除因我国长期的东西部社会经济发展不平衡而产生的"信息鸿沟"或"数字鸿沟"。近年来，在党中央的决策与领导下，在我国广播电视领域实施的"西新工程"以及中央电视台"西部频道"的建设与发展，标志着我国为跨越地区之间文化传播的鸿沟，已经迈出了坚实的步伐。

过去，人们常用"羌笛何须怨杨柳，春风不度玉门关"的诗句来形容我国西部地区原来荒凉和闭塞的情景。随着时代的进步，尤其是改革开放以来，西部人民的经济文化生活发生了巨大变化。但是，到 20 世纪末，生活在我国一些边远偏僻、地理条件恶劣地区的人们，仍然很难利用现代的通讯方式听到外面的声音，或看到外面的世界，几千万人还处在"白天忙于农作、放牧，晚上围着火炉数星星"的信息贫乏状态。可以说，我国西部相当于国土一半面积的地区还不能实现广播电视信号的有效覆盖，即是我国西部边远地区与内地之间的一道巨大的"信息鸿沟"。

2000 年 9 月 15 日，党中央负责同志跟全国民主党派人士，工商联负责同志和无党派人士座谈，听取他们考察西部情况的汇报，在汇报中间他们突出地提出了西部地区听广播看电视难的问题。这一问题首先突出表现在不能收听或听好广播，即一是听不到广播，主要原因就是在西部少数地区，存在着广播覆盖的空白点，主要分布在边远地区、高原山区和牧区。二是听不好广播，主要原因就是西部地区都是经济欠发达地区，财政困难，广播发射台长期经费不足，不能发挥作用，大大影响了广播的覆盖质量和效果。因此，长期以来，由于地处偏远，经济欠发达，我国西部边远地区的许多群众打开收音机，却收听不到来自北京的声音。

这种状况对于当地的经济发展和社会稳定，都有着诸多不利影响。西部边远地区广播覆盖的薄弱状况，引起了中央领导同志的高度重视。2000 年 9 月 16 日，江泽民总书记作出重要批示，要求采取切实措施，让党和国家的声音进入这些地区的千家万户。此后，胡锦涛、李岚清、丁关根、罗干等中央领导同志也多次下达相关的批示和指示，并多次开会研讨，实地调查，党中央决定实施新中国成立以来规模最大的以西藏、新疆等边远地区大规模广播电视覆盖工程——"西新工程"。2006 年，"西新工程"列入了国家"十一五"社会经济发展规划"纲要"中，明确提出了国家要继续加强西藏、新疆等地区广播电视设施建设，扩大覆盖范围，提高收听收看质量，增强播出传输安全保障能力的发展战略。

国家对"西新工程"的投入预计达 40 多亿元，是国家一次性投资最多的广播电视覆盖工程。作为"西新"工程的牵头单位，国家广电总局把工程作为最重要、最紧迫的政治任务来抓。首先组织、制定了总体实施方案，明确提出分步骤、分阶段，在十五期间，全面加强西藏、新疆、内蒙古、云南等七省区广播覆盖工作，确保中央领导同志的重要指示精神全面落实。一共采取了三项措施。第一项措施，就是加强了基础设施建设。国家计委、财政部投入了近 20 亿元，新建、扩建、改造修复了 389 座发射台，新增或更新了 1234 部发射机，总功率达到 16060 千瓦，大大加强了西部广播覆盖的能力。同时增加了广播的播出时间，增强了广播节目制作的能力和译制的能力。第二条措施就是为了充分发挥发射台的作用，财政部实施了优惠政策，从根本上解决了西部发射台的运行经费问题。第三项措施，由国家计委投入，在西部建立了一个现代化的监测网。在北京就可以监测到西部每一个中波台播出的情况，大大提高了覆盖的质量和效果。

二、实施"西新工程"，维护边疆和谐稳定

"西新工程"实施范围，涵盖一半的国土面积，是新中国成立以来国家投入最大的广播工程。按照正常的建设速度，完成这项任务至少需要三年的时间。2000 年 11 月，中央宣传部、国家广电总局、国家计委、财政部等部委调集全国广电部门的精兵强将。两万广电大军翻崇山峻岭，走穷乡僻壤，淌大江大河。在戈壁荒漠、在雪域高原克服了难以想象的困难，在一年的时间内高质量地完成了建设任务，真是创造了中国

广播电视建设史上的奇迹，高质量地新建、扩建了 389 座发射台。

2002 年 2 月 1 日，江泽民总书记和李岚清、丁关根等中央领导同志，亲临国家广电总局考察"西新工程"建设情况，并且亲自通过监测网对一些地区的覆盖情况进行了检查，对工程进展情况给予了充分的肯定。他指出西藏、新疆等边远地区广播覆盖工程，是顺民心、得民心、暖民心的民心工程，要坚持不懈地抓好西部地区广播电视覆盖工作，巩固业务成果，进一步让党和国家的声音传入千家万户，让中国的声音传向世界各地。

经过广大广电职工的不懈努力，在 15 个月的时间里，"西新工程"第一、第二阶段的建设任务已经全面完成。在大量资金投入的保障下，通过新建、扩建一批中短波发射台，新增、更新一批发射机，使得七省区的广播覆盖能力大大增强。目前七省区各地区能收听到 10 套左右短波广播，每个地市能收听到两至三套中波广播，每个县能收听到两至三套调频广播。中央和当地的广播节目，播出效果良好。在覆盖面扩大的同时，西藏、新疆等七省区广播时间由原来每天 3950 小时，增加到 6900 小时，实验总功率增加 4 倍，民族语言节目时间增加了一倍多。民族广播节目制作、译制能力，有了明显提高。

"西新工程"和"村村通"广播电视覆盖工程的实施，使得这些地区广播覆盖的局面，发生了根本改变，在广播覆盖任务最艰巨的新疆、西藏等地区的每一个县、村，都可以收听到 5 套以上的调频、调幅广播，实现了把党和国家的声音传入千家万户的目标。为了进一步认真贯彻落实江泽民总书记关于加强西藏、新疆等边远省区广播、电视工作的重要指示，让广大农牧民群众收听好中央和省自治区的广播节目，2002年新春佳节前夕，国家广电总局向西藏、新疆等七个省区赠送了两万部收音机。

继"西新工程"第一、第二阶段工程建设完成之后,国家广电总局即部署并开始实施"西新工程"第三阶段第一期工作。"西新工程"第三阶段第一期工程预计将投入近 20 亿元资金,用于扩大广播电视的传输覆盖。"西新工程"第三阶段的工作范围要从西部地区扩大到东部沿海,从国内扩大到国外,从广播扩大到电视和电影,使广播电视事业得到新的发展。

"西新工程",通过电波,架起北京和边陲的空中桥梁,把党和国家的声音传到边远地区的农牧民群众家中。特别是为进一步实现西部大开发的战略,为西部 7 省区的社会发展、社会稳定、经济繁荣、民族团结作出新的更大的贡献。据统计,这两项工程的实施让全国十万个边远、贫困行政村的一亿人借助着广播电视这一对顺风耳和千里眼,足不出户了解天下事,找到了致富的门道,开阔了眼界。

"西新工程"的成功实施,使得广播节目成为西部地区和少数民族地区人民了解党的方针政策和国内外大事,获取各种知识和信息的重要途径,深受西部偏远地区人民群众的欢迎。许多祖祖辈辈生活在西部边疆地区的少数民族群众深深感到,自从广播电视走近他们身边以后,他们了解了很多国家的法律法规,使他们增加了对祖国的热爱,特别是增强了反对民族分裂的认识。

"东突厥斯坦"(简称"东突")这一名词出现于 19 世纪末期。"斯坦"原为"地方"、"区域"之意,但"东突厥斯坦"不是一个单纯的地理概念,而是某些老殖民主义者为分裂中国提出的一个政治概念。

长期以来,尤其是 20 世纪 90 年代以来,在中国境内外的"东突"势力为实现建立所谓"东突厥斯坦国"的目的,策划、组织了发生在中国新疆和有关国家的一系列爆炸、暗杀、纵火、投毒、袭击等恐怖暴力事件，严重危害了中国各族人民群众的生命财产安全和社会稳定，并对有关国家地区的安全与稳定构成了威胁。

恐怖主义是当今世界一大公害，对国际社会的和平、安全与秩序构成了巨大威胁。美国"9·11"恐怖事件发生后，国际反恐怖合作的呼声日趋强烈，带有明显恐怖主义印记的"东突"势力处境十分尴尬。一方面，他们从内心对本·拉登恐怖势力和塔利班恐怖主义训练营地被美国导弹击毁"痛心不已"；另一方面，又不得不"主动"表示对美国军事打击的支持，试图拉开其与本·拉登恐怖势力的距离。与此同时，"东突"恐怖势力还以攻为守，又一次打着所谓维护"人权"、"宗教自由"和"少数民族利益"的旗号，编造所谓"中国政府借机打击少数民族"的谎言，企图混淆视听，欺骗国际舆论，逃脱国际反恐怖主义的打击。

境内外一小撮"东突"恐怖势力为了达到分裂国家的目的，近年来用恐怖暴力的手段进行了一系列破坏活动，理所当然地遭到了中国各族人民，包括新疆维吾尔族群众的坚决反对。为了保护各民族人民的生命财产安全和共同利益，为了维护中国新疆及其周边地区的稳定，为了维护国家统一、社会稳定和现代化建设的顺利进行，中国对"东突"恐怖势力所从事的暴力恐怖活动坚决依法予以打击。

在对近年在我国新疆地区发生的"东突"恐怖活动的报道和宣传中，我国广播电视的作用和影响是相当大的。通过广播电视，新疆各族人民群众充分认识了"东突"恐怖势力的本质及其所造成的严重危害，识破了"东突"恐怖势力各种假面具，并认识到对"东突"恐怖势力的任何姑息纵容，受到伤害的将不仅仅是中国和中国人民。我们的广播电视也立足于宣传新疆各民族素有热爱民族团结、维护国家统一的光荣传统，伊斯兰教是热爱和平的宗教，我们打击"东突"恐怖势力不是针对哪个民族、哪个宗教，而是针对暴力恐怖的违法犯罪活动，是为了更好地维护各民族的共同利益，保证正常的宗教活动的进行。因此，使我们党和国家的政策受到了全国人民，包括新疆各族人民的衷心拥护和支持。

参考书目

1. 陆晔:《电视时代——中国电视新闻传播》,复旦大学出版社 1997 年版。

2.《中国广播电视学刊》2001 年第 2 期。

3. 郭镇之:《中国电视史》,文化艺术出版社 1997 年版。

4. 沈苏儒:《对外传播学概要》,今日中国出版社 1999 年版。

5.《中国传媒科技》2012 年第 3 期。

6. 杨伟光主编:《电视新闻分类与界定》,中国广播电视出版社 1994 年版。

7.《广播电视简明辞典》,中国广播电视出版社 1989 年版。

8.《广播电视辞典》,北京广播学院出版社 1999 年版。

9. 杨伟光主编:《中国电视论纲》,中国广播电视出版社 1998 年版。

10.《中外广播电视百科全书》,中国广播电视出版社 1995 年版。

11. 叶家铮:《电视传播理论研究》,北京师范大学出版社 2000 年版。

12. 刘习良主编:《中国电视史》,广播电视出版社 2007 年版。

13. [英] 戴维·赫德尔、安东尼·麦克格鲁等:《全球大变革——全球化时代的政治、经济与文化》,社会科学文献出版社 2001 年版。

14.《2004—2005 中国传媒产业发展报告》,社会科学文献出版社 2005 年版。

15.《国际新闻界》2001 年第 1 期。

16. 吴兴南、林善炜：《全球化与未来中国》，中国社会科学出版社 2002 年版。

17. 钟大年等：《电视跨国传播与民族文化》，北京广播学院出版社 1998 年版。

18.《新闻与传播研究》1999 年第 3 期。

19.《中国广播电视年鉴》相关年份资料。

20.《上海社会科学院学术季刊》2000 年第 2 期。

21. 田本相：《电视文化学》，文化艺术出版社 1990 年版。

22. [美] 莱斯特·瑟罗：《资本主义的未来》，中国社会科学出版社 1998 年版。

23.《大众电视》2000 年第 17 期。

24. [美] 丹尼尔·贝尔：《资本主义文化矛盾》，三联书店 1989 年版。

25.《南方电视学刊》1998 年第 2 期。

26.《电影艺术》1998 年第 1 期。

27. 陆地：《崛起中的西部电视》，中国广播电视出版社 2002 年版。

28.《跨文化对话（二）》，上海人民出版社 1999 年版。

29.《现代传播》2002 年第 5 期。

30.《电视研究》2002 年第 4、7 期。

31.《中国边疆史研究》2002 年第 3 期。

32. 王钟翰主编：《中国民族史》，中国社会科学出版社 1994 年版。

33. 徐宝璜：《新闻学》，时代文艺出版社 2009 年版。

34. 陈力丹、闫伊默：《传播学纲要》，中国人民大学出版社 2007

年版。

35.〔英〕丹尼斯·麦奎尔:《受众分析》,中国人民大学出版社 2006年版。

36.新华社新闻研究所:《新闻改革十年回顾与展望》,新华出版社1992 年版。

37.《人民日报》、《光明日报》、《文汇报》相关文章与报道。

38.朱虹:《从广电大国到广电强国》,华中师范大学出版社 2011年版。

39.高晓虹、吴锦才主编:《大国传播——跨国电视媒体研究(第一辑)》,清华大学出版社 2013 年版。

40.吕建江:《电视新闻专题实战攻略》,中国广播电视出版社 2013年版。

41.中国广播电视协会编:《宣传技巧与跨文化传播》,中国广播影视出版社 2014 年版。

42.聂辰席主编:《广播电视宣传管理创新研究》,中国广播影视出版社 2015 年版。

43.中国广播电视年鉴编辑部编辑出版:《2015 中国广播电视年鉴》。

44.中国广播电视年鉴编辑部编辑出版:《2016 中国广播电视年鉴》。

后 记

在以互联网为核心的信息革命方兴未艾之时，我们承接了国家社会科学基金委托项目——中国电视的新闻宣传与文化传播战略研究。

课题组立足中国电视的发展和创新历程，把握世界电视发展的趋势，直面互联网所带来的信息传播格局的新变化新挑战新机遇，深刻分析中国电视发展所面临的问题，力求对中国电视的新闻宣传与文化传播作出战略性、前瞻性的思考和建议，以在世界政治多极化、经济全球化、社会信息化、文化多样化态势下，为确立中国电视发展的未来方位和走向提供有益参考。

该书作为国家社会科学基金委托项目的成果，历经数年研讨，数易其稿，凝聚着全体参与者的辛劳。参加该项目研究和书稿撰写的人员有：陈俊宏、彭健明、时统宇、程曼丽、符绍强、谭义勇、郝洪、周滢、何新宇、刘晓燕、翁昌寿、何晶、韩胜利、王海、谭辛鹏。全书由陈俊宏、彭健明、时绕宇、程曼丽共同主编，陈俊宏最后统稿定稿。

值此该书出版之际，谨向人民出版社表示衷心的感谢！

编　者
2017 年 6 月于北京

责任编辑：柴晨清

图书在版编目（CIP）数据

中国电视的新闻宣传与文化传播战略研究 / 陈俊宏等 主编 . — 北京：
　人民出版社，2017.9
ISBN 978 - 7 - 01 - 018273 - 5

I. ①中…　II. ①陈…　III. ①广播电视 - 新闻学 - 研究 - 中国②广播电视 - 传播学 -
　研究 - 中国　IV. ① G229.2

中国版本图书馆 CIP 数据核字（2017）第 233212 号

中国电视的新闻宣传与文化传播战略研究
ZHONGGUO DIANSHI DE XINWEN XUANCHUAN YU WENHUA CHUANBO ZHANLÜE YANJIU

陈俊宏　彭健明　时统宇　程曼丽　主编

人民出版社 出版发行
（100706　北京市东城区隆福寺街 99 号）

环球东方（北京）印务有限公司印刷　新华书店经销

2017 年 9 月第 1 版　2017 年 9 月北京第 1 次印刷
开本：710 毫米 × 1000 毫米 1/16　印张：20
字数：254 千字

ISBN 978 - 7 - 01 - 018273 - 5　定价：50.00 元

邮购地址 100706　北京市东城区隆福寺街 99 号
人民东方图书销售中心　电话：（010）65250042　65289539